DAS GROSSE PFERDEHANDBUCH

DAS GROSSE PFERDEHANDBUCH

Herausgegeben von Carol Foster

Titel der englischen Originalausgabe:
The Complete Book of the Horse

Übersetzung und Bearbeitung der deutschsprachigen Ausgabe:
Gabriele Holst

2. Auflage 1990. 10.-14. Tausend

Umschlag: Design Team, München

ISBN 3 517 00872 9

First Published 1983 by
Hamlyn Publishing Group Limited
Michelin House, 81 Fulham Road,
London SW3 6RB
Printed in Hong Kong 1985
Produced by Mandarin Offset

Inhalt

VORWORT

von Richard Meade

(Olympiasieger 1972 in der Military)

Reiten ist ein Sport für jedes Alter und alle Ansprüche. Er macht dem Kind, das von der Mutter auf dem Pony festgehalten wird, genauso viel Spaß wie dem Achtzigjährigen, der immer noch an Jagdritten teilnimmt, dem Reiter, der nur ab und zu seiner Neigung nachgehen kann, ebenso wie dem vollbeschäftigten Profi. Durch das Pferd selbst erhält der Reitsport ganz andere – höhere – Dimensionen als jeder andere Sport. Dazu gehört, daß man den Charakter und die Bedürfnisse des Pferdes versteht und für sein Wohlergehen sorgt. Dann erst gewinnt jeder »Pferdemensch« die Freude, die er von seinem Sport erwartet.

Einer der faszinierendsten Aspekte bei der Teilnahme an Olympiade-Wettbewerben ist, daß man dabei auch Top-Sportler aller anderen Disziplinen kennenlernt. Ich erinnere mich noch gut an einen berühmten Läufer, der behauptete, daß ihm das Laufen nur dann Spaß mache und ihn ganz erfülle, wenn er seine Zeiten immer ein wenig verbesserte. Das Schlimme daran war nur, daß diese Verbesserungen ständig seltener wurden. Ich verstand, was er damit sagen wollte, und bin dankbar, daß wir Reiter nicht nur von unserer eigenen Verfassung und eigenen Möglichkeiten abhängig sind. Wir müssen unsere Bedürfnisse mit denen unseres Pferdes teilen und die Auf- und Ab-Tendenzen, die ein Pferd ebenso hat wie wir, berücksichtigen. Wir freuen uns an dem geringsten Lernerfolg eines jungen Pferdes mindestens ebenso wie am Sieg während eines großen Turniers, das wir mit einem erfahrenen Pferd bestreiten. Und je mehr Pferde wir reiten, desto mehr gibt es zu lernen.

Jeder Reiter weiß nur zu genau, daß es immer wieder Zeiten gibt, wo anscheinend überhaupt nichts mehr klappt: Das Pferd will nicht so wie der Reiter, und dieser ist völlig verunsichert und weiß nicht, was er tun soll. Ein Zuschauer hat es da manches Mal leichter. Ein guter Beobachter, der etwas vom Reiten versteht, kann uns oft genug falsche, das heißt schlechte Angewohnheiten vermeiden helfen. Er kann uns mehr Gefühl geben für Ausgeglichenheit, Harmonie und Vertrauen – Dinge, die in der Reiterei von ganz besonders großer Bedeutung sind. Aber es ist für uns genauso wichtig, nicht nur die Praxis, sondern auch die Theorie korrekten Reitens zu kennen und möglichst viel über Pferdehaltung zu wissen. Dies ist für einen guten Reiter unabdinglich. Und genau deshalb ist dieses Buch so wichtig. Egal, ob wir große Sportler sind oder Trainer oder nur Wochenendreiter oder ob wir einfach nur gern Pferde um uns haben. Jeder wird aus diesem Werk seinen Nutzen ziehen und eine Menge lernen. Die einzelnen Kapitel sind geschrieben von Leuten, die nicht nur theoretisches Wissen besitzen, sondern auch aktiv und sehr erfolgreich auf dem Gebiet des Pferdesports tätig sind.

VORWORT

von Carol Foster

Dieses Buch ist für den Reiter ebenso gedacht wie für das Pferd. Reiten zu lernen ist der Anfang einer langen Zeit voller Freude, die man mit seinem Pferd teilen kann. Das Pferd lehrt seinen Reiter nicht nur, daß er nie auslernen wird, was Pferde und Reiterei betrifft, sondern es macht ihm auch seine eigenen geistigen und physischen Möglichkeiten klar. Natürlich kann kein Buch die eigenen Erfahrungen ersetzen, aber diese Erfahrungen kann man besser verarbeiten, wenn man alle Möglichkeiten kennt, die dem Reiter und dem Pferd offenstehen.

Wer auch immer auf der ganzen Welt mit dem Pferd Bekanntschaft gemacht und das Reiten gelernt hat, hat nach einer gewissen Zeit den Wunsch, sich ein eigenes Pferd zu kaufen. Ratschläge für den Pferdekauf werden in dem großen Kapitel über die verschiedenen Pferderassen gegeben. Dort findet man nicht nur die Pferde in kurzen Worten vorgestellt, sondern auch Sinn und Zweck jeder einzelnen Rasse erläutert; und so kann jeder das Pferd heraussuchen, das am besten zu ihm paßt, damit die sonst fast unvermeidlichen Enttäuschungen beim Pferdekauf vermieden werden.

Das Kapitel über die Tier-, in unserem Fall: Pferdemedizin, erklärt nicht nur, *was* alles nicht in Ordnung sein kann, sondern gibt auch – nach einer Einleitung über die Anatomie des Pferdes – klarere Vorstellungen darüber, *warum* etwas nicht in Ordnung ist. Sobald einmal die Gründe einer Erkrankung erkannt sind, werden Behandlung und medizinische Versorgung dem Reiter nicht mehr fremd sein, die hier von einem Chirurgen der Veterinärmedizin beschrieben sind. Die Kapitel über Haltung und Pflege von Pferden werden vielleicht noch keinen Experten aus Ihnen machen – denn auch hier gilt, daß nur die eigene Erfahrung lehrt –, aber sie helfen Ihnen bei der Erkenntnis, was für das Pferd das Beste ist. Und dies ist wiederum das Wichtigste für einen Pferdehalter. Zeit und – manchmal – bittere Erfahrung machen Sie klüger, sofern Sie daraus wirklich Nutzen ziehen. Ständige Beobachtung des Pferdes ist ebenso wichtig wie das Einholen eines guten Rates bei einem Experten.

Das alles ist ein »weites Feld« und oft auch ein bißchen konfus, wenn man nicht sogar die ganze Lust daran verliert. Die Autoren dieses Buches wollen Ihren Ehrgeiz wecken und – da sie selbst alle aktive Reiter sind und nur »nebenbei« schreiben – Sie auf dieselbe Straße führen, die auch sie selbst eingeschlagen haben. Für dieses große Vorhaben geben sie Ratschläge und Richtlinien. Reiten im Western-Stil ist ein Kapitel für sich, aber die Erfolge, die Westernreiter mit ihren Pferden haben, und die angeborene Intelligenz dieser Pferde werden alle interessierten Reiter ansprechen. Die Kunst des Fahrens, die schon fast vergessen war, hat einen unwahrscheinlichen Aufschwung bei Wettbewerben und Turnieren erfahren. Die Vielseitigkeitsprüfungen im Fahren, das Reiten im Damensattel, Showveranstaltungen und die Jagd mit dem Pferd sind Dinge, die fern von jedem Anachronismus sich wieder großer Beliebtheit erfreuen. Besonders beim Fahrsport werden wir an die Eleganz vergangener Zeiten erinnert. Die althergebrachte klassische Dressurreiterei zieht jährlich mehr Interessierte an, während es für andere Leute nichts Aufregenderes gibt als die Geschwindigkeit, das große Können und die Genauigkeit, die Springturniere und noch mehr Militarys erfordern.

Der Reitsport war noch nie so beliebt wie heute, und der Erfolg der internationalen Wettkämpfe ist nur die Spitze des Eisberges. Denn auf jeden Top-Reiter kommen Hunderte von Reitern, die nie ganz oben sein werden, und noch weit mehr, von denen man noch nie etwas gehört hat. Es gibt eigentlich nur wenige Menschen, die keinen Ehrgeiz haben, auch wenn sie oft nur untereinander kleine Scharmützel austragen. Das Pferd kann jedem Reiter Zugang verschaffen zu mehr oder minder großen und großartigen Reitveranstaltungen. Der internationale Aspekt bei Wettkämpfen ist besonders wichtig, da überall die gleichen Regeln gelten. Man kann sagen: Das Pferd vereint alle Nationalitäten in gegenseitigem Verständnis.

Die Basis dieses Eisberges ist sehr breit, nämlich mindestens zwei Drittel des ganzen Berges, und es gibt Möglichkeiten für jeden, seine Reitqualifikationen in kleineren oder größeren Wettkämpfen mit anderen zu messen. Dazu braucht man kein Profi zu sein. Dieses Buch möchte jedem helfen, sich auf dem einmal beschrittenen Weg zu bewähren, indem es einerseits die vielen unterschiedlichen Facetten dieses Sports aufzeigt und andererseits nur gute, konstruktive Ratschläge gibt.

Pferdehaltung

Als erstes gibt dieses Handbuch Ratschläge für den Kauf eines Pferdes, damit von Anfang an Enttäuschungen möglichst ausgeschlossen sind. Dann werden Pferdehaltung und -behandlung erläutert. Dieses zweite Kapitel vermittelt besonders gute Informationen, da es von einem Autor geschrieben wurde, der über sehr viel Erfahrung auf diesem Gebiet verfügt und aus Ihnen vielleicht einen Pferdekenner machen kann. Das Schlußkapitel dieses Buchteils beschäftigt sich mit der Veterinärmedizin und zeigt nicht nur, *was* mit dem Pferd nicht in Ordnung ist, sondern auch *warum* es dem Pferd nicht gutgeht.

1

Der Kauf eines Pferdes

Egal, ob Sie schon glücklicher Besitzer eines Pferdes sind oder nicht, eines Tages werden Sie Ihr Scheckheft nehmen und sich nach einem Pferd umsehen, das Sie dann gegebenenfalls gegen das »alte« austauschen wollen. Es wird auf dieser Welt nicht viele Leute geben, die aus solchen Geschäften völlig unbeschadet hervorgegangen sind. Sollten Sie sich gerade in dieser mißlichen Lage befinden, so mögen Ihnen die folgenden Worte helfen. Und sollten Sie sogar zum ersten Mal ein Pferd kaufen wollen, dann legen Sie das Scheckheft erst einmal zur Seite und lesen Sie weiter!

Welches Pferd wollen Sie?

Bevor Sie ein Pferd kaufen, sollten Sie viele Dinge überlegen und keine vorschnellen Entscheidungen treffen. Als erstes müssen Sie sich darüber im klaren sein, wozu Sie ein Pferd besitzen und was Sie mit ihm machen möchten. Wollen sie beispielsweise nur aus reiner Freude reiten oder wollen Sie auch an Springturnieren, Militarys oder anderen Wettkämpfen teilnehmen? Was immer Ihre Absicht ist, Sie müssen in jedem Fall sehr kritisch gegen sich selbst sein. Wenn sie nach einem Pferd Ausschau halten, mit dem Sie selbst sich verbessern können, so müssen Sie darauf achten, daß sie Ihre eigenen Fähigkeiten nicht überschätzen. Hoffentlich sind Sie schon zu der Einsicht gelangt, daß Sie niemals auslernen werden, dann wird es von Vorteil sein, wenn sie einen professionellen Reitlehrer um Rat fragen oder ihn am besten zum Pferdekauf mitnehmen.

Zeit und Geld

Wenn Sie genau wissen, was Sie mit Ihrem Pferd vorhaben, dann müssen Sie sich noch ausrechnen, wieviel Zeit Ihnen zum Reiten zur Verfügung steht. Es gibt sicher viele Leser dieses Buches, die mit ihrer Reitleidenschaft ganze Tage füllen können, und – um die Wahrheit zu sagen – wenn Sie in diesem Sport Erfolge sehen wollen, müssen Sie ihm viel Zeit und Geld opfern. Viele Reiter stehen morgens um 5.30 Uhr auf und reiten, noch bevor sie zur Arbeit gehen, und das ist doch eigentlich sehr wenig Zeit für ein Hobby. So wird die Schulung Ihres neuen Pferdes nicht nur von Ihrer eigenen Reiterfahrung bestimmt, sondern auch von der Zeit, die Sie ihm widmen. Ein junges Pferd kann sehr gute Voraussetzungen haben, aber es erfordert unbegrenzten Zeitaufwand, wenn Sie es nicht vorziehen, das Pferd in einer Reitschule ausbilden zu lassen, wo erfahrene Profis Ihnen einen großen Teil der Arbeit abnehmen. Sie selbst aber machen sicher keine Fortschritte, wenn Sie täglich nur eine Stunde reiten. Wenn also Ihre Zeit und Übungsmöglichkeiten begrenzt sind, suchen Sie sich ein Pferd aus, das schon mehr kann als Sie, dann lernen Sie nämlich von Ihrem Pferd. Und wenn Ihnen das Selbstvertrauen fehlt, suchen Sie sich einen guten Reitlehrer, der Ihnen wirklich Freude und Spaß an Ihrem Sport vermitteln kann.

Die nächste Überlegung betrifft neben der Zeit auch das Ihnen zur Verfügung stehende Geld. Wie und wo wollen Sie Ihr Pferd halten? Einige nützliche Vorschläge können Sie in dem Kapitel über die Stallhaltung lesen. Sie können davon ausgehen, daß Sie pro Tag mindestens drei Stunden rund um Ihr Pferd arbeiten müssen, wenn Sie es im Stall halten; darin eingeschlossen sind allerdings auch die Übungsstunden. Auch wenn sie ein robustes Pferd haben, das draußen gehalten werden kann, müssen Sie doch täglich nach ihm sehen, und auch die Weide will gepflegt sein.

Man muß realistisch denken. Wenn Sie ein eigenes Pferd haben wollen, aber täglich zur Arbeit außer Haus gehen, ist die Unterbringung in einem Reitstall ein idealer Kompromiß. Selbst wenn Sie Ihr Pferd als Hobby ansehen, wollen Sie sicher nicht mehr als 75 % Ihrer Freizeit damit verbringen, sich um Ihr Pferd zu kümmern. Dabei sollten Sie aber die Kosten nicht vergessen, und denken Sie daran, daß zur Rechnung Ihres Stalles noch der finanzielle Aufwand für den Schmied und den Tierarzt dazukommt sowie für eine – empfehlenswerte – Haftpflichtversicherung. Viele Reitschulen bieten arbeitenden Privatpferdebesitzern die Möglichkeit, ihr Pferd für einige Stunden am Tag im Schulbetrieb gehen zu lassen, und verlangen dafür weniger Stallmiete. Diesen Vorschlag sollte man sich gut überlegen, damit man weiß, wofür man sein Geld ausgibt.

Wo werden Pferde gekauft

Nachdem Sie wissen, für welche Zwecke Sie ein Pferd haben wollen und wieviel Zeit und Geld Ihnen zur Verfügung stehen, fragen Sie sich, *wo* Sie den Kauf tätigen sollen. Falls Sie nicht selbst ein Kenner sind oder einen erfahrenen Profi mitnehmen können, sollten Sie die öffentlichen Auktionen meiden. Dort ist die Versuchung zu groß, impulsiv und spontan ein etwas verlassen aussehendes Pferd zu kaufen. Außerdem hat man dort nicht die Möglichkeit, das Pferd zu reiten. So ist die Enttäuschung meistens vorprogrammiert. Ausnahmen sind natürlich die großen Auktionen, die meistens im Namen einer Züchtergesellschaft abgehalten werden, oder der Kauf eines Rennpferdes, das den großen Anforderungen nicht mehr gewachsen ist. Allerdings sind ehemalige Rennpferde – so hübsch sie aussehen – meistens kein guter Kauf. Sie müssen oftmals ganz neu erzogen werden, um ordentliche Reitpferde zu werden. Viele Leute lehnen es ab, auf Annoncen in der Fachpresse zu schreiben, dabei werden gerade auf diesem Wege gute Pferde verkauft, und außerdem hat man dabei die größte Auswahl. Gestütsanzeigen geben zum Beispiel eine Vorstellung von Verkaufspreisen für die unterschiedlichen Rassen. Aber solche Anzeigen sollten sehr kritisch geprüft werden! Wenn Sie dies bis in alle Einzelheiten getan haben, nehmen Sie Kontakt zum Verkäufer auf und fragen Sie ihn alles, was man nur über Pferde fragen kann. Erst dann wissen Sie, ob es sich lohnt, das Pferd überhaupt anzusehen. Es reicht nicht zu erfahren, daß das Pferd schon diesen oder jenen Wettkampf gewonnen hat. Fragen Sie genau nach: Wann und wo war das?

Heutzutage haben Pferdehändler einen bedeutend besseren Ruf als in vergangenen Zeiten, und einer, der auf seinen Ruf achten muß, wird Ihnen vielleicht sogar anbieten, ein Pferd erst einmal zur Probe zu nehmen – vorausgesetzt natürlich, Sie können es zu sich nach Hause mitnehmen und selbst für es sorgen. Gehen Sie außerdem nur zu einem Pferdehändler,

Vorhergehende Seite: Ein typvoller Trakehner.

Unten: Neugieriger Blick über die Stalltür. Die erste Begegnung kann viel über das Pferd aussagen: gespitzte Ohren und aufmerksame Augen lassen auf ein gutes Temperament schließen.

Rechts oben: Eine gepflegte und sauber eingezäunte Weide mit gesunden Pferden macht auf den Käufer immer einen guten Eindruck.

Rechts unten: Lassen Sie sich das Pferd vorführen und reiten Sie es selbst in allen Gangarten, bevor Sie sich zum Kauf entschließen.

der Ihnen – beispielsweise von Ihrer Reitschule – empfohlen worden ist.
Empfehlung ist nämlich mit Abstand am wichtigsten beim Pferdekauf. Und sobald Sie wissen, was für ein Pferd Sie haben wollen, und sich ein wenig auf dem Markt umgesehen haben, erzählen Sie so vielen Leuten wie möglich von Ihrem Wunsch. Ihre »Pfadfinder« kommen sicher eines Tages mit einem guten Pferd an, dessen Geschichte und Temperament bekannt ist. Auch viele Reitställe verkaufen ab und zu Pferde, und es ist durchaus von Nutzen, dort anzufragen. Aber wo immer Sie ein Pferd kaufen wollen, das Ihnen ins Auge sticht, erkundigen Sie sich auf jeden Fall erst nach dem bisherigen Besitzer. Es gibt nur wenige Pferde, die nicht verkauft werden sollen, und eine Frage Ihrerseits kostet nichts. Und noch etwas: Erwarten Sie nicht, mit Ihrem Kauf Geld zu verdienen. Der Durchschnittsreiter hat immer noch mehr Geld verloren als zurückbekommen!

Die wichtigsten Points eines Pferdes

1 Genick
2 Stirnlocke (Schopf)
3 Schläfe (mit Augenhöhle)
4 Stirn
5 Auge
6 Nasenrücken
7 Wange
8 Oberlippe
9 Kinn
10 Kinnkettengrube
11 Kehle
12 Drosselrinne (Kehlrinne)
13 Schulter
14 Buggelenk
15 Brust
16 Ellbogen
17 Vorderbein
18 Kastanie
19 Vorderfußwurzelgelenk
20 Beugesehnen
21 Griffelbeine
22 Röhre (Röhrbein)
23 Afterklaue (Sporn)
24 Fesselgelenk
25 Fessel
26 Kronengelenk
27 Huf
28 Hufwand
29 Ballen
30 Mähnenkamm
31 Hals (Nacken)
32 Widerrist
33 Rücken
34 Lende (Nierengegend)
35 Hüfthöcker
36 Kruppe
37 Schweifrübe
38 Hüftknochen
39 Hinterhand
40 Hinterbacke
41 Oberschenkel
42 Achillessehne
43 Unterschenkel
44 Schienbein
45 Sprungbeinhöcker
46 Sprunggelenk
47 Sehne
48 Knie
49 Schlauch
50 Flanke
51 Bauch
52 Rippen
53 Brustkorb
54 Gurtentiefe

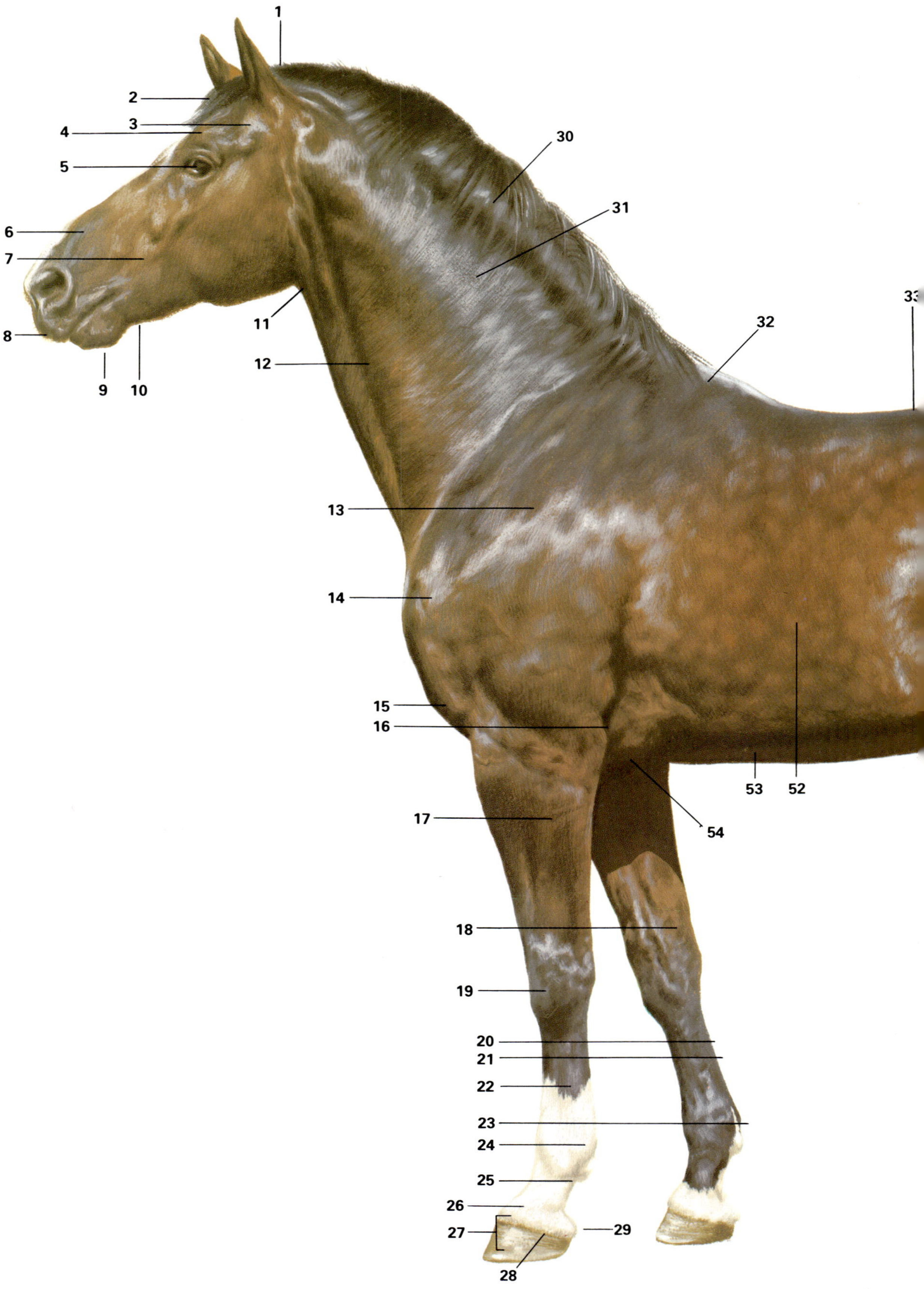

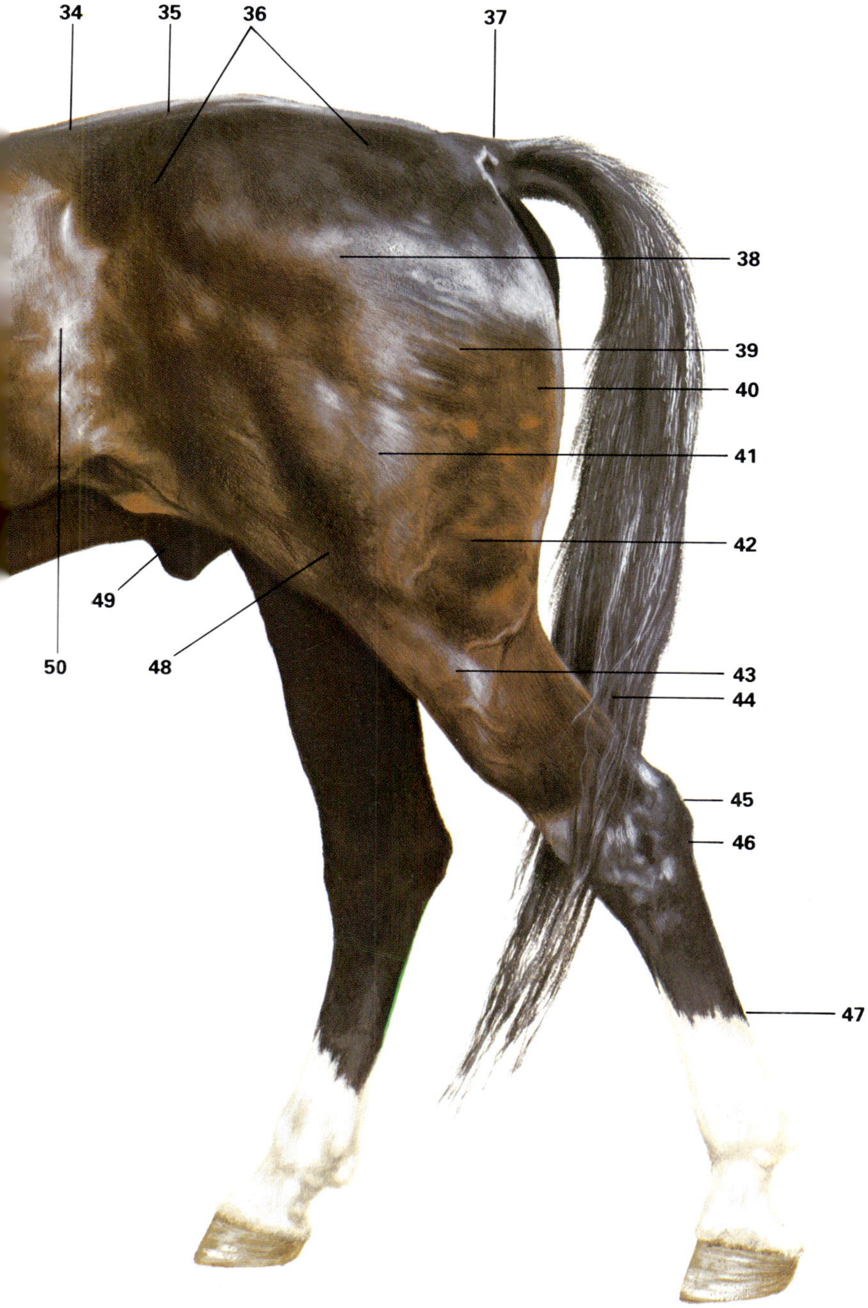

Erste Beurteilung eines Pferdes

Wo immer Sie Ihren Kauf tätigen werden, die Prozedur ist immer die gleiche. Sie brauchen eine gute Beobachtungsgabe, Aufmerksamkeit und auch ein gewisses Maß an Mißtrauen. Lassen Sie keine Frage unbeantwortet. Man sagt nicht umsonst in der Welt der Pferde: Schau dir den Misthaufen an; kauf nie ein Pferd aus einem Hof, wo sich der Misthaufen hoch auftürmt!, denn der Zustand des Misthaufens ist bezeichnend für den Zustand des ganzen Hofes. Ob Sie sich nun an diese alte Weisheit halten oder nicht, in jedem Fall ist der Zustand der ganzen Anlage sehr wichtig. Lassen Sie sich nichts vormachen! Und wenn Sie selbst auch noch so erfahren sind, nehmen Sie immer noch jemanden mit!

Sie wissen nun also genau, welchen Typ von Pferd Sie für Ihre Ambitionen brauchen. Betrachten Sie das Pferd, das Sie sich ausgesucht haben, trotzdem mit sehr kritischen Augen. Natürlich können Sie nur einen allgemeinen Eindruck über die Gebrauchsfähigkeit der verschiedenen Pferderassen bekommen – es gibt keine feststehenden Regeln, dafür aber viele Ausnahmen!

Bevor Sie sich das Pferd außerhalb der Box ansehen, gehen Sie in den Stall und beobachten Sie es. Schaut es Sie und Ihre Begleiter interessiert an? Sind die Ohren aufgestellt und gibt es Anzeichen für ein Erkennen seines Stallherrn? Achten Sie darauf, wie das Pferd auf die Menschen reagiert, die es »besuchen«, und versuchen Sie, die Erlaubnis zu bekommen, zu ihm in die Box zu gehen. Das Pferd sollte keine Scheu haben, und der Umgang mit ihm sollte reibungslos verlaufen. Wenn Sie ein gutes Gefühl haben, streicheln Sie das Pferd. Gehen Sie mit der Hand über den Kopf, über den Widerrist, den Rücken bis hin zur Hinterhand, wo Sie ihm einen Klaps geben. Dann fragen Sie, wie sich das Pferd auf Reisen benimmt, und lassen Sie es möglichst auch auf einen Anhänger verladen.

Bitten Sie den Besitzer, das Pferd aus der Box zu führen, und beobachten Sie es dabei genau. Geht es frei und mutig hinaus oder ist es träge und unschlüssig? Benutzt der Händler nur ein Stallhalfter oder trenst er das Pferd auf. Ist letzteres der Fall, fragen Sie nach den Gründen. Wird das Pferd widersetzlich, wenn es geführt werden soll?

Lassen Sie das Pferd aufstellen und mustern Sie seinen Körperbau. Stimmen die Proportionen, und wirkt das Pferd in sich ausbalanciert? Von einem besonders schönen Kopf darf man sich nicht unbedingt blenden lassen. Wichtiger sind ein großes, offenes, freundliches Auge und ein wohl aufgesetzter Hals mit einem dazu passenden Kopf. Wenn Sie ein schnelles Pferd suchen, können Sie keines gebrauchen, das ein steifes Genick und eine zu enge Kehle hat, da es dann bei schneller Arbeit nicht genügend Luft bekommt. Vergessen Sie nie den Zweck Ihres Kaufes. Einige Richtlinien geben Ihnen die Kapitel

über Pferderassen und Wettkämpfe. Schauen Sie nach einer guten, nicht steilen Schulter, die der Aktion und dem Gang des Pferdes Weichheit und Geschmeidigkeit verleiht. Schauen Sie sich das Pferd auch von vorn an: Sie können kein Pferd mit »Hühnerbrust« gebrauchen! Betrachten Sie auch die Beine genau. Sind sie gerade mit flachen Gelenken und guten Röhren? Sind sie fest und trocken unterhalb des Knies? Es darf keine Schwellung oder Verletzung zu finden sein, und die Sehnen müssen sich hart und fest anfühlen. Hat das Pferd eine Piephacke, versuchen Sie herauszubekommen, inwieweit das Pferd dadurch in der Aktion behindert ist. Die Hufe sollten weder zu flach noch zu breit sein und einen guten Winkel zum Fuß bilden (weder bärentatzig noch bockfüßig). Heben Sie die Hufe auf und untersuchen Sie sie. Ist der Strahl sauber und klar ausgebildet?
Sehen Sie sich das Pferd von allen Seiten an. Prüfen Sie, ob der Nacken über einen wohlgeformten Widerrist in guter Linie in den Rücken übergeht. Ein Pferd mit einem natürlichen korrekten Äußeren hat bessere Gänge als ein hohlrückiges Pferd. Das Pferd sollte einen guten Brustkorb haben mit viel Platz für Herz und Lungen, die Rippen wohlgerundet, aber nicht tonnig. Wie lang ist der Rücken des Pferdes? Je kürzer, desto kräftiger; aber ein kompaktes Pferd kann nicht schnell sein. Wenn Sie ein schnelles Pferd brauchen, müssen Sie sich nach einem anderen umsehen, das mehr im Rennpferdtyp steht.
Dann gehen Sie zur »Antriebsmaschine«, zur Hinterhand des Pferdes. Sie muß rund und gut bemuskelt sein mit einem gut angesetzten Schweif. Schauen Sie sich die Linie an, die von der Hinterhand über das Sprunggelenk zum Fesselgelenk läuft. Sie muß kräftig und wohlausgeprägt sein, ebenso die Fesseln und die Hufe. Tasten Sie die Beine ab und heben Sie einen Fuß hoch, wobei Sie gut eventuelle Fehler entdecken können, zum Beispiel Verdickungen in den Gelenken. Achten Sie auf jeden noch so kleinen Kratzer und fragen Sie nach den Ursachen.
Der Tierarzt kann Ihnen mehr über das Alter des Tieres sagen. Einen eigenen Eindruck können Sie sich beim Betrachten der Zähne verschaffen. Je älter das Pferd, desto abgenutzter sind die Kunden der Zähne. Die Zähne selbst sind dann länger als bei einem jungen Pferd und stehen in einem weiteren Winkel zueinander. Die Zeichnungen auf der nächsten Seite sagen Ihnen mehr darüber.

Das Pferd in der Bewegung

Nun wird es Zeit, das Pferd an der Hand traben zu lassen, wobei Sie den Händler bitten sollten, auch

Unten: Die Röhre mißt man an der dicksten Stelle unterhalb des Vorderfußwurzelgelenks. Je dicker die Röhre, desto mehr Gewicht kann das Pferd tragen.

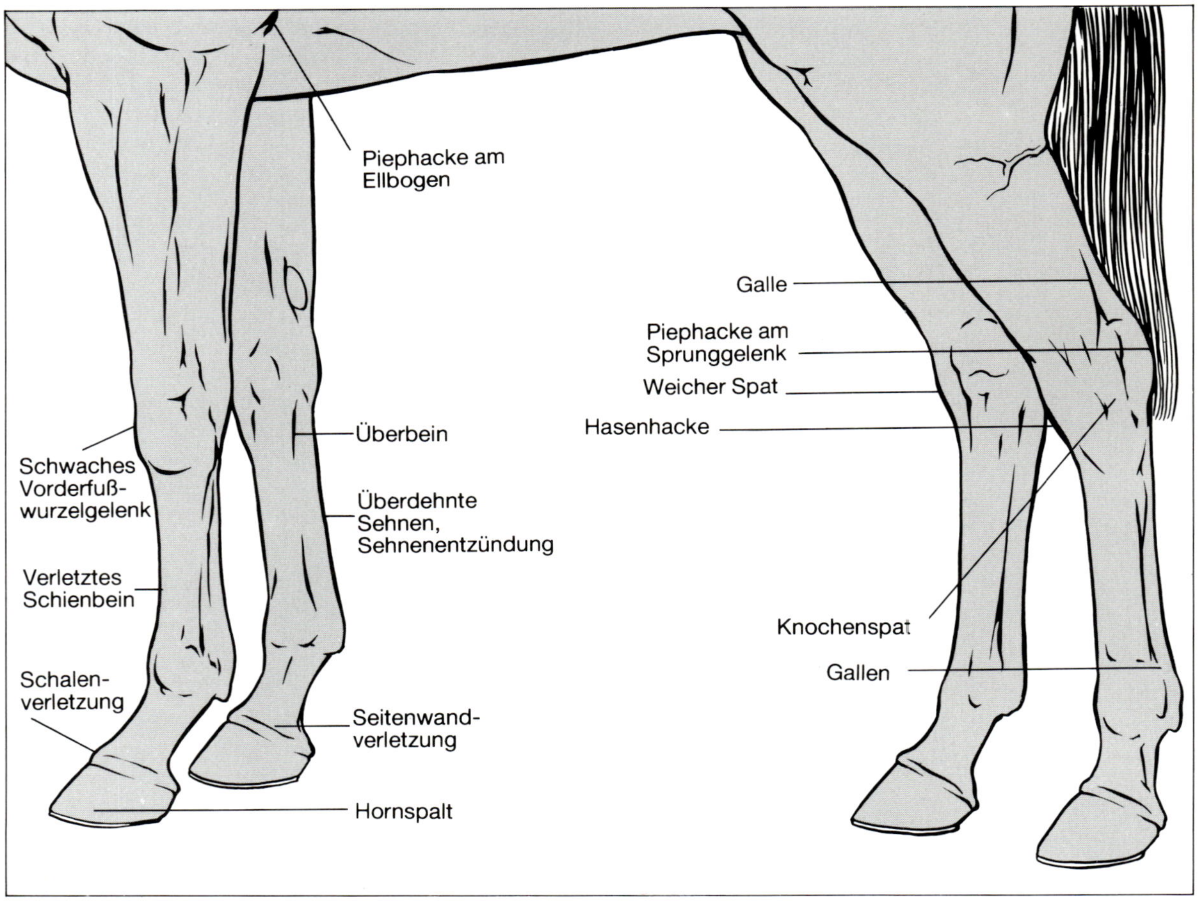

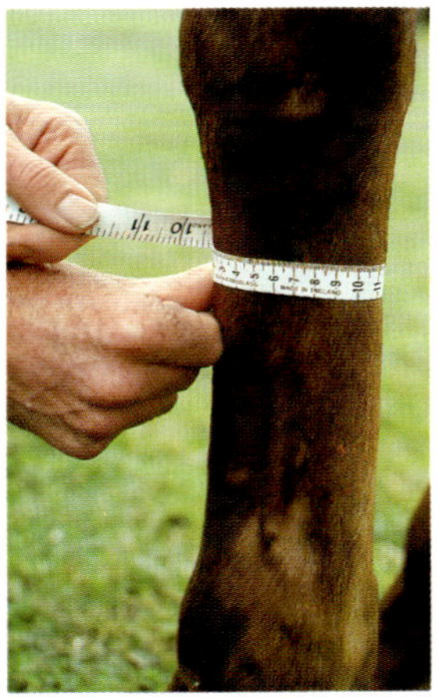

Links: Lahmheiten können aus verschiedenen Gründen auftreten: Überbein, Knochenspat, Schwellungen wie Rehbein und Gallen, Hornspalt oder andere Hufverletzungen. Am besten kann man das Lahmen im Trab erkennen; außerdem muß man die Beine nach eventuellen Verletzungen oder Schwellungen abtasten.

einmal vom Pferd etwas wegzugehen. Muß er das Pferd ständig hinter sich herziehen, bekommen Sie einen falschen Eindruck von den Bewegungen des Pferdes. Lassen Sie das Pferd von sich wegführen und dann zu sich her traben. Das Pferd soll locker und frei laufen. Erst dann sind Sie in der Lage festzustellen, ob das Pferd gesund ist. Forkelnde Vorderbeine und in die Vorderbeine tretende Hinterbeine können Sie gleich vergessen. Diese Grundübel dürfen nicht auftreten.

Jetzt lassen Sie das Pferd reiten und beobachten sie dabei nicht nur die Gänge, sondern das ganze Gehabe des Tieres. Lassen Sie das Pferd in den drei Grundgängen gehen und auch über kleinere Hindernisse springen. Beobachten Sie dabei auch den Reiter: Vielleicht verdeckt er mit gutem Können einige Fehler des Pferdes! Muß er auf dem Pferd hart arbeiten, um von ihm die gewünschte Leistung zu bekommen? Welche künstlichen Hilfen oder auch Tricks benutzt er? Unter dem Sattel sieht das Pferd wieder ganz anders aus als »nackt«. Schauen Sie sich deshalb nochmals alle Points an. Die Hinterhand darf nicht höher sein als der Widerrist, und wichtig sind die Aktionen in Schulter und Gelenken. Sie sollen frei und ausgeglichen sein.

Mit dem Schweif kann ein Pferd viel ausdrücken, unter anderem auch, ob es seinen Rücken hergibt. Ein Schweif, der von der Hinterhand weg getragen wird und ruhig mit der Bewegung des Pferdes mitschwingt, zeigt, daß das Pferd seinen Rücken korrekt benutzt und nicht steif ist. Aber verwechseln Sie einen auf diese Weise getragenen Schweif nicht mit einem, der von einer Seite zur anderen geschlagen wird; denn dies bedeutet Widerstand. Ein steif getragener oder eingeklemmter Schweif bedeutet, daß irgend etwas mit dem Rücken des Pferdes nicht stimmt und es in seiner Bewegung stört.

Lassen Sie das Pferd auch außerhalb des Hofes reiten, hinaus auf die Straße und wieder zurück. Ein klebendes Pferd, das den Hof nicht verlassen will, ist kein gutes Pferd. Wie benimmt sich das Pferd im Straßenverkehr? Ist es scheu?

Danach sollten endlich Sie selbst das Pferd reiten, um festzustellen, ob es zu Ihnen paßt. Vielleicht versuchen Sie ein, zwei Übungen mit ihm. Dabei können Sie feststellen, wie es auf *Sie* reagiert!

Tierärztliche Untersuchung

Hat das Pferd Ihren Test bestanden und Sie wollen es kaufen, lassen Sie es erst noch gründlich tierärztlich untersuchen. Lassen Sie diese Untersuchung am besten von Ihrem eigenen Tierarzt oder einem Ihnen bekannten bzw. empfohlenen durchführen, niemals vom Tierarzt des bisherigen Pferdebesitzers! Außerdem sollte es ein auf Pferde spezialisierter Tierarzt sein. Eine gründliche Untersuchung dauert bestimmt zwei Stunden, wobei unter anderem Atmung und Puls nach anstrengender Arbeit getestet werden. Na-

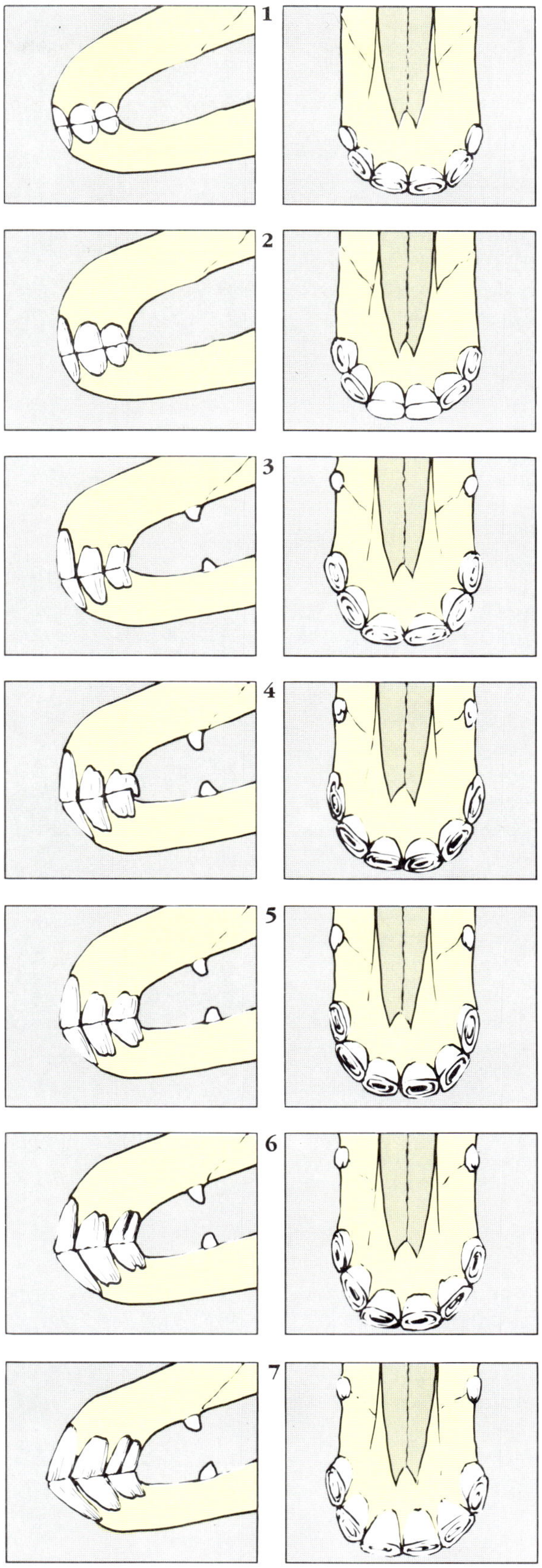

Links: Form, Abnutzung und Farbe der Pferdezähne geben Auskunft über das Alter. Die zwölf Schneidezähne eines Jährlings (1), die sogenannten Milchzähne, sind noch weiß und gerade. Nach den Milchzähnen bilden sich die Ersatzzähne (2) etwa im Alter von drei Jahren. Diese zeigen schon eine leichte Abnutzung auf den Kauflächen (Kunden). Die Ersatzzähne eines sechs Jahre alten Pferdes (3) zeigen schon stärkere Abnutzung mit tief eingegrabenen Rillen. In diesem Alter entwickeln männliche Pferde die sogenannten Hakenzähne.
Die Eckzähne dieses sieben Jahre alten Pferdes (4) haben einen deutlich sichtbaren Haken gebildet und beißen nicht mehr exakt aufeinander.
Im Alter von acht Jahren (5) sind die Haken wieder verschwunden, und eine dunkle Linie erscheint auf den Schalen der Vorderzähne.
Zehn Jahre (6): Es haben sich dunkle Hohlräume, der sogenannte Einbiß, entwikkelt, und die vorderen Schneidezähne stehen nicht mehr senkrecht zueinander. Die Kunden auf den Kauflächen verschwinden allmählich.
Die Zähne eines 20-jährigen Pferdes (7) stehen deutlich sichtbar vor, der Einbiß hat sich verstärkt, und die Kauflächen sind glatt und abgenutzt.

türlich kostet so eine Untersuchung Geld, aber gut angelegtes Geld.
Das Zertifikat des Tierarztes brauchen Sie übrigens auch für die Versicherungsanmeldung. Schließen Sie unbedingt eine Haftpflichtversicherung ab. Ein scheuendes Pferd kann schnell großen Schaden anrichten, für den dann niemand aufkommen will.
Wenn der Veterinär das Pferd als rundum gesund bezeichnet, hat er dabei auch immer den Zweck vor Augen, wofür Sie das Pferd gekauft haben (oder noch kaufen wollen). Lassen Sie ihn diesen Zweck wissen, und er wird seine Untersuchung danach richten. Denn ein Pferd, das für einen leichten Freizeitreiter gesund genug ist, hält keine Jagd aus.
Sollten Sie das Pferd auf der Weide halten wollen, lassen Sie es zur besseren Identifikation in irgendeiner Form kennzeichnen, falls es einmal gestohlen werden sollte. Häufig wird dem Pferd dabei eine Nummer auf die Innenseite der Oberlippe gebrannt. Bei einem Zuchtpferd darf natürlich das Brandzeichen nicht fehlen. Und lassen Sie sich alle nötigen Papiere geben, auch eventuelle Impfpässe und Bescheinigungen über vorher schon vorgenommene tierärztliche Behandlungen.

Verpflichtungen

Sobald Sie das Pferd gekauft haben, gehen Sie gesetzliche Rechte und Verpflichtungen ein sowie natürlich auch eine moralische Verpflichtung.
Die das Pferd betreffenden Gesetze sind sehr komplex und von Land zu Land verschieden. Am besten ist es, man holt sich Rat bei der Deutschen Reiterlichen Vereinigung in Warendorf (FN), in deren Verantwortlichkeit es liegt, die Rechte der Pferdebesitzer und Reiter zu verteidigen. Für den Privatpferdebesitzer fangen die Pflichten seinem Pferd gegenüber sofort nach dem Kauf an. Allerdings haftet der Verkäufer nach BGB §§ 441-492 für bestimmte Fehler, die sogenannten Gewährsmängel, die innerhalb einer bestimmten Frist, nämlich 14 Tage nach dem Verkauf des Pferdes, auftreten. Folgende Krankheiten gelten bei Zucht- und Gebrauchspferden als Hauptmängel: Rotz, Dummkoller, Dämpfigkeit, Kehlkopfpfeifen, periodische Augenentzündungen und Koppen. Es ist allerdings Sache des Käufers, diese Fehler zu entdecken; der Verkäufer braucht von sich aus nichts zu sagen. Er ist allerdings verpflichtet, das Pferd zum vereinbarten Kaufpreis innerhalb der obengenannten Frist zurückzunehmen, falls der neue Besitzer in diesen 14 Tagen einen der sechs Gewährsmängel oder sogar mehrere festgestellt hat. Gewährsmängel und Gewährsfrist sind in der Bundesrepublik Deutschland automatisch landläufiges Recht beim Pferdekauf. Allerdings können von jeder Seite noch zusätzliche Klauseln vereinbart werden, die im Vertrag stehen müssen.
Sollte der Verkäufer ausdrücklich betonen, daß ein Pferd für bestimmte Leistungen fähig ist und sich das

Der Schritt *ist die langsamste Gangart, bei der man deutlich vier Takte hören kann, nämlich in der Reihenfolge: rechts hinten, rechts vorn, links hinten, links vorn. Das Pferd muß*

Der Trab *hat einen Zweitakt, wobei das Pferd das diagonale Beinpaar bewegt, nämlich: hinten links/vorn rechts und hinten rechts/vorn links. Beim leichten Trab richtet sich der Reiter*

Der Arbeitsgalopp *hat einen Dreitakt. Nach der Einbeinstütze folgt die diagonale Zweibeinstütze hinten rechts/vorn links, danach greift das führende rechte Bein weit vor. Hört*

Der starke Galopp *ist die schnellste Gangart und hat einen Viertakt. Wie im Arbeitsgalopp führt das Pferd mit einem Vorderbein. Die Reihenfolge ist: vorn rechts führt, danach Ein-*

mit raumgreifenden Schritten gleichmäßig im Takt gehen, wobei die Vorderbeine im Ab-

druck der Hinterbeine auffußen oder sogar davor.

nach dem linken Vorderbein, wenn er auf der rechten Hand reitet. Er sitzt also, wenn dieses

auffußt, und hebt sich beim nächsten Takt leicht aus dem Sattel.

man einen deutlichen Viertakt, befindet sich das Pferd nicht im Gleichgewicht. Vielleicht

wurde zu früh versucht, das noch junge Pferd zu versammeln.

beinstütze, dann die Zweibeinstütze vorn rechts/hinten links, dann Schwebephase. Die

Schwebephase zeigt deutlich, wie sehr sich frühere Maler getäuscht haben!

Gegenteil herausstellen, so ist der Verkäufer voll regreßpflichtig. Diese Gesetzesbestimmungen sind sehr kompliziert, aber auch wichtig. Sollten Sie feststellen, daß ein Pferd nicht das hält, was in der Anzeige versprochen worden ist, so ist es durchaus rechtens, einen zuverlässigen legalen Rat einzuholen. Sie sollten also sehr vorsichtig sein, wenn der Verkäufer von »Bedingungen« oder »Garantien« spricht, besonders bei kleineren Auktionen, auch wenn Sie mit dem Pferd ein tierärztliches Gutachten erhalten. Egal, was es kostet, Sie sollten auf jeden Fall sofort nach dem Kauf selbst eine tierärztliche Untersuchung durchführen lassen.

Haftpflicht gegenüber Dritten

Wenn Sie nun ein Pferd erworben haben, so besteht die größte Verpflichtung ihrerseits gegenüber Dritten. Wie schon erwähnt, ist es sehr ratsam, sofort eine Haftpflichtversicherung gegen Unfälle oder Schäden, die Dritten zugefügt werden, abzuschließen. Die Unfälle im Straßenverkehr, in die Pferde verwickelt sind, haben gerade in letzter Zeit erschreckend an Zahl und Ausmaß zugenommen. Dies ist natürlich oft auf das rücksichtslose Verhalten der Autofahrer zurückzuführen, die keine Ahnung von Pferden haben. Aber auch Reiter, die die normalen Fahrstraßen gesetzlich benutzen dürfen, haben eine moralische Verpflichtung, dabei sehr vorsichtig und andern Verkehrsteilnehmern gegenüber höflich zu sein. Sichern Sie sich gut ab und sorgen Sie dafür, daß Sie auch bei Dunkelheit gut sichtbar sind –, mit einem reflektierenden Gürtel oder einer solchen Weste.
Natürlich ist es auch die Pflicht eines jeden Pferdebesitzers, dafür zu sorgen, daß Gatter und Zäune der Weide fest und sicher sind. Sie werden haftbar gemacht für jeden Schaden, den ein ausgebrochenes Pferd auf den Feldern oder auf der Straße anrichtet. Es ist wichtig zu wissen, daß Sie ebenso haftbar gegenüber Dritten sind, wenn Sie ein geliehenes Pferd reiten. Der Besitzer des Pferdeverleihstalles hängt meistens nur ein großes Schild an die Stallwand (»Sie reiten auf eigene Gefahr«), und damit ist er jeder Verpflichtung enthoben. Auch wenn Sie von einem geliehenen Pferd etwas verlangen, was es nicht kann – beispielsweise hohe Hindernisse bewältigen –, und Sie verletzen Dritte oder das Pferd dabei, werden Sie regreßpflichtig gemacht. Wenn Sie sich für eine gewisse Zeit ein Pferd leihen, so ist das praktisch für diese Zeit *Ihr* Pferd.

Die moralische Verpflichtung

Diese Verpflichtung gegenüber Ihrem Pferd besteht darin, daß Sie immer für dessen Wohlbefinden sorgen. Die nächsten Kapitel dieses Buches werden Ihnen einige Richtlinien dafür geben. Doch ist neben der Lektüre die praktische Erfahrung immer noch am wichtigsten. Der Zustand Ihres Pferdes spiegelt Ihre eigene Seele wider!

2

Der Stall und seine Ausrüstung

Auch für ein Pferd gilt: mens sana in corpore sano. Nur ein an Geist und Körper gesundes Pferd kann gute Leistungen erbringen. Ein ungesundes Pferd ist eine Gefahr für sich selbst, seinen Reiter oder Fahrer und für alle anderen, mit denen es in Kontakt kommt. Die Anforderungen, die wir an ein domestiziertes, arbeitendes Pferd stellen, gehen weit über das hinaus, was von ihm in der Wildnis gefordert wird. So müssen wir gut für das Pferd sorgen.

Die Grundprinzipien der Stallhaltung müssen dem Pferd als Wildtier Rechnung tragen. Das Pferd ist von Natur aus ein Herdentier, und bis auf wenige Ausnahmen sind alle Pferde glücklich, wenn sie die Gesellschaft von Artgenossen haben, und unglücklich und auch unsicher, wenn sie sich allein fühlen.

Obwohl ein Pferd es lernen muß, allein zu arbeiten und auch von Zeit zu Zeit allein im Stall zu sein, sollte es doch möglichst gemeinsam mit anderen Pferden gehalten werden.

Wildpferde grasen 18 bis 20 Stunden pro Tag. Und so müssen wir unseren Pferden auch möglichst viele, aber relativ kleine Futterrationen pro Tag geben, so daß sich immer ein gewisses Maß an Futter im Verdauungstrakt befindet. Zu diesen Grundvoraussetzungen gehört noch eine gute Unterbringung für Ihr Pferd, und Sie haben schon viel getan, um es fit und zufrieden zu machen.

Folgende Dinge sind für die Pferdehaltung notwendig: ein Stall, Lagermöglichkeiten für Futter und Einstreu, einige Geräte und möglichst eine Weide.

Stallpferde sind große, starke Tiere, und also brauchen sie auch ein großes, widerstandsfähiges Haus. Ein durchschnittlich großes Pferd von etwa 155 cm Stockmaß braucht einen Stall von mindestens 300 × 365 cm, damit es sich ohne Mühe herumdrehen, einige Schritte laufen und sich zum Ausruhen auch einmal hinlegen und ausstrecken kann. Standardboxen haben die Maße von 365 × 365. Je größer die Box, desto besser. Ist die Box zu klein, fühlt sich das Pferd eingeengt. Wenn es sich hinlegt oder sich wälzen will, kann es so ungünstig gegen eine Wand rollen, daß es von allein nicht wieder aufstehen kann. Und da Pferde bekanntlich schnell in Panik geraten, besonders in einer solchen eingesperrten und ausweglosen Lage, kommt es häufig zu Verletzungen, die vermeidbar sind. Außer einem genügend großen Stall kann man die Box noch zusätzlich an den Außenrändern mit Stroh »ausfüttern«, wodurch dem Pferd das Aufstehen ebenfalls erleichtert wird.

Gute Luft ist für die Atmungsorgane des Pferdes sehr wichtig. Diese ist normalerweise vorhanden, wenn genügend Fenster und Türen eingebaut sind, andernfalls muß man für einen Ventilator sorgen. Frischluft darf aber nicht mit Zugluft verwechselt werden, die Pferde überhaupt nicht vertragen. Hat der Stall zwei Türen – eine unten und darüber eine zweite –, sollte die obere möglichst immer geöffnet bleiben. Ausnahmen sind starker Regen, Schneetreiben und vor allem Sturm. Ist das Wetter nur »normal« schlecht, ist es besser, dem Pferd eine Decke überzulegen, statt die Türen zu schließen. Die geöffneten Türen sind nämlich für ein Pferd nicht nur wegen der Frischluft wichtig, sondern auch wegen der Kommunikation. Pferde sind neugierig und wollen wissen, was draußen passiert.

Die Stallfenster sollten nach innen oben geöffnet werden können, damit das Pferd am Rücken keinen Zug bekommt. Man kann unter Umständen sogar auf ein Fenster verzichten, wenn die Tür – wie oben beschrieben – aus zwei Teilen besteht und der obere Teil die meiste Zeit offensteht. Ist ein Fenster vorhanden, muß dieses von außen zu bedienen sein und darf innen keine Haken oder sonstige Gegenstände haben, an denen sich das Pferd verletzen könnte.

Auch die Höhe eines Stalles ist wichtig, und zwar nicht nur wegen der Luftzirkulation, sondern auch um der Sicherheit willen. Ein steigendes Pferd kann die respektable Höhe von 365 cm erreichen und ist dann in großer Gefahr, mit dem Kopf am Dach oder an der zu niedrigen Decke anzustoßen. Es gibt zwar viele Pferde, die durchaus glücklich jahrelang in sehr niedrigen Ställen leben, trotzdem sollte doch ein Idealwert angestrebt werden. Als Minimum muß die innere Stallhöhe 230 cm betragen. Die Tür sollte entsprechend hoch, mindestens 120 cm breit und mit guten Sicherheitsvorkehrungen versehen sein.

Die Anlagen für elektrisches Licht sind außer Reichweite von Pferdezähnen und sicher zu installieren. Die Kabel sollten in Metallführungen liegen, und die Schalter müssen außerhalb des Stalles angebracht sein. Stallausrüstungen dürfen nicht zur Gefahrenquelle für das Pferd werden. So sollten Futtertröge und automatische Wasseranlagen in den Ecken angebracht sein. Eine solche Anlage ist zwar sehr praktisch, doch muß sie immer sauber gehalten werden und gibt außerdem keine Auskunft darüber, wieviel das Pferd trinkt. Beim Tränken aus dem Eimer hat man einen besseren Überblick. Die Box sollte mindestens einen kräftigen Haltering in Pferdekopfhöhe haben, um das Pferd anbinden zu können, wenn man es putzen oder den Stall ausmisten will. Wenn man eine Heuraufe benutzt, sollte diese ebenfalls in der Ecke angebracht werden, und zwar so, daß sie vom Pferd leicht erreicht werden kann, ihm aber auch nicht ständig Heu und Staub in die Augen fallen.
Der Stall muß sehr stabil gebaut und gut isoliert sein. Das Gebäude sollte mit der Rückwand gegen die vorherrschende Windrichtung stehen. Steine und Ziegel

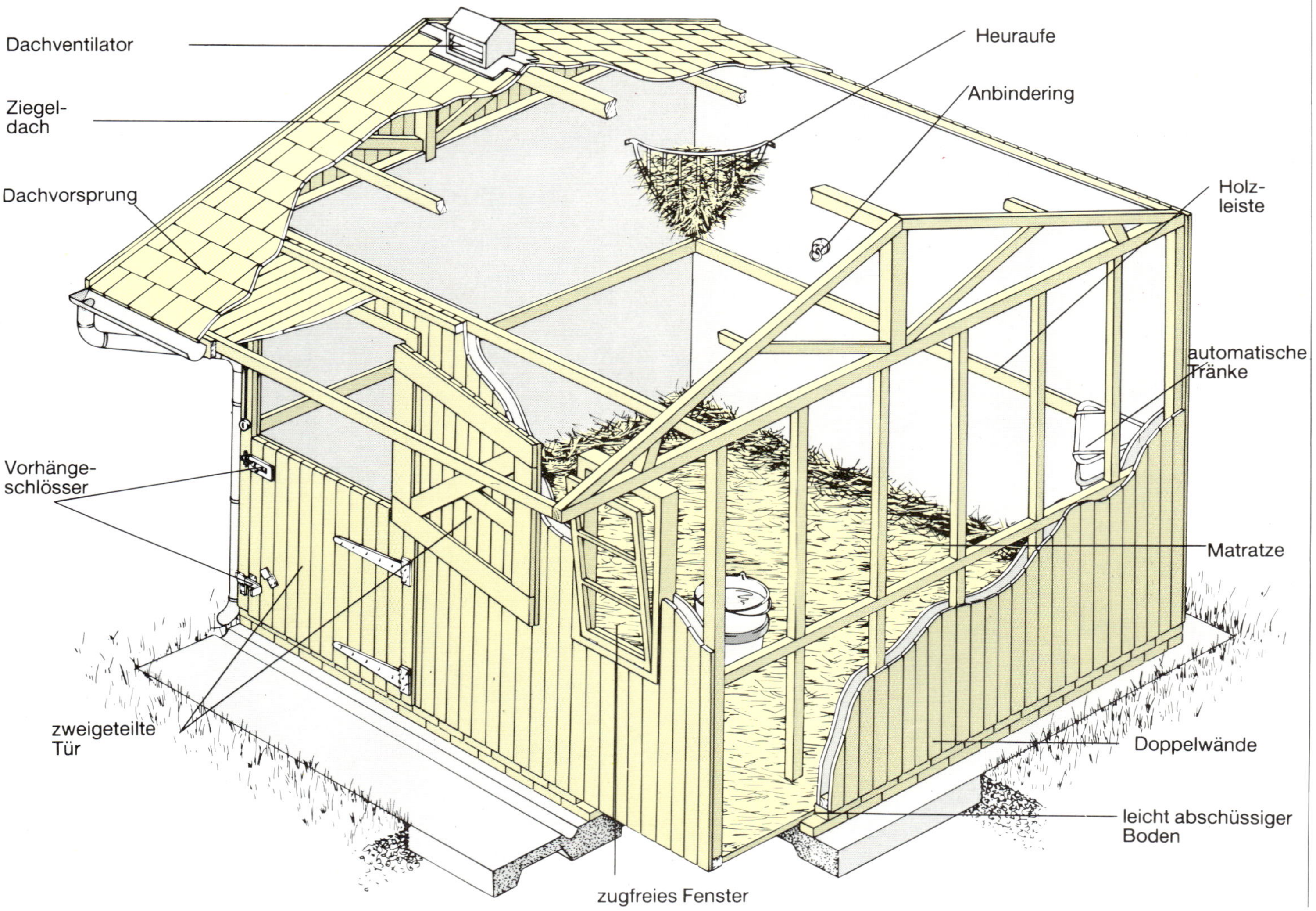

sind die besten Baumaterialien; solide Betonblöcke sind auch nicht schlecht, vorausgesetzt, sie werden zusammen mit Holz verwendet, das die Feuchtigkeit verringert.
Das Dach sollte aus nichtwärmeleitendem Material sein. Deshalb ist von Metall abzuraten. Ist dessen Verwendung jedoch unvermeidlich, muß es mit Holz oder Styrodur abgedichtet sein. Schiefer oder Dachziegel eignen sich besonders gut. Das Dach sollte einen Überhang von 90-120 cm haben, um Wind, Regen und direkte Sonneneinstrahlung abzuwehren.
Nur noch wenige Ställe haben heute die speziellen Stallfliesenfußböden, die früher üblich waren, mit einer Vertiefung als Abfluß. Diese Böden sind immer noch sehr gut, aber teuer. Asphalt ist auch gut, eignet sich aber eher für kältere Klimazonen, da er recht warm ist und auch für die Pferdebeine nicht zu hart; er wird aber bei Nässe glitschig. Beton ist zwar neuerdings sehr modern, eignet sich aber weniger. Er ist extrem hart und kalt, sogar durch die Einstreu hindurch. Außerdem hält er die Feuchtigkeit und wird rutschig, oder man muß die Oberfläche aufrauhen lassen. Wird trotzdem Beton benutzt, muß für ein besonders dickes »Bett« gesorgt werden, sofern sich das Pferd im Stall befindet. Man kann spezielle durchlöcherte Plastikfliesen auf den Beton legen und erhält so einen sauberen Boden, da die Abwässer hindurchsickern. Diese Fliesen bestehen zu 15 % aus Gummi, um die Rutschgefahr zu verringern, und können auch direkt auf einen Untergrund aus Kies und Sand gelegt werden. Betonplatten – nicht Leichtbauplatten! – kann man auch auf einen ähnlichen Untergrund mit Abflußkanälen legen, doch müssen etwa 3-5 cm Zwischenraum zwischen den Platten bleiben. Das altmodische Kopfsteinpflaster ist schwer zu reinigen und nicht zu empfehlen.
Im allgemeinen gilt: Je besser die Abwässerbeseitigung, desto besser und rentabler die Matratze, auf der das Pferd steht oder liegt. Oft genug muß diese weggeworfen werden, nur weil sie durch und durch naß ist. Wenn Sie neu bauen, achten Sie darauf, daß der Stall auf einem festen, trockenen Fundament steht. Geben Sie dem Boden eine leichte Neigung von vorn nach hinten zu einem Abflußrohr, und versichern Sie sich, daß die Nässe nicht mitten in der Box steht, sonst werden Ihre Kosten für die Einstreu sehr hoch!
Lagermöglichkeiten. Sie werden irgendwo einen sicheren, trockenen und warmen Raum brauchen, um Ihre Geräte und die Reitausrüstung unterzubringen. Leder und Decken vertragen keine kalte, feuchte Luft. Im selben Raum sollten sich auch die Reinigungsmittel befinden, der Werkzeugschrank, die nötigen Medikamente und viele andere Dinge. Legen Sie also diesen Raum zentral an und sorgen Sie auch dafür, daß kaltes und heißes Wasser zur Verfügung stehen.

Oben: So sieht ein gepflegter moderner Reitstall-Hof aus. Der Dachvorsprung schützt gegen schlechtes Wetter und zu starke Sonne. Die Metallumrahmung der Türen hält die Pferde vom Koppen ab.

Linke Seite oben: Auch im (verhältnismäßig engen) Einstand fühlen sich Pferde wohl, sofern sie nicht so kurz angebunden sind, daß sie sich nicht bewegen oder hinlegen können.

Linke Seite unten: Ein schöner Einzelstall mit den Idealmaßen 365 cm im Quadrat und 230 cm Höhe. Die Tür hat eine Breite von mindestens 120 cm. Für die Belüftung ist ein (zugfreies) Fenster wichtig, eventuell auch ein Ventilator. Heuraufe und Wassertränke sind Selbstverständlichkeiten.

Vorhergehende Seite (S. 21): Auf Reisen ist es wichtig, das Pferd gegen alle möglichen Verletzungsgefahren zu schützen.

Futter und Einstreumaterialien brauchen einen luftigen, trockenen Lagerraum, um nicht zu verderben. Es wird kaum gelingen, Stroh und Heu ganz frei von Ungeziefer zu halten, aber anderes Futter sollte in galvanisierten Metallkübeln aufbewahrt werden, die man fest verschließen kann. Plastikeimer sind auch geeignet, doch werden sie oft von Ratten angeknabbert. Das Futter darf nie im selben Sack bleiben, in dem es verkauft wird, will man Ungeziefer und Feuchtigkeit vermeiden. Es sollte eine Möglichkeit vorhanden sein, auch einmal Leinsamen oder Gerste zu kochen und Wasser warm zu machen, wobei dies jedoch bei der Haltung nur eines Pferdes auch in der Küche geschehen kann.
Weide. Es gibt zwar viele Pferde – Armee- und Polizeipferde vor allem –, die sehr zufrieden und gesund leben, obwohl sie niemals eine grüne Weide gesehen haben. Aber die Möglichkeit, draußen zu grasen und zu spielen, möglichst noch in Gesellschaft von Artgenossen, ist für jedes Pferd ein geistiges und körperliches Tonikum, und jeder Pferdebesitzer sollte dies seinem Tier gönnen.
Für ein im Stall gefüttertes Hochleistungspferd ist die Qualität des Grases weniger wichtig als die Sicherheit auf der Weide. Diese Koppel darf nicht extrem hügelig oder rauh sein, und es dürfen sich keine Gegenstände auf ihr befinden, an dem sich das Pferd verletzen kann, wie Landmaschinen, Wagenräder, im Gras versteckt liegende Eggen oder Abfälle. Darauf muß man besonders achten, wenn ein Fußgängerweg direkt an der Weide entlangführt. Teiche sollte man besser einzäunen, und die Umzäunung selbst muß stabil, aber glatt sein. Hat die Weide keine natürliche breite Hecke als Begrenzung, sind Holzpfosten und Balken das Beste für den Bau eines Zaunes. Er sollte

mindestens 120 cm hoch sein. Zwischen die einzelnen Pfosten kann man glatten Draht spannen; auch gibt es heute schon dehnbare Plastik- oder Gummibänder dafür, die sich bewährt haben.
Stacheldraht ist dagegen absolut abzulehnen, da die Gefahr einer Verletzung des Pferdes viel zu groß ist. Wenn Sie das Pferd irgendwo untergebracht haben, wo Sie kein Mitspracherecht haben, was den Zaun betrifft, so schaffen Sie sich eine elektrische Zaunleitung an, die Sie jederzeit anbringen und wieder wegnehmen können. Zeigen Sie dem Pferd die Wirkung des Zaunes, indem Sie seine Nase ein wenig anfeuchten und dann an den Zaun stupsen. Das Pferd wird eine unangenehme Berührung spüren, gerade genug, um es daran zu hindern, dem Zaun zu nahe zu kommen. Auch die Gatter müssen natürlich sicher und stabil und an beiden Seiten mit einem Vorhängeschloß versehen sein.
Wassertröge können eine große Gefahrenquelle sein, wenn sie sehr scharfe Ecken und Kanten haben. Man kann sie etwas entschärfen, indem man Strohballen oder alte Autoreifen um sie herumlegt (s. Zeichnung). Die Deckel dürfen nicht über den Rand der Tröge hinausragen. Funktioniert die Wasserleitung mal nicht, so kann man auch mit normalen Wassereimern tränken, vor allem wenn das Pferd nur kurze Zeit auf der Weide ist.

Pferdehaltung

Aus der Sicht des Pferdes gibt es drei Möglichkeiten, es zu halten:
1) im Stall,
2) auf der Weide,
3) in kombinierter Form, wobei es den 24-Stunden-Tag teilweise im Stall und teilweise auf der Weide verbringt. Hierbei dürfte das Pferd wohl am meisten profitieren, hat es doch den Schutz und Komfort des Stalles gleichermaßen wie die Freiheit, frisches Gras und – hoffentlich – die Gesellschaft anderer Pferde auf der Weide.
Das Stallpferd ist in seinem ganzen Lebensablauf vom Menschen abhängig. Es wird durch Training, Füttern und gute Pflege fit und gesund gehalten. Es wird geschoren, gebürstet, gepflegt, warm gehalten – und beansprucht dadurch eine Menge Zeit.
Am meisten zu empfehlen ist wohl die kombinierte Form. Auch hierbei sind die Pferde fit und gesund, und das frische Weidegras ist noch besonders gut für ihre Verdauung, vor allem wenn sie sonst nur hochkonzentrierte Nahrung erhalten. In der Zeit auf der Weide vergessen sie auch die Langeweile drinnen im Stall. Im Winter läßt man das Pferd meistens nachts im Stall und gönnt ihm ein paar Stunden tagsüber draußen in der frischen Luft. Im Sommer schützt tagsüber der Stall vor allzu großer Hitze, und die Pferde kommen erst gegen Abend auf die Weide. Ist das Weidegras nur als Zusatzfutter gedacht, so genügt ein Feld von 1-1,5 Hektar, aber die Größe ist gar nicht so wichtig. Die Weide muß genauso wie der Stall von Mist und Schmutz gesäubert werden, zu hohes Gras muß geschnitten werden. Draußen kann sich das Pferd nicht nur erholen, sondern es trainiert seinen Körper auch selbst ein wenig.
Aus der Sicht des Pferdehalters gibt es ebenfalls drei Möglichkeiten, vorausgesetzt, man will nicht noch Pfleger beschäftigen:
1) man kümmert sich allein um sein Pferd, am Haus oder im Reitstall,
2) man gibt sein Pferd in einen Stall, zahlt viel Geld und läßt das Pferd von mehr oder minder fremden Leuten pflegen (inklusive Schmied und Tierarzt),
3) man gibt das Pferd zwar in einen Reitstall, bezahlt auch für Pflege und Futter, erlaubt aber dem Besitzer des Stalles, das Pferd für einige Reitstunden in der Woche einzusetzen.
Vorschlag 2 ist mit Abstand am teuersten und am unpersönlichsten, Vorschlag 1 sehr zeitaufwendig, und Vorschlag 3 liegt irgendwo dazwischen.
Nur Sie selbst können entscheiden, wieviel Zeit und Geld Sie für Ihr Pferd aufwenden, um sicher zu sein, daß es sich wohl fühlt und gesund ist.

Unten links: Damit sich das Pferd nicht an scharfen Ecken und Kanten der Tränke verletzen kann, bindet man am besten Heuballen und alte Autoreifen außen an.

Füttern und Tränken

Füttern und Tränken ist das einzig wirklich Wichtige in der Pferdehaltung. Ihr Pferd *ist*, was es *ißt:* Wenn es genügend wohlausgewogenes Futter erhält und in einer ruhigen Art und Weise gefüttert wird, ist schon mehr als die Hälfte getan, ein gesundes und arbeitsfreudiges Pferd im Stall zu haben. Ein Pferd, das nicht genügend oder nicht das richtige Futter bekommt, wird nie zu Höchstleistungen fähig sein; während ein überfüttertes Pferd ständig Gefahr läuft, krank zu werden. Außerdem wird es schwierig im Umgang und beim Reiten.

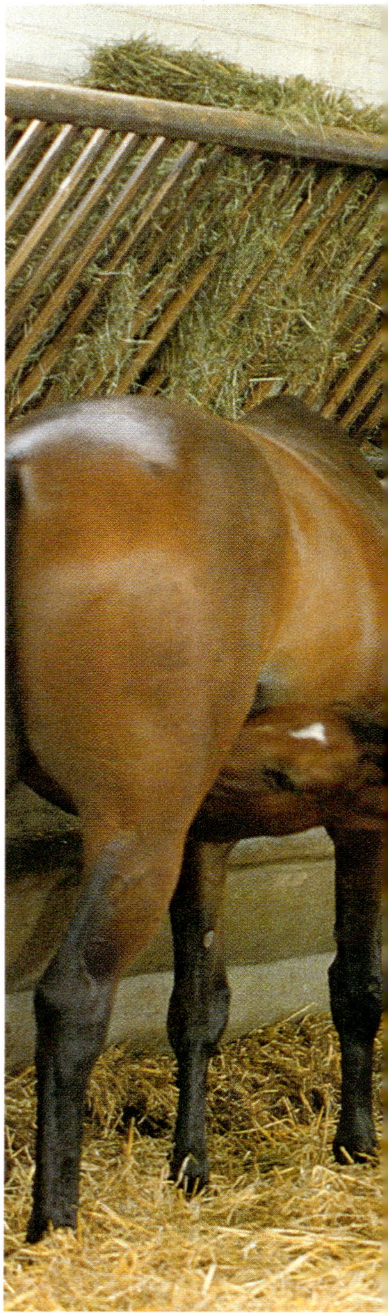

Sinn und Zweck des Fütterns. Der Körper braucht das Futter, um
1) die Körpertemperatur (bei Pferden etwa 38°C) zu halten,
2) die Körperformen zu halten (Haut, Muskeln etc.),
3) Energien daraus zu schöpfen für den normalen Lebensablauf ebenso wie für die Arbeitsanforderungen,
4) das Gewicht zu erhöhen, sozusagen Rücklagen für schlechtere Zeiten zu machen.

Die ersten zwei Komponenten sind am wichtigsten; sind diese nicht vorhanden, stirbt das Pferd. Wenn wir mit dem Pferd arbeiten und/oder es kaltem Wetter aussetzen, verlangt sein Körper nach mehr Futter. Wenn dem Körper keine Energien zugeführt werden, geht dieser an seine Reserven, und das Pferd verliert an Gewicht. Wenn die Reserven erschöpft sind, aber weiterhin Anforderungen an das Pferd gestellt werden, entzieht sich der Körper selbst die lebenswichtigsten Säfte. Die Muskeln beginnen zu schrumpfen, das Pferd magert immer mehr ab. Schließlich sinkt die Körpertemperatur rapide, und das Pferd stirbt.

Andererseits wird das Pferd natürlich zu dick, wenn man es überfüttert. Es wird fettleibig und ein Krank-

Unten: Stuten und Fohlen in einem geräumigen Gemeinschaftsstall (Laufstall) ohne Boxen.

heitskandidat erster Güte (Lahmheit, Azoturie = Übersäuerung des Harns, überdehnte Bänder und Sehnen, Lymphgefäßentzündungen und Koliken). Schließlich kommt es bei allem guten Futter, das im Übermaß zur Verfügung steht, auch noch sehr auf das Wissen, die Geschicklichkeit und den Pferdeverstand des Menschen an, der mit dem Tier umgeht.

Wasser. Der Körper eines Pferdes besteht zu 70 % aus Wasser. Ganz grob gesagt, benötigt ein Pferd zwischen 27 und 54 Liter Wasser pro Tag, was natürlich ganz von der geforderten Arbeit und auch vom Wetter abhängt. Wasser wird benötigt für die Produktion aller Körperflüssigkeiten (Blut, Lymphsekrete, Verdauungssäfte, Milch) und für die Ausscheidung überflüssiger Produkte wie Schweiß, Urin und Kot. Ohne Wasser trocknet der Körper aus – und das Pferd stirbt innerhalb weniger Tage.

Futtersorten. Es gibt zwei verschiedene Futterarten – faseriges Futter (Rauhfutter) wie Heu und Kleeheu (ein staubfreies Heu für Pferde, die auf den Heu- und Strohstaub allergisch reagieren) und konzentriertes Futter wie Hafer, Gerste, Mais und Pferdewürfel. Enthält das Futter weniger als 20% Fasern, wird es als konzentriert bezeichnet. Kleie ist zwar auch ein Kraftfutter, wird aber nicht als solches benutzt, da es viel Phosphor enthält, aber wenig Kalzium, wodurch das mineralische Gleichgewicht gestört wird. Knochenveränderungen sind die Folge. Kleie ist jedoch sehr nützlich, um einen leicht verdaulichen Brei (Mash) für kranke oder überanstrengte Pferde herzustellen oder als Grundlage einer Mixtur verschiedener Futterstoffe. Kleie sollte immer angefeuchtet verfüttert werden. Karotten, Rüben, Äpfel und auch das Innere von Zuckerrüben geben zusätzlich Flüssigkeit und variieren den Menüplan. Außerdem sind sie vitaminreich.

Faserstoffe von guter Qualität mit einem Proteingehalt von elf oder zwölf % genügen für ein Pferd, das im Stall gehalten wird und nur leichte Arbeit zu verrichten braucht. Härter arbeitende Pferde brauchen eine kräftigere Nahrung, übrigens auch alle Pferde bei kaltem Wetter. Dann muß man Hafer, Gerste und Pferdewürfel zusätzlich füttern. Allgemein kann man sagen: Je härter und schneller ein Pferd arbeiten muß, desto größer muß der Anteil an konzentrierter Kraftnahrung sein. Allerdings darf der Anteil an Faserstoffen nicht unter 50% sinken. Ein Pferd, das im Schulbetrieb eines Reitstalls geht, muß etwa zwei Drittel der täglichen Futterration in Form von Heu bekommen.

Wieviel? Hier kann man eine sehr einfache, aber zutreffende Rechnung aufmachen. Man nehme die Widerristgröße eines Pferdes und rechne je 10 cm = 1 kg Futter. Ein Pferd von etwa 160 cm Größe braucht also etwa 16 kg Futter. Diese Rechnung geht aber nur bei Großpferden auf. Ponys und die robusten Cobs brauchen weniger, vor allem weniger Kraftfutter. Gemahlene Kleie sollte aus den genannten Gründen nicht mehr als ein Viertel, besser nur ein Sechstel der gesamten Kraftfutterration ausmachen.

Futterregeln: Die bekannteste Regel lautet, oft, aber wenig zu füttern. Wenn ein Pferd hart arbeiten soll, darf ihm zwei Stunden vorher kein Heu mehr vorgelegt werden, und dann wird zuerst eine Stunde lang leicht gearbeitet. Nach vollbrachter Leistung sollte das Pferd so viel Heu bekommen, wie es haben will. Kraftfutter braucht längere Zeit, bis es restlos verdaut ist, und deshalb sind 1,5-2 kg pro Fütterung ge-

Links: So sollte ein Pferd nie aussehen! Eventuelle Krankheiten oder Konditionsschwächen müssen vorher erkannt werden.

Links: Vitamine und Mineralien (a), ausgelassener Talg (b) – ein sehr energiereiches Fett – und Melasse (c) sind die wichtigsten Ingredienzien für Pferdewürfel, die dem Pferd eine wohlausgewogene Zusatznahrung bieten. Vitamine allein können auch in anderer Form gegeben werden. Melasse bzw. Zuckersirup bietet eine Abwechslung im Nahrungsangebot.

Eine Auswahl an Konzentratfutter. Es ist zu empfehlen, ganze Körner zu kaufen und diese kurz vor dem Füttern frisch zu quetschen oder zu kochen. Weizen und Hafer können auch in Mehlform gekauft werden. Samen (Leinsamen) können zur Abwechslung gefüttert werden; man bekommt sie gemahlen oder in Flocken oder Würfeln.

Von rechts nach links:
Graswürfel
Weizenmehl
Bohnenmehl
(in Deutschland nicht üblich)
Ganze Haferkörner
Sojabohnenmehl
Ganze Maiskörner
Sonnenblumensamen
Hafermehl
Ganze Gerstenkörner
Leinsamenwürfel

nug. Wenn ein Pferd also täglich 5 kg Kraftfutter bekommt, sollte man die Rationen ungleichmäßig dritteln, wobei die größte Portion am Abend verfüttert wird, wenn das Pferd die ganze Nacht über Zeit zur Verdauung hat.
Dem Pferd vor dem Füttern zu trinken geben. Dadurch wird unverdautes Futter vom Magen in die Gedärme gespült. Ist Wasser für das Pferd immer erreichbar, wird es trotzdem immer nur sehr mäßig trinken und kann so sich selbst überlassen bleiben.
Veränderungen in der Art des Fütterns und im Futter selbst sollten allmählich geschehen, um dem Verdauungstrakt die Möglichkeit zu geben, sich umzustellen. Anderenfalls kann es zu Koliken kommen.
Das Futter muß von bester Qualität sein.
Schlechtes Futter ist unwirtschaftlich, da es nur über geringe Nährwerte verfügt und von Pferden oft liegengelassen wird. Futter, das sauer, moderig oder sonst unangenehm riecht, das schmutzig, staubig und verdorben ist, womöglich mit Schimmel versehen, muß weggeworfen werden. Heu muß einen leicht süßlichen Geruch haben und auseinanderspringen, sobald man das Paket aufmacht. Körner jeder Art müssen sauber und rein aussehen, Kleie leicht flockig und nicht verklumpt.

Futtergabe nach Temperament und Kondition richten.
Man muß immer die Arbeit des Pferdes und das Wetter berücksichtigen. Ist das Pferd zu aufgeregt (sticht es der Hafer!) oder zu fett, so reduziert man die Gaben von Kraftfutter und gibt entsprechend mehr Heu. Nimmt das Pferd ab, macht man es genau umgekehrt.
Nicht zu harte Arbeit vom Pferd verlangen innerhalb einer Stunde nach einer vollen Fütterung. Der Magen liegt nahe bei den Lungen, und wenn er zu sehr gefüllt ist (auch mit Gras), kann das Pferd nicht gut arbeiten.
Immer die gleichen Fütterungszeiten einhalten, um das Verdauungssystem an eine gewisse Routine zu gewöhnen. Keine zu langen Pausen zwischen den Fütterungszeiten einlegen.
Fütterungszusätze. Zusätzliche Gaben von Vitaminen und Mineralstoffen kann man sich sparen, wenn das Futter wohlausgewogen ist und selbst genügend Vitamine, Mineralstoffe und Spurenelemente enthält. Der Tierarzt oder ein Spezialist für Pferdefutter gibt gern Rat. Salz sollte immer für das Pferd erreichbar sein; am günstigsten ist ein Leckstein.
Futterzubereitung. Getreidekörner sollten gestoßen, gequetscht oder gekocht werden. Hafer wird meistens gequetscht; Gerste kann man gequetscht, gekocht oder in Flocken geben, Mais sollte gekocht werden. Ideal ist es, Getreidekörner im Ganzen zu kaufen und vor dem Füttern selbst frisch zu schroten. Nicht in dieser Form liegen lassen; da der Nährwert spätestens nach drei Wochen verlorengeht.

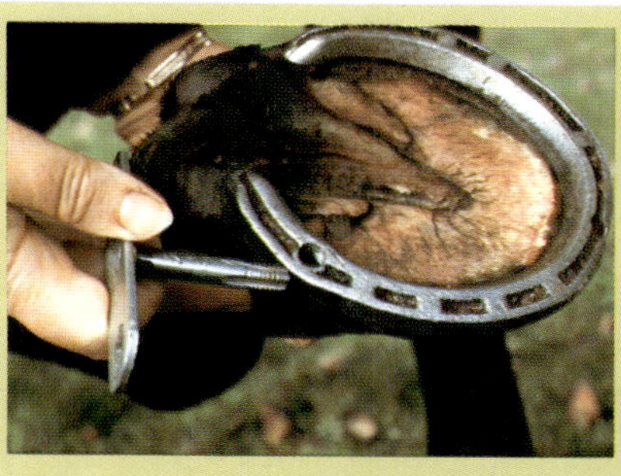

Um bei Wettkämpfen dem Pferd das Laufen auf hartem oder glitschigem Boden zu erleichtern, können Stollen in die Hufeisen eingeschraubt werden. Die entsprechenden Löcher wurden vorher vom Schmied vorgesehen. Nach dem Wettkampf können die Stollen leicht wieder entfernt werden, wozu man den hier (im dritten Bild) gezeigten Schraubenschlüssel benutzt.

Hafer und Gerste haben am meisten Proteine und Kohlenhydrate. Bei Gerste reagieren die Pferde nicht gar so aufgedreht wie beim Hafer. Allerdings hat sie mehr Kohlenhydrate als Hafer, was wiederum nicht gut ist, wenn das Pferd sehr schnell arbeiten soll. Pferdewürfel sind praktisch und haben einen guten Nährwert. Füttert man viel davon, muß das Pferd Wasser in erreichbarer Nähe haben, da die Würfel sehr trocken sind. Mais besteht fast nur aus Kohlenhydraten und ist keine ausgewogene Pferdemahlzeit. Man sollte nicht mehr davon füttern als ein Viertel der gesamten Kraftfutterration. Mais ist auf der anderen Seite sehr gut für dünne Pferde.

Die Futtermengen müssen sorgfältig gewogen und nachher im Eimer gut durcheinandergemischt werden. Ein bißchen Kleie hilft bei der besseren Verteilung, vor allem wenn zusätzlich ein pulverisiertes Futter gegeben wird. Pferdewürfel dazwischen fördern das Kauen und den Speichelfluß. Man kann das Futter mit Wasser oder Melasse anfeuchten.

Gekochtes Futter oder Brei sind für kranke oder überarbeitete Pferde ideal. Um einen Kleiebrei zu machen, füllt man einen halben Eimer voll zu zwei Dritteln mit Kleie und gießt kochendes Wasser darauf. Man rührt so lange, bis die Kleie zum Brei geworden ist. Den Eimer mit einem alten Tuch sowie dem Deckel schließen, darin den Brei gehen und abkühlen lassen. Mit der Hand prüfen, ob er zum Füttern die richtige Temperatur hat. Dieser Brei schmeckt nicht besonders gut, man kann ihn mit ge-

Linke Seite oben:
Wenn ein Heunetz benutzt wird, darf es nie so tief angebunden werden, daß sich das Pferd mit den Hufen darin verfangen kann.

Linke Seite unten:
Salz sollte dem Pferd in Form eines Lecksteins immer zur Verfügung stehen.

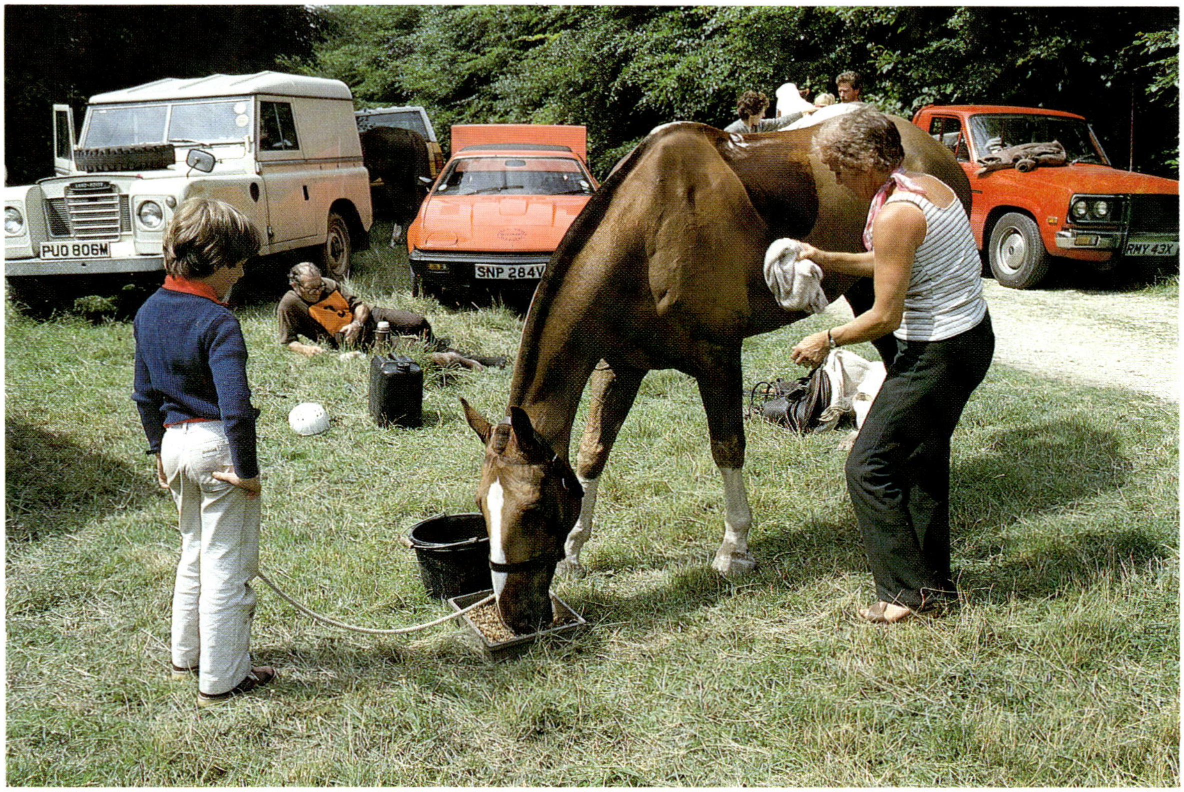

Rechts: Auch auf Reisen und bei Wettkämpfen muß für das Pferd genügend Futter vorhanden sein, damit es in den Pausen fressen kann. Im Anhänger muß auch für die Rückreise zumindest Heu parat liegen.

würfelten Karotten und einer Handvoll Salz anreichern.
Auch gekochte Getreidekörner können so verwendet werden. Man muß dann aber ungestampfte Körner nehmen, kaltes Wasser dazugießen und die Körner darin über Nacht liegen lassen. Am anderen Morgen die Masse durch ein Sieb geben.
Auch gekochter Leinsamen ist sehr gut. Man nimmt nur eine Tasse voll davon, läßt ihn in kaltem Wasser 24 Stunden liegen, kocht ihn dann mindestens 20 Minuten, um die Gifte zu töten, die im Leinsamen enthalten sein können. Dann mit Kleie zusammenmischen. Leinsamen hat einen großen Fettanteil und ist gut für Pferde in schlechter körperlicher Verfassung.

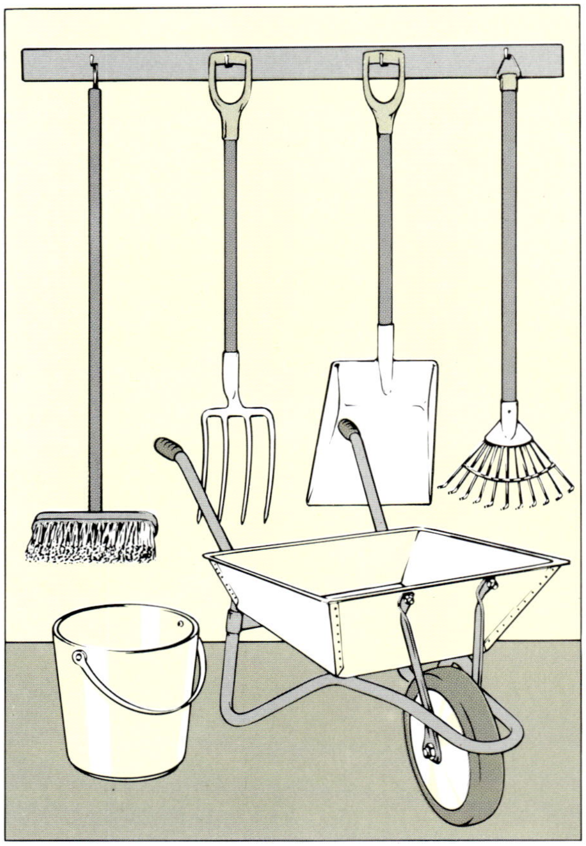

Wurzeln sollten in dünne Scheiben geschnitten werden, Karotten der Länge nach durchschneiden. Das Innere einer Zuckerrübe muß 24 Stunden lang in Wasser eingeweicht werden, da es sonst im Pferdemagen quillt und schwere Störungen im Magen-Darm-Trakt hervorrufen kann. Die eingeweichte Rübe ausquetschen und mit dem anderen Futter sorgfältig vermischen. Zuckerrüben sind nicht gut für Pferde, die harte, schnelle Arbeit leisten müssen; auch Pferde mit Weidegang benötigen keine Rübenfütterung. Gibt man Rüben, so rechnet man nicht mehr als 2 kg täglich.

Einstreu oder Matratze?
Eine gute Matratze hält das Pferd warm und sauber und ermöglicht es ihm, sich hinzulegen, ohne den harten Boden zu fürchten. Eine dicke, trockene und immer saubere Matratze wird von allen Pferden geliebt.
Welches Material? Die beste und häufigste Einstreu ist Stroh (Vorwiegend von Gerste und Hafer), Versuche mit Holzspänen und zerkleinertem Papier haben sich nicht bewährt. Trockener Torf von guter Qualität oder Lohe ergeben auch eine gute Matratze, die aber sehr gepflegt werden muß. Man sollte keinen trockenen, staubigen Torf nehmen und möglichst erst recht nicht Sägemehl.
Weiches, sauberes, goldglänzendes Stroh sieht immer noch am besten aus. Aber selbst im schönsten Qualitätsstroh können sich Sporen und Pilze aufhalten, die mit bloßem Auge nicht erkennbar sind und bei empfindlichen Pferden Allergien auslösen können (Emphyseme und hartnäckige Lungenkrankheiten). Die Symptome sind ähnlich den Asthmaanfällen beim Menschen und können aus einem Hochleistungspferd ein sehr gequältes Tier machen. Manche Pferde fressen das Stroh, meistens aus Langeweile

Unten links: Gerätschaften zum Ausmisten: Heugabel, Schaufel, Schubkarre zum Entfernen des Mists; Eimer und Besen zum Reinigen des Bodens. Frisches Stroh läßt sich gut mit einem Rechen verteilen.

Unten: Fertig zur Abfahrt! Ist an alles gedacht? Sattel, Satteldecke, Bein- und Hufschützer, Huffett, Hufkratzer etc.? Manche Pferde mögen übrigens nicht in Fahrtrichtung stehen. Ein guter Reiter erkennt so etwas und richtet sich danach.

Unten rechts: Pflegemittel sollten bestehen aus: mindestens zwei Schwämmen (a), Hufŏl und -bürste (b), Schere und einem weiteren Schwamm (c) für die »Gesichtskosmetik«, Shampoo (d), Schweifbandage (e), Poliertücher (f) für den letzten Glanz, einer Waschbürste (g) zum Anfeuchten des Fells, einem Striegel (h), der abwechselnd mit der Wurzelbürste (i) zur Beseitigung von Schmutz und Schweiß benutzt werden kann, einem Schweißmesser (j), einem Hufkratzer (k), einem Mähnenkamm (l), einem Metallstriegel (m) zum Reinigen von Bürsten und der Kardätsche (n) zur sorgfältigen Fellpflege.

oder weil sie zuviel Kraftfutter bekommen, so wie wir Menschen nach deftigen Mahlzeiten auch mal etwas Leichtes essen wollen. Man muß dann die Einstreu ändern, da heutzutage natürlich auch Insektizide im Stroh sind.

Holzspäne sind nicht eßbar und weniger staubig als Stroh, aber auch sie können bei manchen Pferden Allergien auslösen, und zwar meistens auf der Haut; Ursache sind Chemikalien, mit denen die Bäume häufig gespritzt werden. Auch ist es nicht so einfach, die Matratze sauberzuhalten wie beim Stroh, da der Mist sich mit den Spänen verbindet. Dagegen kann man Holzspäne mit Sägemehl mischen (sehr umstritten!).

Mit im Reißwolf zerkleinertem Zeitungspapier wurden gelegentlich Versuche gemacht bei Pferden, die

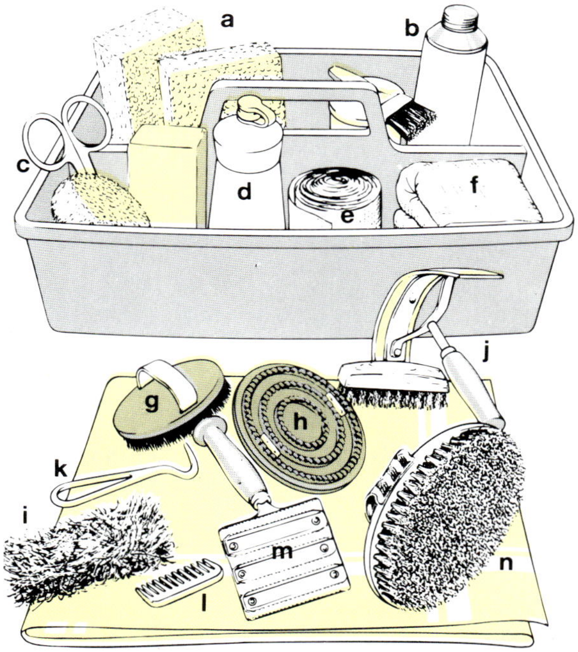

zu Stauballergien neigen. Das Ausmisten ist leicht und schnell getan, doch ist die Druckerschwärze nicht ungefährlich, selbst wenn die Pferde das Papier nicht fressen.

Es gibt drei verschiedene Arten, eine Matratze zu machen und zu erneuern:

1) Man mistet alles aus (gilt vor allem für Stroh),
2) Dicke Einstreu, also eine richtige Matratze (Stroh, Holzspäne),
3) Weniger dicke Einstreu (alle Materialien).

Beim Ausmisten wird der Pferdemist zusammen mit sehr schmutzigem, feuchtem Stroh herausgenommen, die noch sauberen Teile ergeben mit frischem Stroh ein gutes Bett. Das ist wohl die zeitsparendste Methode.

Bei einer dicken Matratze wird nur der Mist entfernt, und man legt frische Einstreu obendrauf. Dazu braucht man einen gut durchlüfteten, trockenen Stall. Außerdem ist diese Methode im Winter günstiger als im Sommer, da in der Hitze viele Fliegen angezogen werden. Wenn der Mist immer sehr sorgfältig entfernt wird und die alte Einstreu unangetastet bleibt, ergibt das eine schöne warme Matratze für das Pferd. Alle paar Monate sollte man jedoch die ganze Matratze entfernen und erneuern, auf jeden Fall sofort dann, wenn sie nicht mehr trocken ist.

Eine mitteldicke Matratze ist für Ställe zu empfehlen, wo eine dicke Matratze – wegen schlechter Belüftung oder aus anderen Gründen – nicht möglich ist; dabei wird der Mist zusammen mit den sehr verschmutzten und durchnäßten Teilen der Einstreu weggeworfen. Der frei gewordene Platz wird mit der nur wenig schmutzigen Einstreu aufgefüllt und neues Stroh obenaufgelegt.

Welche Art man auch immer wählt, wichtig ist, daß so oft wie möglich der Mist und die nassen Teile entfernt werden, damit sich das Pferd wohl fühlt.

Pferdepflege

Ein schmutziges Pferd zu reiten, macht wirklich keinen Spaß; auch verhindert das verklebte Fell die Regulierung der Körpertemperatur, und das Pferd gerät unnötig schnell ins Schwitzen.

Stallpferde müssen besonders gut gepflegt werden, um die erhöhten Anforderungen auch an die Haut, die durch die unnatürliche Umgebung entstehen, wettzumachen. Die Pflege ist genauso wichtig wie das Futter. Fellpflege läßt sich am besten nach der Arbeit durchführen, wenn die Haut durchwärmt ist und die Poren geöffnet sind. Dann lassen sich am besten überflüssiges Fett und Schuppen entfernen. Nach der Arbeit müssen als erstes Schmutz und Schweiß mit kaltem Wasser abgewaschen werden. Viele Pferde lieben es, bei heißem Wetter oder wenn sie selbst sehr warm sind und schwitzen, mit kaltem Wasser aus dem Schlauch abgespritzt zu werden.

Vor der Arbeit wird das Pferd nur kurz mit der Wurzelbürste vom Stallstaub befreit. Mit derselben Bürste kann man auch nach der Arbeit den gröbsten Schmutz beseitigen und arbeitet dann erst mit der Kardätsche weiter. Für den groben Schmutz kann man auch einen Gummistriegel benutzen.

Mit dem Putzen beginnt man am Pferdekopf und arbeitet in Fellrichtung von vorn über hinten nach unten. Das Pferd wird mit langgezogenen Strichen gestriegelt, in die man sein ganzes Körpergewicht legt. Nach jedem dritten oder vierten Strich wird der Striegel bzw. die Kardätsche ausgeklopft, und zwar am besten auf dem Fußboden außerhalb des Stalles oder an der Stallwand.

Vorsicht bei knochigen oder empfindlichen Stellen! Auch darf das Fell unter der Stirnlocke, unter der Mähne, zwischen den Beinen, am Bauch, unter dem Schweif und an den Fesseln nicht vergessen werden – Stellen, an denen sich häufig besonders viel Schmutz

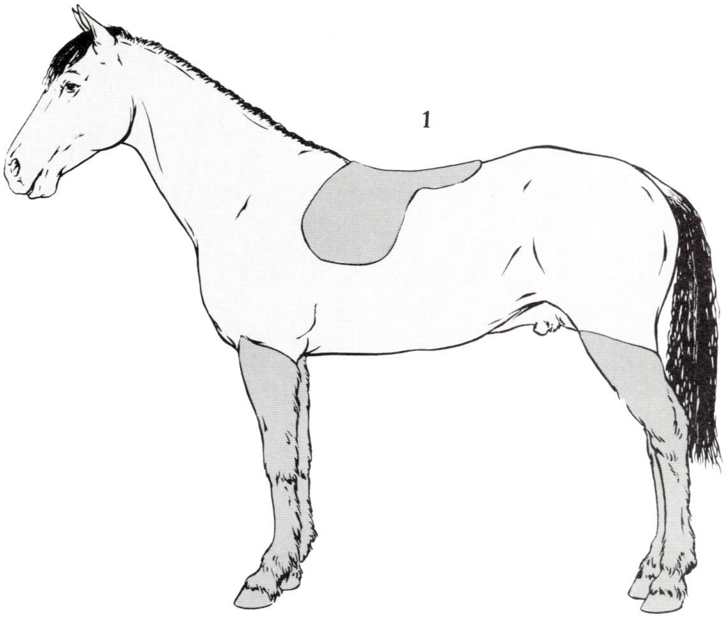

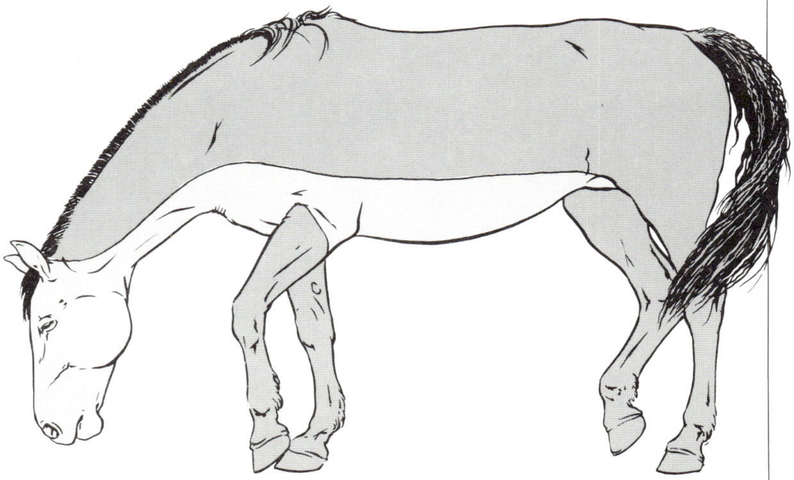

befindet und die trotzdem oft vergessen werden. Mit einem Tuch kann man sein Pferd ein bißchen massieren – am Hals, an den Schultern und an der Hinterhand. Dabei darf man aber nicht zu grob vorgehen, um dem Pferd keine Angst zu machen.
Mähne und Schweif sowie die Stirnlocke, die immer wieder vergessen wird, werden mit der Kardätsche gebürstet und, wenn nötig, mit dem Kamm und den Händen Haar für Haar verlesen.
Als nächstes werden Augen, Nüstern und Maul mit einem feuchten Schwamm abgewischt, mit einem anderen Schwamm die Genital- und Aftergegend. Die beiden Schwämme immer getrennt aufbewahren!
Dann reinigt man die Hufe mit einem Hufkratzer, wobei man von hinten nach vorn arbeitet und den Strahl freilegt. Die Hufe werden zum Schluß eingefettet.

Große Wäsche. Wenn das Pferd besonders schmutzig geworden ist oder man es bei einem großen Ereignis vorzeigen muß, kann es auch mal »gebadet« werden. Dazu benutzt man angewärmtes Wasser und ein Pferde-Shampoo, das man leicht mit einem Schwamm einreibt (nicht den Kopf!). Danach wird das Pferd mit dem Schlauch abgespritzt, bis die Seife entfernt ist. Mit Stroh wird das Pferd abgerieben und dann noch so lange herumgeführt, bis es ganz trokken ist, vor allem auch an den Ohren, den Fesseln und Ballen sowie an der Flanke. Erst dann darf das Pferd in den Stall und bekommt eventuell eine Decke umgehängt. Es versteht sich von selbst, daß diese Prozedur nicht bei kaltem Wetter stattfindet.

Scheren. Ein Pferd, das auch im Winter kein sehr dichtes Fell bekommt, braucht man nicht zu scheren. Alle anderen arbeitenden Pferde können geschoren werden. Dies tut man zu Beginn und – falls nochmals

Oben: Im Winter kann das Pferd geschoren werden. Hier die typischen Schnitte: (1) Jagdschnitt, der für schnell und hart arbeitende Pferde ideal ist, da nur noch die Sattellage und die Beine das Winterfell tragen. (2) Rennschnitt, auch für schnelle Pferde gedacht, die aber rasch abkühlen oder ein nicht sehr dichtes Winterfell haben. (3) Deckenschnitt. Hierbei erfüllt das auf dem Rücken verbleibende Winterfell die Funktion einer Decke. (4) Streifenschnitt. Der Idealschnitt für Pferde, die viel draußen sind. Zur Not kann das Winterfell auch an der Kehle stehen bleiben.

nötig – in der Mitte des Winters, niemals gegen Ende der kalten Jahreszeit, weil man dann das Nachwachsen des Sommerfells stört. Ist das Pferd tagsüber draußen, reicht ein Streifenschnitt, um es vor allzuviel Schwitzen bei der Arbeit zu bewahren.

Die Zeichnungen oben zeigen die verschiedenen Schnitte. Im allgemeinen gilt: Je länger und dicker das Fell ist und je härter das Pferd arbeiten muß, desto mehr sollte geschoren werden. Andererseits kommen die meisten Steeplechasers mit dem Streifenschnitt (Nr. 4 oder auch Nr. 2) aus. Das dürfte wohl auch für ein normal arbeitendes Pferd genügen.

Links: Abkühlen und Erfrischen nach getaner Arbeit. Die meisten Pferde lieben so eine Dusche.

Rechts: Auch unterwegs das Pferd immer gut anbinden, am besten am Pferdeanhänger oder auch an einem Baum.

Satteldecken und andere. Ein geschorenes Pferd braucht eine »Bekleidung«, wenn es nicht arbeitet, die ihm sein eigenes Fell ersetzt. Meistens reicht eine einfache Satteldecke. Ob das Pferd friert, kann man an dessen Ohren erkennen. Sind diese kalt, so ist das ganze Pferd kalt!

Heutzutage, wo Zeit Geld bedeutet, werden synthetische Decken (aus Nylon oder Acrylfasern) bevorzugt, die man in der Waschmaschine waschen und am nächsten Tag wieder benutzen kann. Trotzdem sollte man mindestens eine oder zwei Decken in Reserve haben. Aber auch im Sommer kann eine leichte Decke von Nutzen sein, um vor allem die Fliegen abzuhalten. Es gibt in Fachgeschäften eigens Fliegendecken.

Stallhalfter. Dieses ist nötig, um das Pferd – zusammen mit einem Führseil – im Stall anzubinden oder es an der Hand zu führen. Es ist meist aus Leder oder Nylon.

Zaumzeug. Für die meisten Pferde genügt ein einfaches Hannoversches Reithalfter, zusammen mit dem Trensenzaum. Das Gebiß sollte an jeder Seite – also rechts und links vom Pferdemaul – ca. 6 mm Spiel haben und darf keinesweges zu kurz sein, um dem Pferd im Maul nicht weh zu tun. Das Zaumzeug selbst darf nirgendwo einschneiden oder zu eng sein. Zwischen Kehlriemen und Pferdekopf muß eine Männerfaust Platz haben.

Sattel. Nach dem Pferd wird der Sattel Ihre teuerste Anschaffung sein. Meistens wird heute der Vielsei-

tigkeitssattel gewählt, den man in der Tat für alles einsetzen kann: Jagd, Springen und auch Dressur. Die Pauschen haben eine mittlere Stärke und sind nicht sehr groß. Ein guter Sattler hat immer eine größere Auswahl am Lager, noch besser ist es jedoch, eine Maßanfertigung für sein Pferd machen zu lassen. Wichtig ist, daß zwischen Widerrist und Sattelbaum vier Finger Platz haben, und zwar, wenn der Reiter im Sattel sitzt. Nur so kann man den für das Pferd so unangenehmen Satteldruck vermeiden. Außerdem muß der Sattelgurt fest angezogen sein, damit der Sattel nicht ins Rutschen gerät. Weder die Pauschen noch die Beine des Reiters dürfen so weit vorn liegen, daß sie die Bewegung des Pferdes stören. Eine Satteldecke tut dem Rücken eines jeden Pferdes gut.

Bandagen. Wollene Stallbandagen halten die Pferdebeine trocken und warm und sind ebenso nützlich wie eine Decke im Winter. Man kann sie allein benutzen oder zusammen mit einer warmen Watteverpakkung, wie die Zeichnung unten zeigt. Vor allem nach getaner harter Arbeit sollten die Beine bandagiert werden, um Schwellungen zu vermeiden und den Füßen Halt zu geben. Im Springsport sind Bandagen unerläßlich, da sie die Beine schützen, wenn das

Oben: Heißwasserrohre, die durch die Sattelkammer führen, halten Sättel und Zaumzeug warm und trokken.

Unten: Beim Anlegen einer Manschette muß man darauf achten, daß oben ein Stück übersteht; dann wickelt man von oben nach unten, danach umgekehrt und schlägt das überhängende Stück ein.

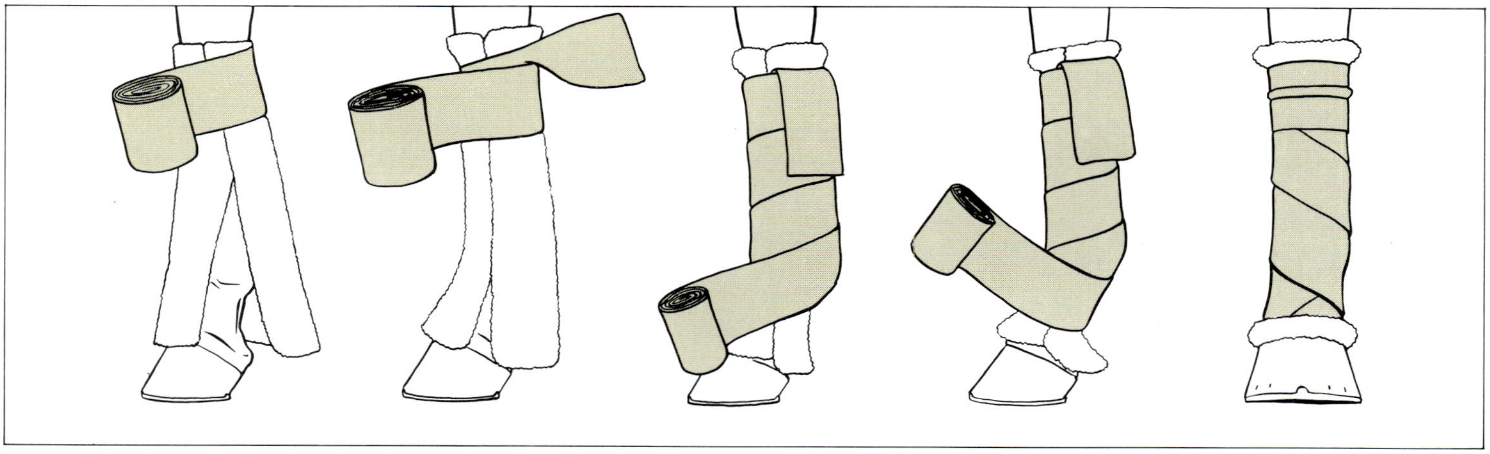

Ganz links: Das Springpferd und seine sorgfältig angepaßte Ausrüstung: gut sitzendes Zaumzeug, Martingal, Vorderzeug, um ein Rutschen des Sattels zu verhindern, Kniekappen, vorn offene Streichkappen und ein perfekt sitzender Sattel mit Satteldecke.

Links: Dieses Springpferd trägt sauber angebrachte Trainingsbandagen. Sie können auch über einer weichen Polsterung angebracht werden, wie auf der linken Seite unten. Trainingsbandagen enden meistens oberhalb des Fesselgelenks. Vor allem müssen sie fest verknotet sein, damit sie sich nicht lösen können. Umherflatternde Bandagen sind eine große Gefahr!

Pferd an die Hindernisse stößt oder sogar stürzt. Die Bandagen müssen sehr sorgfältig angelegt und verknotet werden. Eine sich lösende Bandage kann gefährliche Stürze und Unfälle auslösen.

Materialpflege. Alles, was aus Leder ist, sollte von Zeit zu Zeit mit einem Schwamm und lauwarmem Wasser gewaschen werden. Mit einem anderen, leicht angefeuchteten Schwamm reibt man das Leder mit Glyzerinsattelseife ein. Metallteile können mit einem Metallreiniger geputzt werden, allerdings niemals das Mundstück von der Trense. Sollte irgend etwas am Zaumzeug oder Sattel nicht in Ordnung sein, so muß man sofort für Abhilfe sorgen. Ein gerissener Riemen kann sich beim Geländereiten sehr unangenehm auswirken. Regelmäßige Pflege ist unerläßlich. Viele Textildinge (Satteldecken, Bandagen etc.) kann man heutzutage in der Waschmaschine waschen, Lederteile müssen ab und zu eingeölt werden. Besonders gut ist Klauenfett, das Ihrem Sattel zu neuem Glanz verhilft.

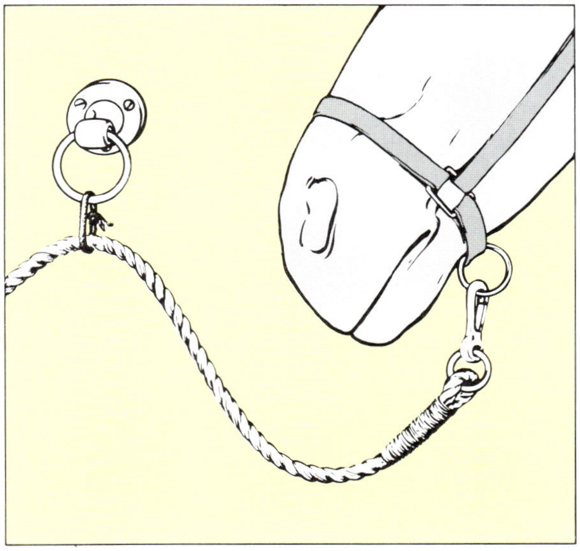

Links: Es hat sich bewährt, das Pferd nicht direkt am Metallring anzubinden, sondern den Strick durch eine Schlaufe zu ziehen, die aus einem Material ist, das reißen kann, sobald das Pferd aus irgendwelchen Gründen in Panik gerät. Den Sicherheitsknoten zeigen wir unten.

Ende der Weidezeit

Der Wechsel vom freien Weideleben zum eingeengten Leben im Stall ist für ein Pferd sehr bedeutungsvoll, und der Übergang sollte stufenweise vor sich gehen.

Während der letzten Tage auf der Weide gibt man dem Pferd täglich etwa 225 g Kraftfutter, um seinen

Verdauungstrakt an das harte Futter zu gewöhnen. Die Weidezeiten sollten während der letzten Wochen allmählich verkürzt werden. Man kann während dieser Zeit auch schon Kleie-Mash und Heu füttern und nach einer Woche zur normalen Fütterung übergehen.
Das Pferd sollte in einer gut belüfteten Box untergebracht werden, wo ihm Heu und Wasser ständig zur Verfügung stehen; mindestens zwei Wochen lang sollte nur leicht gearbeitet werden, wobei man mit täglich einer halben Stunde anfängt bis hin zu zwei Stunden. Der Schmied muß das Pferd beschlagen, und der Tierarzt sollte eine Generaluntersuchung vornehmen. Er wird vielleicht eine Wurmkur vorschlagen, bevor das Pferd zur eigentlichen Arbeit eingesetzt werden kann.

Konditionstraining
Nur durch ständige leichte Steigerung der geistigen und körperlichen Anstrengungen über mehrere Wochen oder gar Monate hinaus kann ein Pferd eine gute Kondition bekommen. Ein Fitneß-Programm darf nicht brutal durchgezogen werden; dabei kann ein Pferd – genau wie ein Mensch – überfordert und in seinem Arbeitswillen zurückgeworfen werden. Man braucht etwa sechs Wochen, um das Pferd an die Arbeit zu gewöhnen und es halbwegs fit zu machen, und weitere sechs Wochen, bis es eine so gute Kondition hat, daß es Jagden oder Wettkämpfe bestreiten kann. In den ersten zwei Wochen sollte vorwiegend im leichten Trab gearbeitet werden, den man nach und nach in den nächsten zwei Wochen ausdehnen kann. Tägliche Longierarbeit – nur ein paar Minuten auf jeder Hand – hat sich sehr bewährt. Die Kraftfutterration kann jetzt auf 1,5-2 kg täglich erhöht werden, dazu gibt man nach eigenem Ermessen Heu und Wasser. Eine Selbstverständlichkeit sollte es sein, auch bei diesen Vorbereitungsstunden darauf zu achten, daß der Sattel gut paßt und keine Druckstellen verursacht.
Ab der fünften Woche läßt man das Pferd im Mitteltrab und etwa zehn Minuten täglich im starken Trab gehen, allmählich kann auch zum Arbeitsgalopp übergegangen werden. Die Galopp-Phasen sollten auch in der sechsten Woche nicht länger als täglich fünf Minuten dauern. Man kann das Pferd jetzt als halb-fit bezeichnen; sein Kraftfutter besteht aus 3 kg täglich.
Man kann nicht genug betonen, wie wichtig es ist, auch auf harter Straße einen flotten Schritt und auch im Trab zu gehen. Das kräftigt die Beinmuskulatur in besonders großem Maße.
Ab der siebenten Woche kann der Arbeitsgalopp allmählich verstärkt werden, bis das Pferd am Ende der achten Woche pro Trainingsstunde zweimal zehn Minuten in schnellem Galopp gehen kann. Dazwischen immer wieder lange Schritt- und Trabphasen einlegen. Kraftfutterration jetzt 3,5 kg täglich.
Während dieser Arbeiten können auch Dressurübungen und Sprünge probiert werden, damit sich das Pferd wieder daran erinnert und zur Stärkung der Muskulatur. Gegen Ende dieses Fitneß-Programms sollte nicht mehr jeden Tag ein Jagdgalopp veranstaltet werden. Es genügt zweimal in der Woche, gefolgt von etwas leichteren Arbeitstagen. Doch nur Sie als Besitzer Ihres Pferdes können feststellen, ob es jetzt wirklich fit und in guter Kondition ist.
Regelmäßige Weidegänge tun dem Pferd ebenso gut wie ein Tag pro Woche ohne Kraftfutter. Man gibt nur Heu und eventuell Mash, um das Verdauungssystem wieder zu stabilisieren.

Nach getaner Arbeit
Es hängt ganz von Ihrer Pflege ab, wie schnell sich ein Pferd nach einem harten Arbeitstag wieder erholt. Die Teilnahme an Jagdritten, Springreiten, anderen Wettkämpfen oder einfach nur langdauernde Ritte, die Sie zu Ihrem Vergnügen ohne sportlichen Ehrgeiz unternehmen, können Ihr Pferd mehr mitnehmen, als es Ihnen zeigt.
Es sollte sofort nach möglichen Verletzungen untersucht, dann das Fell vom Schmutz gesäubert werden, wie schon weiter oben beschrieben. Und dann kommt das Pferd so schnell wie möglich in den Stall. Ihr Pferd braucht jetzt leicht verdauliches, aber nährstoffreiches Futter, zum Beispiel einen Getreide-Mash. Die Zugabe von 225-340 g Traubenzucker wird dem Pferd guttun. Sobald es ganz trocken ist, bekommt es eine wärmende Decke und etwa einen halben Eimer lauwarmes Wasser zu trinken. Zum Schluß geben Sie ihm noch genügend Heu, und dann sollten Sie es in Ruhe lassen.
Nach einer Weile schauen Sie noch einmal nach, ob das Pferd noch Durst hat und ob es eventuell vor lauter Aufregung vom anstrengenden Ritt nachträglich in Schweiß geraten ist. Ist dies der Fall, muß es abgerieben werden. Bevor Sie selbst ins Bett gehen, sollten Sie noch ein letztes Mal nach Ihrem Pferd schauen und ihm eventuell noch etwas Heu und Wasser geben.
Am anderen Tag. Am Morgen des nächsten Tages muß die erste Sorge wieder Ihrem Pferd gelten. Hat es alles aufgefressen? Wenn ja, so ist dies ein gutes Zeichen. Um zu prüfen, ob das Pferd am letzten Tag überarbeitet wurde, läßt man es leicht traben, wobei man am ehesten erkennen kann, ob es lahmt. Egal wie die Prüfung ausfällt, sollte man dem Pferd ein bißchen Weidegang gönnen. Ansonsten bekommt es an diesem Tag noch einmal Mash und Kraftfutter, am nächsten Tag kann man dann normal füttern. Nach einem harten Arbeitstag tut es dem Pferd nicht nur gut, wenn es gar nicht oder nur wenig arbeiten muß, sondern auch, daß es mehr Kraftfutter als üblich erhält. Es ist aber nicht damit getan, einfach die Futtermenge zu erhöhen. Auf die Qualität kommt es an, nicht auf die Quantität.

Hat das Pferd sehr geschwitzt, kann man es – nach Anfrage beim Tierarzt – mit elektrolytischen Lösungen behandeln; dadurch werden die beim Schwitzen verlorengegangenen Mineralstoffe und Salze neu aufgebaut.
Und noch einmal: Möglichst einen Weidegang einlegen, wobei das Pferd sich frei bewegen kann; dazu leichtverdauliches, aber nährstoffreiches Futter. Wenn das Pferd alles frißt, wissen Sie, daß es sich erholt hat und zufrieden ist.

Weidegang und Pferdeurlaub

Jedes Pferd möchte auch einmal Ferien haben, möglichst auf einer schönen Weide, zusammen mit Artgenossen. Die Ihnen zur Verfügung stehende Zeit, Ihre Pläne mit Ihrem Pferd sowie die Jahreszeit sind Punkte, die man bei Ferien berücksichtigen muß. Je härter das Pferd gearbeitet hat, desto länger sollte sein Urlaub sein. Für »Familienpferde«, die fast immer arbeiten müssen, bieten sich die milden Frühlings- und Herbsttage an, wenn die Wiesen schon oder noch grün und saftig sind.
Bevor man den Plan verwirklicht, muß das Pferd darauf eingestellt werden. Man sollte es nicht mehr so häufig putzen, damit das Fell genügend Fett entwikkelt und kräftig wird. Das Kraftfutter muß um ein Viertel gekürzt werden; auch sollten die Ritte nicht mehr allzu lang und kräftezehrend sein. Man beginnt mit einer halben Stunde täglichem Weidegang und steigert die Zeit allmählich.

Oben: Pferde lieben es, auf der Weide umherzutollen, und man sollte ihnen einmal im Jahr »Urlaub« gönnen. Am geeignetsten dafür ist das späte Frühjahr, wenn das Wetter schon angenehm mild ist und das Gras frisch. Ein Stallpferd muß auf einen solchen Urlaub vorbereitet werden, indem man die täglichen Weideausflüge allmählich verlängert und das Kraftfutter reduziert.

Sollte das Pferd bis dahin häufig eine Decke getragen haben, so kann man diese jetzt weglassen und das Kraftfutter auf die Hälfte der normalen Ration reduzieren, sofern genügend Heu vorhanden ist; und geritten wird das Pferd nur noch im Schritt.
Sofern das Wetter gut genug ist, kann man innerhalb der zweiten Woche versuchen, das Pferd ohne Decke den ganzen Tag draußen zu lassen. Nur nachts sollte es wenigstens eine leichte Decke bekommen. Vom Kraftfutter erhält das Pferd jetzt nur noch ein Viertel seiner normalen Ration, und von Arbeit sollte es jetzt ganz befreit sein.
Wenn das Wetter sich nicht verschlechtert, kann das Pferd ab dem Ende der zweiten Woche Tag und Nacht draußen bleiben. Morgens und abends bekommt es etwas Konzentratfutter.
Sollten die Nächte noch kühl sein oder es wieder werden, deckt man das Pferd mit einer New-Zealand-Decke ein, ansonsten müßte jetzt das nachgewachsene Fell als Schutz reichen. Ab der dritten Woche bekommt das Pferd nur noch einmal am Tag eine kleine Portion Kraftfutter, ist Tag und Nacht draußen und darf nun auch ohne Hufeisen herumtollen. Wenn der Schmied die Eisen abnimmt, muß er aber noch das Horn kürzen.
Bringt man das Pferd im Herbst hinaus, muß man trotz des sich bildenden Winterfells besonders darauf achten, daß das Tier nicht friert, und es lieber auf jeden Fall eindecken, zumindest nachts.
Wann auch immer das Pferd Urlaub macht, es muß gut beobachtet werden. Ein Urlaub, in dem das Pferd friert oder sich nicht wohl fühlt, muß eventuell sogar abgebrochen werden, falls man keine Möglichkeit sieht, die Umstände zu bessern.

Das Leben auf der Weide

Mit dem Begriff »Urlaub fürs Pferd« verbindet sich die Vorstellung eines friedlich grasenden Pferdes, das keinen Gedanken an Arbeit verliert. Ideal wäre es, wenn diese Vorstellung zuträfe, doch ist leider oft genug das Gegenteil der Fall. Natürlich ist es keine Frage, daß das Pferd seine Freiheit auf der Weide und die Kameradschaft anderer Pferde genießt; trotzdem kann ein solcher Aufenthalt auch in Streß ausarten, vor allem bei kaltem Wetter im Winter oder bei großer Hitze mit zu vielen Fliegen und Mücken im Hochsommer. Natürlich kann man mit einem Pferd, das sich gerade auf Weidegang befindet, auch arbeiten. Doch wird es nie so fit sein wie zu Stallzeiten. Außerdem ist es fast immer schmutzig, und man muß erst viel tun, um es einzufangen und zu säubern.
Nur durch eigene Beobachtung kann man feststellen, ob das Pferd das Weideleben genießt. Wenn es häufig am Gatter steht und Sie überschwenglich begrüßt, so ist das ein Zeichen, daß es sich bei diesem Leben gar nicht wohl fühlt. Ein alarmierendes Zeichen ist, wenn es sogar an Gewicht verliert trotz regelmäßiger Entwurmungskuren und zusätzlicher Futtergaben. Dann muß das Pferd, zumindest stundenweise, wieder in den Stall zurück.

Links: Auf der Koppel sind zwei Dinge wichtig: eine Unterstellmöglichkeit und die Gemeinschaft der anderen Artgenossen. Ein stabiler Offenstall mit der offenen Seite nach Süden zu und vor allem in Gegenrichtung zum vorherrschenden Wind gibt den Pferden den notwendigen Schutz vor kaltem Winterwetter wie auch vor der Hitze und den lästigen Fliegen im Hochsommer.

Oben: Nach einem harten Arbeitstag, einer Jagd oder einem Springwettkampf, läßt man das Pferd an der Hand traben. Dies ist die beste Möglichkeit, eine eventuelle Lahmheit zu erkennen.

Auswahl der Weide

Daß eine Weide frei von allen potentiellen Unfallgefahren sein muß (Stacheldraht, scharfe Ecken und Kanten, Abfälle usw.), wurde schon erwähnt. Leider besteht heutzutage noch eine weitere Gefahr, nämlich die des Pferdediebstahls. Hiervor schützt eigentlich nur ein Brandzeichen und/oder eine weitere Markierung *Ihres* Pferdes.

Die Gatter sollten an beiden Seiten Vorhängeschlösser haben, und zwar jeweils oben *und* unten, um den Dieben ein Eindringen zu erschweren. Ein normaler Holz- oder Stacheldrahtzaun ist kein Hindernis für Diebe; da ist eine große, dicke Hecke schon besser, und noch besser sind Nachbarn, die die Weide vom Haus aus beobachten können, wenn sie selbst diese Möglichkeit nicht haben.

Die Weide sollte aber für Sie immerhin in schnell erreichbarer Nähe sein, außerdem natürlich möglichst trocken, nicht zu hügelig und gut geschützt. Man rechnet für ein Pferd etwa 1-1,5 Hektar Fläche, für jedes weitere Pferd mindestens 0,5 Hektar dazu. Das Gras darf nicht zu fett sein. Was für Milchkühe gut ist, ist für ein Pferd gesundheitsschädlich. Neben Koliken kann es Krankheiten bekommen wie: Lahmheiten, Lymphgefäßentzündungen, wie Druse und Azoturie (Übersäuerung des Harns). Nicht gar so fettes Gras ist für Pferde besser, aber es darf natürlich auch nicht nur aus Unkräutern bestehen. Außerdem muß es von Giftpflanzen frei sein (z. B. Jakobskraut, Eibe, Lorbeer und Goldregen). Bei der heutigen Luft- und Wasserverschmutzung ist es besser, einen eventuellen Zugang zu einem Teich oder Bach zu versperren. Eine automatische Wasserleitung ist vorzuziehen. Die Weide auch regelmäßig auf Kaninchenbaue untersuchen!

Muß ein Unterstand sein?

Die Aufstellung eines Unterstandes wird von vielen Pferdebesitzern leider vergessen, da sie meinen, das Pferd sei ja schließlich dafür geboren, bei Wind und Wetter, Regen, Hagel und Schnee, aber auch bei flirrender Hitze draußen zu sein. Aber unseren Hauspferden ist ja keine Möglichkeit gegeben, sich – wie die Wildpferde das tun – weit entfernt liegende Unterstellmöglichkeiten zu suchen. Der Mensch muß dafür sorgen, daß das Pferd vor den Unbilden der Natur geschützt wird, soll es nicht körperlich und geistig leiden.

Ein stabiler Unterstand oder Offenstall ist für alle Pferde, die ständig auf der Weide sind, lebenswichtig. So ein Stall wird von jedem Handwerker schnell und billig aus gebrauchtem Holz gemacht, sofern dieses noch gut und stabil ist. Der Stall sollte eine Höhe von mindestens 2 m haben und allen Tieren, die sich auf der Weide befinden, Platz bieten.

Er sollte auf der trockensten Stelle der Weide stehen mit der Rückwand zur vorherrschenden Windrichtung. Nach vorne ist er offen (Offenstall) und hat eine gute, dicke Matratze. Im Winter sollte sich immer Heu im Stall befinden, damit die Perde nicht nur zum Ausruhen, sondern auch zum Fressen hineingehen können.

Gesellschaft und Rangordnung

Die meisten Pferde brauchen Gesellschaft und leiden sehr, wenn sie sie nicht haben, vorausgesetzt, daß sie sich mit ihren Artgenossen gut verstehen. Jede Herde hat ihren Führer, ihre Schwächlinge und alle Rangordnungen dazwischen. Ein ausgesprochen böses Pferd muß jedoch eliminiert werden.

Ein neues Herdenmitglied muß wenigstens einem Pferd aus der Herde getrennt von dieser vorgestellt werden, damit sich diese beiden anfreunden und das neue Pferd nicht von vornherein ganz allein ist. Es einfach zur Herde zu geben und abzuwarten, was nun geschieht, bedeutet meistens, daß dieses Pferd von allen Seiten geschlagen und gebissen wird.

Pflege der Weide

Das Gras ist im Frühjahr am nährstoffreichsten, im Sommer verliert es oft an Saft, und im Herbst bekommt es noch einmal neue Kraft. Im Winter ist der Nährwert minimal, und die Pferde müssen zusätzlich gefüttert werden.

Pferde sind sehr selektierende Grasfresser. Bestimmte Teile der Weide, die sie bevorzugen, fressen sie manchmal bis auf die Grasnarbe ab, wobei sie andere Teile völlig übersehen oder nur zum Misten benutzen.

Eine ungepflegte Weide nützt dem Pferd überhaupt nichts; auch hier muß man immer wieder nachsehen, ob alles in Ordnung ist, und den Mist entfernen.

Wenn möglich, sollte man das Feld in drei oder wenigstens zwei Koppeln aufteilen und sie abwechselnd benutzen. Sobald die Weide zu ungleichmäßig wird und Löcher aufweist, muß man die Pferde woanders hinbringen. Sofern Vieh vorhanden ist, läßt man es auf die Weide, um die langen Gräser wegzufressen; der Rest wird gemäht und zu Heu getrocknet.

Gutes Gras wächst nur bei guter Pflege und Behandlung. Man sollte das Geld nicht scheuen, eine Bodenanalyse machen zu lassen und sich dann die nötigen Düngemittel zu besorgen. Kuhdung ist übrigens sehr gut geeignet, Boden und Gras zu verbessern.

Wie schon erwähnt, ist das Entfernen des Pferdemists sehr wichtig; außerdem sollten die Pferde alle sechs Wochen ein Wurmmittel bekommen; nur so kann man die Gefahr von Parasitenbefall und Infektionen eindämmen. Welches Wurmmittel für welches Pferd richtig ist, entscheidet der Tierarzt.

Fliegen

Im Sommer leiden die Pferde sehr unter den vielen lästigen und stechenden Insekten. Sie können ein Pferd durchaus in Panik versetzen, wobei es versucht, vor ihnen zu fliehen und sich in seiner Angst sogar Verletzungen zuziehen kann. Außerdem setzen sich die Insekten mit Vorliebe an kleine offene Wunden und vor allem an die Augen. Dasselfliegen legen ihre Eier in großen Klumpen an Pferdebeinen ab, wo sie von den Pferden weggeleckt werden. Das Resultat sind Koliken.

Wirksame und ungefährliche Insektenvertilgungsmittel gibt es nur im landwirtschaftlichen Fachgeschäft. Diese Mittel behalten ihre Wirkung einige Tage lang; die Anwendungshinweise müssen gründlich durchgelesen und genau befolgt werden.

Hautkrankheiten

Wird das Pferd ständig Kälte und Nässe ausgesetzt, so leidet die Haut, und es können sogar Infektionen durch Bakterien entstehen wie Mauke, Raspe oder Ekzeme. Die Haut schwillt, fühlt sich heiß an und schmerzt. Solche Entzündungen können ein Pferd sehr schnell außer Gefecht setzen und brauchen lange Zeit bis zur vollständigen Heilung. Man muß also schon bei den ersten Anzeichen das Pferd von der Weide nehmen und den Tierarzt rufen. Besonders Ponys werden von einer kleinen Mücke befallen, die sie durch Reiben von Schweif und Mähne an harten Gegenständen entfernen wollen. Diese Mücke verursacht Krätze und tritt vor allem im frühen und späten Sommer während der Dämmerung auf. Es ist besser, die Pferde dann in den Stall zu bringen.

Unten: Ein Pferd, das es gewohnt ist, auf der Weide zu sein, kann auch im Winter draußen gehalten werden, eventuell geschützt durch eine Decke. Die Decken ohne Gurt haben sich sehr bewährt, da sie das Pferd am wenigsten im Rücken und am Bauch stören. Die Decken werden vorn und hinten verschlossen.

Als Reaktion auf Mückenstiche können Ekzeme auftreten. So ist vor allem das sogenannte Sommerekzem eine häufig vorkommende Allergie. Im Herbst werden die Pferde von den Dasselfliegeneiern belästigt (s. auch Seite 55 unten).

Pferdedecken
Im Winter schützt eine Decke das Pferd nicht nur vor Kälte, Regen und Schnee, sondern auch die Futtermenge kann reduziert werden, da das Pferd keine unnötigen Energien vergeuden muß.
Am besten sind die Decken ohne Gurt, die Schultern und auch teilweise die Hinterbeine bedecken.
Ist das Pferd ständig draußen, bewähren sich zwei Decken, so daß eine immer wieder getrocknet und gebürstet werden kann. New Zealand-Decken sind entweder aus synthetischen Fasern hergestellt oder aus Segeltuch und mit einem Wollmaterial gefüttert. Die Kunststoffdecken sind leichter und besser sauberzuhalten. Alle Decken müssen regelmäßig gewaschen bzw. von außen und innen gebürstet, gesäubert und neu imprägniert werden. Lederteile müssen ab und zu eingeölt werden. New Zealand-Decken sind besonders geeignet für Pferde mit Streifenschnitt und für sehr sensible, dünnhäutige Pferde. Die Decken müssen zweimal am Tag abgenommen werden, um zu sehen, ob das Pferd Druckstellen hat, und um die Decken gegen saubere und trockene auszutauschen.

Füttern
Während der Weidezeit ist eine zusätzliche Fütterung nicht nötig, ausgenommen es befinden sich zu viele Pferde auf der Weide oder das Gras trocknet aus. Pferde ohne Weidegang müssen – wie schon erklärt – zumindest von Herbst bis Frühling Extra-Futter bekommen, und zwar sowohl Heu als auch Kraftfutter. Ein Pferd, das im Winter draußen ist, einen Streifenschnitt hat und arbeiten muß, braucht mehr Futter als ein Stallpferd. Ist das Heu gut, reichen vermutlich zwei tägliche Rationen Kraftfutter. Kleie kann man weglassen, statt dessen gibt man bei jeder Fütterung 2-2,5 kg gequetschten Hafer oder Gerste sowie eine Handvoll Häcksel, um die Verdauung anzuregen.
Flockenmais kann zusätzlich gegeben werden, falls das Pferd abgenommen hat; um die Haut und das Fell zu stärken, gibt man gekochten Leinsamen, den man zwei- oder dreimal pro Woche ins Futter mischt. Pferdewürfel sind für Weidepferde nicht zu empfehlen, da die Würfel zusammen mit dem Gras im Magen einen Klumpen bilden, der böse Koliken hervorrufen kann. Ist das Pferd sehr hungrig, schlingt es die Pferdewürfel ohne zu kauen hinunter und kann sich dabei bös verschlucken.
Das teure Kraftfutter legt man nicht einfach auf den Boden, wo es leicht zertreten und zerstreut wird, sondern gibt es den Pferden in Eimern oder Trögen. Beim Füttern darauf achten, daß jedes Pferd genug bekommt; es sind immer ein paar schwächere Pferde dabei, die von den anderen abgedrängt werden.

Oben: Grasflächen und Weiden müssen ständig auf giftige Pflanzen hin untersucht und vom Mist befreit werden.

Pflege
Auf der Koppel gehaltene Pferde sollten nur mit einer Wurzelbürste vom gröbsten Schmutz befreit werden; das Gesicht und die Analgegend wird mit zwei verschiedenen Schwämmen abgewischt und getrocknet. Die Pferde produzieren im Fell genügend Fett, das sie vor der Kälte schützt; der Mensch darf dieses Fett nicht durch übermäßige Pflege unwirksam machen. Im Winter kann man den Schweif kürzen, um zu verhindern, daß er Schmutz und Schnee an die Fesselgelenke wirft. Eventuellen Kötenbehang nicht abschneiden, da er die Fesseln vor Nässe schützt.
Soll das Pferd geschoren werden, so empfiehlt sich der leichte Streifenschnitt, der dem Tier genügend warmes Fell läßt, so daß es auch im Winter draußen bleiben kann.

Linke Seite unten: Robustpferde halten es den ganzen Winter über auf der Koppel aus. Diese beiden sehen allerdings doch etwas mager aus, und man sollte ihnen zweimal täglich Heu und auch etwas Kraftfutter zusätzlich geben. Wichtig ist auch, daß das Wasser in der Tränkanlage nicht gefroren ist.

3

Gesundes oder krankes Pferd?

Normalerweise denkt man an sein Pferd, ohne dabei wissenschaftliche Termini zu verwenden, wie z. B.: Das Pferd, lateinisch *equus,* ist ein in Herden lebendes Säugetier, Pflanzenfresser, Unpaarhufer.
Trotzdem haben gerade diese Begriffe eine große Auswirkung auf die Domestikation und auch auf das Wohlbefinden des Pferdes. Denn je mehr ein Pferdebesitzer über die natürlichen Anlagen seines Pferdes weiß, desto besser wird er für das Tier sorgen. Der natürliche Herdentrieb ist genauso zu berücksichtigen wie das eigentlich ständige Bedürfnis zu fressen, damit das Verdauungssystem beschäftigt ist.
Nur wer sein Wissen über das Pferd allgemein immer wieder erweitert und seinem eigenen Pferd bestimmte Dinge »nachempfinden« kann, wird begreifen, was in seinem Kameraden vorgeht. Es gibt geborene »Pferdemenschen«, andere müssen sich ihr Wissen erst erwerben. Arm dran ist das Pferd, dessen Besitzer sich nicht um diese Dinge kümmert.

Natürliche Instinkte
Der natürliche Herdentrieb ist vermutlich der wichtigste psychologische Faktor, den der Reiter verstehen lernen muß. Pferde fühlen sich nicht wohl, wenn sie ohne Artgenossen leben müssen. Bei manchen Pferden kann sich das bis zur Verzweiflung steigern, und sie versuchen, aus ihrer »Einzelhaft«, sprich: ihrer Box, zu entkommen. Diese Pferde sind für den Reiter ein großes Problem. Leider wird immer wieder genau dieser Punkt vergessen; dabei sollte er schon beim Pferdekauf vorrangig sein.
Da der Mensch das Pferd domestiziert und aus seiner natürlichen Umgebung genommen hat, muß er nun auch diesen immer noch sehr stark im Pferd verwurzelten Herdentrieb verstehen lernen, genauso wie viele andere Probleme, die beim Pferd erst durch die Domestikation entstanden sind.
In den letzten 300 Jahren hat der Mensch immer mehr versucht, durch bestimmte Züchtungen das Pferd noch besser, noch schneller zu machen, und hat dabei oft die damit verbundenen Probleme übersehen. Sein Streben galt immer nur, ein noch stärkeres, noch kräftigeres, noch schnelleres Pferd zu züchten.

Die größte Umstellung bedeutet es für ein Pferd, aus seiner natürlichen Umgebung genommen und zur Arbeit gezwungen zu werden. Allein das dadurch notwendige Beschlagen ist ein großes Problem. Ein anderes ist, daß Stallpferden regelmäßig die Zähne geschliffen werden müssen und daß sie sich Wurmkuren unterziehen müssen. Diese für ein Pferd unnatürlichen Vorgänge beinhalten die Anlage zu Krankheiten, Verletzungen und mangelndem Wohlbefinden. Im Grunde genommen sind alle domestizierten Pferde nicht gesund, selbst wenn sie durchaus arbeitsfähig und -willig sind. So muß jeder Pferdebesitzer das für sein Pferd Bestmögliche tun.
Pferdekenntnis bedeutet nicht unbedingt zu wissen, *was* mit dem Pferd nicht in Ordnung ist, sondern zumindest zu erkennen, *daß* etwas nicht stimmt. Man muß erkennen können, was bei einem Pferd normal und konstant ist, und zwar nicht nur beim physischen Zustand, sondern auch beim psychischen. Erscheinung, Verhalten und Kondition sind Dinge, die ein Pferdebesitzer immer beobachten muß. Ein Pferd, das wie ein Schwerathlet arbeitet, zeigt damit nur seinen körperlichen und geistigen Gesundheitszustand an. Aber ein Pferd kann nur so gut sein wie sein schwächster Körperteil. Ein Pferd mit gesunden Beinen, aber einem schlecht funktionierenden Herzen kann ebensowenig leisten wie ein Pferd mit kräftigem Herzen und guten Augen, aber schwachen Beinen.
Erfahrung lehrt den Pferdebesitzer, Krankheiten zu erkennen, eventuell erste Hilfe zu leisten und zu beurteilen, ob ein Tierarzt nötig ist. Dazu gehören auch Kenntnisse der Funktionen, die im und am Pferd stattfinden. Zu wissen, wie Pferdekörper und -geist arbeiten, ist notwendig. Diese Kenntnisse machen aus jedem Reiter einen besseren Reiter!

Das Atmungssystem
Unter Atmung – oder Respiration – verstehen wir den Gasaustausch, ohne den kein Lebewesen existieren kann. Aus der Luft wird Sauerstoff aufgenommen, der in verbrauchter Form als Kohlendioxid wieder abgegeben wird.
Wenn ein Pferd atmet, gelangt die eingesogene Luft

in die Lungen, von wo aus der Sauerstoff durch die Zellwände in die Alveolen, die Lungenbläschen, und von dort aus in das Kapillarnetz, ins Herz und durch den ganzen Körper transportiert wird. Der verbrauchte Sauerstoff wird als Kohlendioxid auf umgekehrtem Weg wieder ausgestoßen. Dieses Ein- und Ausatmen besagt viel über den Gesundheitszustand eines Pferdes.
In der Ruhe atmet das Pferd langsam und gleichmäßig, um sich genügend Energien für eventuelle Anstrengungen zu bewahren. Wenn man dieses Atmen nicht durch das Stethoskop abhört, ist es nicht zu vernehmen. Man kann nur erkennen, wie sich der Brustkorb bewegt und diese Bewegung sich über das Zwerchfell in den Bauch hinein fortsetzt, der sich nach außen – nach unten und seitwärts – wölbt. Zwischen Aus- und Einatmen entsteht eine ganz kurze Pause.
Bewegt sich das Pferd oder ist es aufgeregt oder erschreckt, verstärkt sich die Atmung, was Tiefe und Häufigkeit betrifft, und es tritt keine Pause mehr ein. Sobald das Pferd schneller atmet, ist bei der Ausatmung ein Geräusch zu hören, das durch die nach außen dringende Luft entsteht. Das Einatmen ist auch dann geräuschlos. Geschieht das Ausatmen sehr schnell und durch das Maul, so hustet das Pferd; geschieht dies durch die Nase, niest es.
Wenn die vom Körper angewärmte Luft durch die Nüstern nach außen tritt, kann man bei kalter Außentemperatur die typischen Atemwolken sehen. Im Galopp richtet sich der Atem nach dem dieser Gangart eigenen Dreitakt, so daß das Pferd ausatmet,

Vorhergehende Seite: Jung und gesund – ein Bild von einem Pferd!

Unten: Die Anatomie-Zeichnung zeigt das Atmungssystem im Detail.

Das Atmungssystem

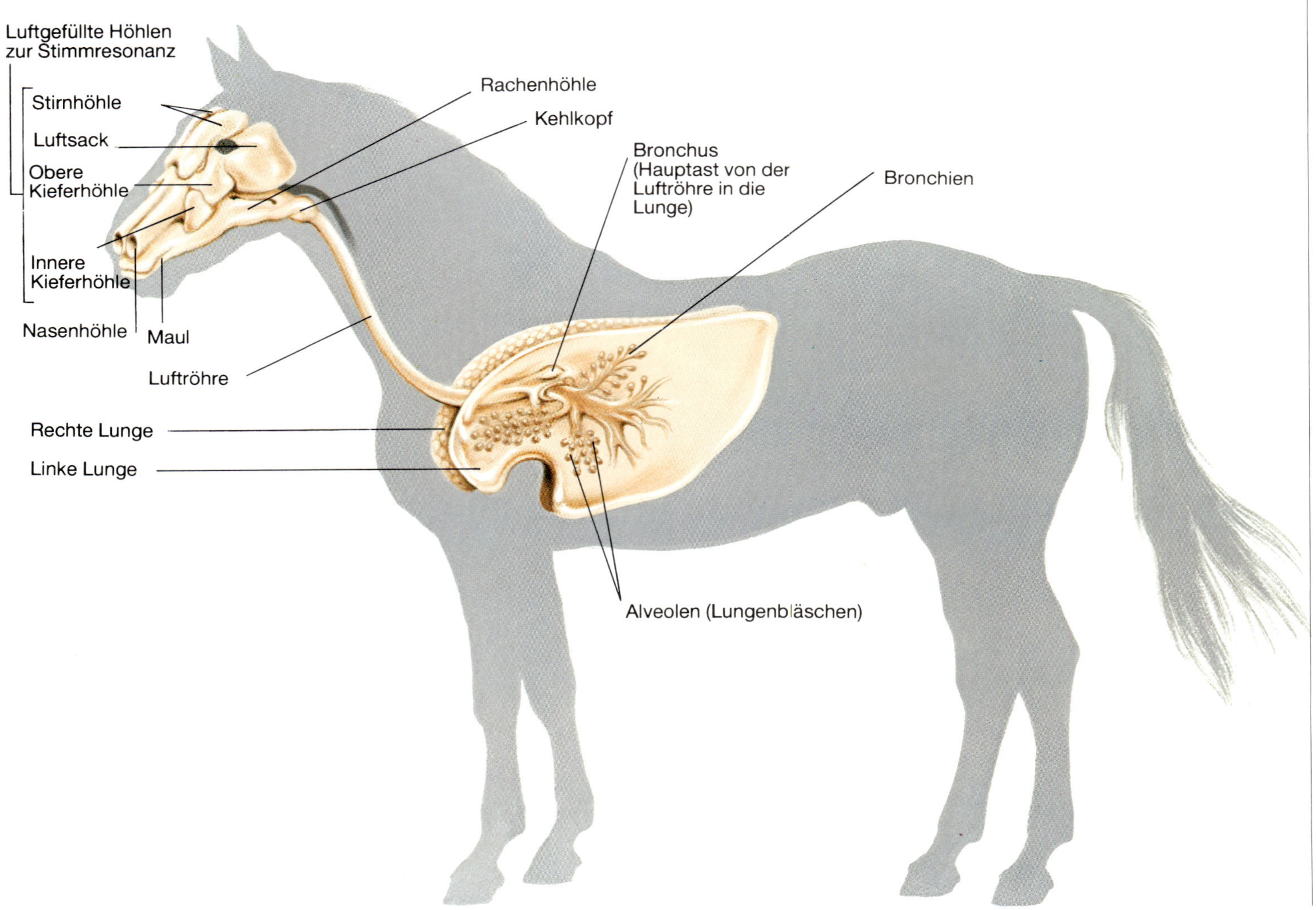

wenn der weit nach vorn greifende Vorderfuß in Aktion tritt. Auch nach einer Anstrengung atmet das Pferd noch verstärkt, was gut an den Flankenbewegungen zu erkennen ist. Wie schnell das Tier wieder zu seiner normalen Atmung – etwa 8- bis 15mal pro Minute – übergeht, ist ein sicheres Zeichen für sein körperliches Befinden.
Die Anforderungen, die an ein Pferd gestellt werden, müssen sich auch nach dessen Atmungssystem richten. Beim Ausatmen bläht das Pferd seine Nüstern weit auf, streckt Kopf und Hals und öffnet – für den Menschen unsichtbar – den Kehlkopf. Zur Lautgebung schließt es den Kehlkopf teilweise, so daß die Stimmbänder gedehnt werden und im Luftstrom vibrieren. Das »Warn«geräusch ist ein Schnauben durch die Nüstern.
Für das Pferd ist es lebenswichtig, daß es Häufigkeit und Volumen des Luftstroms, der über den Kehlkopf und durch die Kehle fließt, sehr schnell erhöhen kann, da es auf diese Weise auch störendes Fremdmaterial ausstoßen kann.

Schwierigkeiten bei der Atmung

Der schnell fließende Luftstrom beim Aus- und Einatmen gibt den Bakterien normalerweise keine Zeit, sich irgendwo festzusetzen und dem Pferd größeren gesundheitlichen Schaden zuzufügen.
Durch genaue Beobachtung kann man Änderungen bei der Atmung erkennen – Häufigkeit, Tiefe, Geräusche. Fieber erhöht den Stoffwechsel, zum Ausgleich braucht das Pferd mehr Sauerstoff, es atmet schneller und tiefer. Die normale Temperatur beträgt bei Pferden 38°C, im After gemessen.
Fieber muß nicht unbedingt an der Atmung erkennbar sein. Wenn es aber so ist, muß man auf folgendes achten: Häufigkeit und Tiefe der Atmung erhöhen sich, wobei die Ausatmung oft durch ein zweifaches Heben der Bauchwand zu erkennen ist. Die Einatmung dagegen ist häufig hörbar. Das Ausatmen geschieht in regelmäßigem, heftigem Entleeren der Lungen: das Pferd hustet.
Eine Infektion ist häufig verbunden mit Absonderungen aus Augen und Nüstern sowie Halsschmerzen, die man daran erkennen kann, daß das Pferd Schwierigkeiten beim Schlucken hat und hustet. Hat das Pferd beim Einatmen Schwierigkeiten, z. B. bei einer Kehlkopflähmung, ist bei schnellen Gangarten und größerer Geschwindigkeit ein charakteristisches Geräusch zu hören. Das Pferd ist ein Kehlkopfpfeifer geworden.
Atmet das Pferd nach der Arbeit noch lange Zeit stark mit heftigen Flankenbewegungen, so ist das ein Zeichen für Überarbeitung.

Das Verdauungssystem

Was in einem Pferdebauch vor sich geht, ist für den normalen Reiter nicht ersichtlich. Er sieht nur sein Pferd fressen, trinken, strahlen, koten und hört auch manchmal kullernde Geräusche im Bauch.
Futter, Verdauung und Stoffwechsel müssen in einem vernünftigen Verhältnis zur geforderten Arbeit stehen. Das Pferd ist ein Pflanzenfresser. Mit seinen kräftigen Lippen ergreift es Gras, Heu oder Hafer. Die Lippen sind sozusagen die Finger eines Pferdes, sein empfindlichster und auch beweglichster Körperteil, womit er sehr genau zwischen erwünschtem und weniger geliebtem Futter wählen kann. (Oft wird gerade dieses empfindliche Pferdemaul dazu benutzt, den Willen des Pferdes mit einer sogenannten – sehr schmerzhaften – Nasenbremse zu unterdrücken.)
Das von den Pferdelippen aufgenommene Futter wird mit Hilfe der zwölf Schneidezähne abgebissen oder besser: abgerupft und mit der Zunge zwischen die 24 Backenzähne befördert, die das Futter in kleine Stücke mahlen.
Das Kauen ist sehr wichtig, weil dadurch der Speichelfluß in Gang gebracht wird. Der Speichel enthält zwar keine Verdauungsenzyme, aber chemische Säuren, durch die der Weg des Futters in den Magen und die Därme beschleunigt wird. Wenn diese Speichelsäfte fehlen, wird die Verdauung zu einem großen Problem.
Die zerkauten Gräser, Blätter oder anderes Futter gelangen in den Blinddarm und in die vier Teile des Dickdarms. Hier wird die enthaltene Zellulose durch spezielle Mikroorganismen aufgespalten, wobei flüchtige Fettsäuren entstehen, die Hauptquelle des Energiepotentials eines Pferdes. Durch das Kauen werden außerdem lösliche Zucker, Proteine, Mineralien und Vitamine freigesetzt, die durch den Magen den normalen Verdauungsweg in den Dünndarm nehmen, aber auch ein energiereiches Material für die Vervielfältigung der Mikroorganismen bedeuten, sofern diese aufgenommen wurden.
Natürlich hat jedes Futter andere Arten von Mikroorganismen. Eigentlich sind alle Teile immer vorhanden, aber sie benötigen 7-10 Tage bis zur vollständigen Zusammensetzung. Deshalb sollte ein abrupter Futterwechsel vermieden werden. Man kann ein Pferd nach der Art des Fressens beurteilen: Frißt es regelmäßig und ruhig beim Weidegang oder putzt es im Stall Hafer und Heu säuberlich weg, so ist das ein Zeichen für gute Gesundheit.
Wird ein Pferd auf der Weide gehalten, nützen sich die Backenzähne in ganz normalem Maße ab. Dies ist jedoch anders, wenn das Pferd Heu, Stroh und Getreide bekommt, worin sich häufig Holzfasern vom Boden oder andere Stoffe befinden. Dann können an den Molaren scharfe Kanten und Ecken entstehen, die dem Pferd beim Kauen weh tun und es belästigen. Futterverweigerung hat oft ihren Grund in schlechten Zähnen.

Verdauungsprobleme

Heutzutage nimmt das Pferd immer häufiger umweltverschmutztes Gras und ebensolches Wasser zu sich; außerdem leckt es sich selbst und seine Artgenossen. Dadurch wird vieles hinuntergeschluckt und kommt in den Magen, was dort nichts zu suchen hat. Das Pferd gibt diese Unreinheiten mit seinem Kot an die Umwelt – sprich: Weide – ab, und schon schließt sich der Kreis. Normalerweise wird ein Pferd damit fertig; denn die ständige Darmbewegung erlaubt es den Bakterien nicht, sich festzusetzen. Die Magensäure bildet einen natürlichen Film, und die Darmschleimhäute bieten weiteren Schutz. Ein sehr kompliziertes System von Schleimhautzellen und Blutkörperchen verhindert in den tieferen Schichten des Verdauungsapparats das weitere Vordringen von Schädlingen.

Typische Zeichen für ein nicht gut funktionierendes Verdauungssystem sind: Futterverweigerung, Schwierigkeiten beim Fressen oder Schlucken, Herauspressen des bereits aufgenommenen Futters durch das Maul; offensichtliche Magen/Darmschmerzen (Koliken); Kotabsatz von unnatürlicher Farbe, Konsistenz, Geruchsbildung und Häufigkeit; schließlich Gewichtsabnahme.

Ein krankes Pferd frißt nicht. Sind seine Backenzähne (Molaren) nicht in Ordnung, so frißt es nicht wie sonst alles säuberlich auf oder läßt das Futter wieder aus dem Maul fallen.

Falsches Kraftfutter oder Futter, das noch während der Zeit des schnellen Atmens nach getaner Arbeit gegeben wird, kann in der Speiseröhre steckenbleiben und dem Pferd übel mitspielen.

Der häufigste Grund für Koliken ist nicht genügend verdautes Futter, das irgendwo im Darmtrakt festliegt und wie ein zu enger Flaschenhals kein weiteres Futter durchläßt. Sobald diese Verengung sich auflöst und der normale Verdauungsfluß wieder beginnt, lassen die Schmerzen nach. Kommt es jedoch zu einer Veränderung auch im Blutstrom, hat dies ernstere Konsequenzen, da sofort lebenswichtige Organe betroffen sind.

Das Pferd zeigt sehr deutlich eine Kolik an, indem es mit den Vorderbeinen auf dem Boden scharrt, die

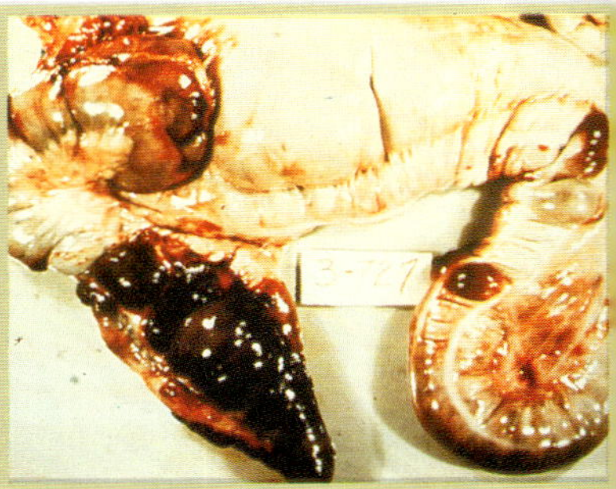

Oben: Blut- oder Palisadenwürmer können einem Pferd übel mitspielen.

Unten: Das Verdauungs- und Ausscheidungssystem.

Das Verdauungs- und Ausscheidungssystem

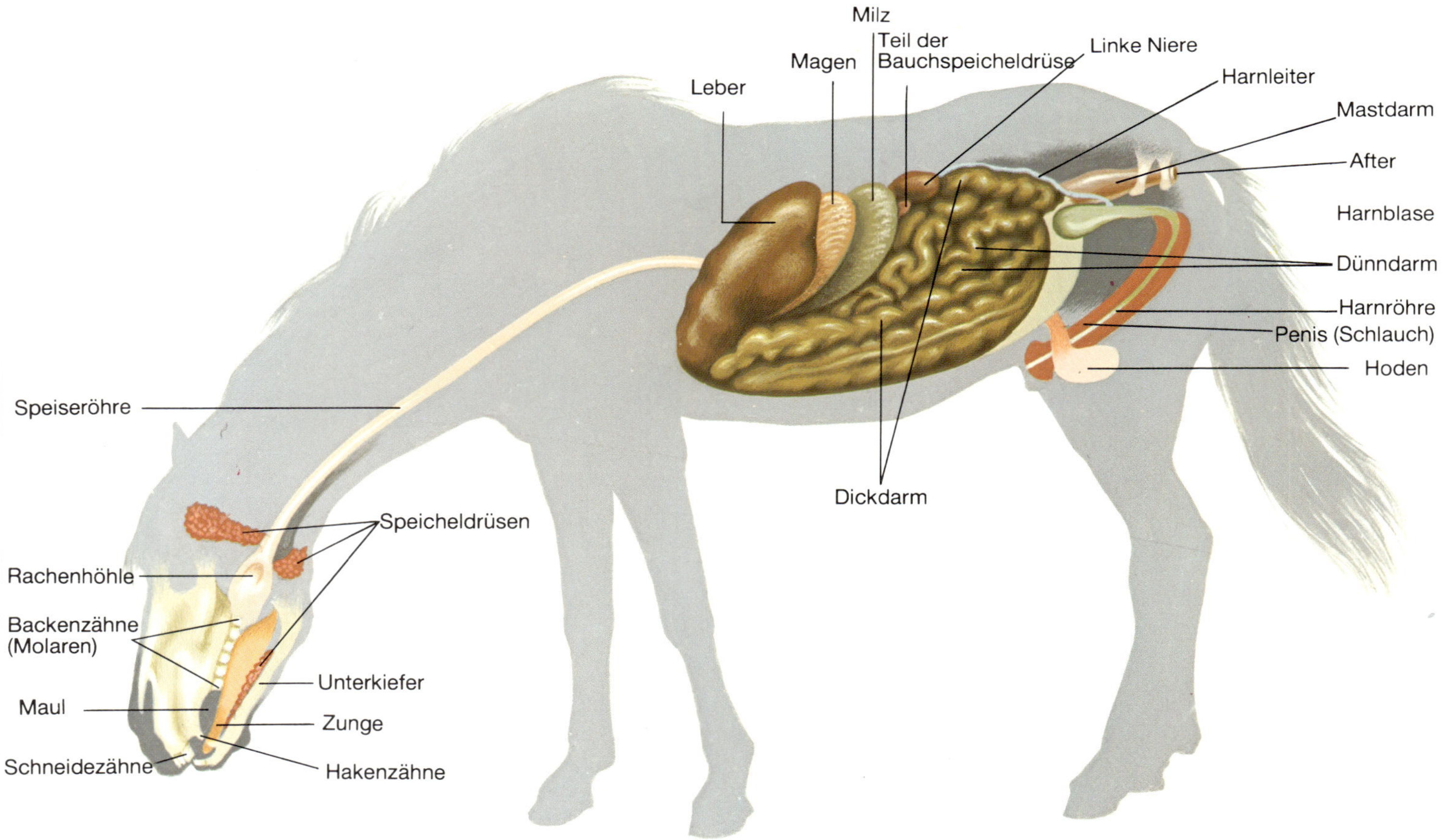

Oben: Dassellarven im Magen eines Pferdes können große Schmerzen und Unwohlsein hervorrufen.

Hinterbeine gegen den Bauch schlägt und auch den Kopf in Richtung Bauch streckt, meist mit ängstlichem Augenausdruck und angelegten Ohren.
Der Puls erhöht sich, geht aber nur selten über 60-70 Schläge pro Minute. Schweißflecken bilden sich. Vielleicht hat das Pferd in den letzten 24 Stunden nicht oder nur ganz wenig gemistet, und die einzigen Zeichen in dieser Zeit waren nur verringerter Appetit und ein Nachlassen des Temperaments. Danach versucht das Pferd zu misten und zu harnen oder auch mal ein wenig Futter aufzunehmen; häufig legt es sich hin, wobei es von einer Seite auf die andere rollen möchte. Bei Blinddarmbeschwerden liegt es nur halb auf dem Rücken und stützt die Beine gegen eine Wand, sofern vorhanden.
Schwerere Koliken sind verbunden mit einer Störung der Blutzufuhr in die Eingeweide. Das Pferd hat dann sehr starke Krämpfe, wälzt sich auf dem Boden, schwitzt stark und hat einen rasenden Puls. Wenn dieser über 70 Schläge hinausgeht, ist dies für den Tierarzt das Warnzeichen einer starken Attacke, die häufig von Brand im Pferdeleib begleitet wird. Dann ist eine sofortige Operation nötig. Die moderne Entwicklung der Anästhesie und Behandlung macht dies heute möglich und erfolgversprechend.
Diese Gefäßkoliken lassen sich auf einen Blutklumpen in den Gefäßen zurückführen, der durch die Larven von Blut- oder Palisadenwürmern (Große und Kleine Strongyliden) entstanden ist.
Weniger besorgniserregend, aber doch auch dramatisch verlaufende Koliken treten bei einfachen Verdauungsschwierigkeiten auf (Krämpfe) oder bei Kontraktionen des Bauchfells, die durch die gesamte Darmlänge gehen. Der oft starke Schmerz wird immer wieder von schmerzfreien Perioden unterbrochen. Der Grund dafür ist eine Störung des Nervs, der zu der weichen Bauchmuskulatur führt. Hier liegt meistens eine Vergiftung vor oder eine Überaktivität der Reflexe. Dies wird oft nur als eine Magen/Darmverstimmung beschrieben und kann in vielen Fällen auf einen Fehler in Menge oder Qualität des Futters zurückgeführt werden. Aber auch hier muß man das Pferd beobachten und die Schmerzanzeichen erkennen.

Herz und Blutgefäße

Alle Körperfunktionen laufen so wirtschaftlich wie möglich ab, um Energien zu sparen. In Ruhe verlangsamt sich der Herzschlag, um bei Anforderungen Höchstleistungen zu schaffen.
Das Herz kann der Reiter mit seiner Hand fühlen, und zwar am Brustkorb hinter dem linken Ellbogen. Der ununterbrochene Blutfluß durch die Arterien kann als Puls festgestellt werden, den man an jeder mittelgroßen Arterie direkt unter der Haut einer festen Körperpartie spüren kann. Der Puls eines ruhenden Pferdes beträgt 36-42 Schläge pro Minute und wird am einfachsten durch leichten Druck der Fingerspitzen auf die Arterie unter der Wange oder in der Fesselbeuge gemessen.
Bei Aufregung, Angst und körperlichen Anstrengungen erhöht sich der Puls, und der Reiter kann den Herzschlag durch seine Stiefel hindurch spüren. Wie lange das Pferd nach der Arbeit braucht, um seinen Pulsschlag wieder zu normalisieren, ist ein deutliches Zeichen, ob das Pferd gesund ist oder nicht. Dieses Zeichen ist sogar aussagekräftiger als die Atemmessung. Ein Pferdeherz ist fähig, bei Konditionstraining oder ähnlicher Anstrengung den Puls auf 200 Schläge pro Minute zu bringen. Dieser muß aber sofort nach dem Galopp auf 100 sinken und möglichst bald danach wieder auf normale Geschwindigkeit zurückgehen. Wenn das Pferd es nicht schafft, innerhalb von 20 Minuten einen Pulsschlag von 50-60 zu erreichen, muß es mit der harten Arbeit aufhören.
Es gibt am Pferd nur zwei Körperteile, an denen man die Blutfarbe erkennen kann: das Zahnfleisch und das Weiße in den Augen; aber jeder Versuch, selbst eine angebliche Blutarmut zu erkennen, ist zweifelhaft, da diese Körperpartien sowieso eine leicht gelbliche Farbe aufweisen. Bei einem geschorenen Pferd oder einem mit dünnem Sommerfell kann man das dichte Adernnetz direkt unter der Hautoberfläche sehen, besonders nach harter Arbeit, weil dabei der Blutdruck ansteigt. Dadurch hat das Pferd eine automatische Wärmekontrolle, ein ähnlicher Vorgang wie beim Schwitzen.

Die Haut

Da die Pferdehaut vom Fell geschützt wird, kann man sie kaum sehen, aber immerhin fühlen, und zwar als eine weiche, elastische und bewegliche Substanz, die an den verschiedenen Körperstellen sehr unterschiedlich ist. Auch die Temperatur der Haut ändert sich. Steigt die Körpertemperatur, dann reagiert die Haut mit Schweiß, wodurch die Körpertemperatur wieder sinkt. Auch die Hufe bestehen aus einer Art Haut, die wie Horn(haut) wächst. Haut und das Horn der Hufe sterben ständig ab und erneuern sich wieder. Das ist der Grund, warum der Schmied die Hufe immer abfeilen muß. Das Horn wächst übrigens ca. 3 cm innerhalb von zwei Monaten.
Die Qualität des Horns – so wie sich dieses an der Hufwand und an der Sohle zeigt – kann im Prinzip nicht verändert werden. Hufröle können zwar einer Verschlechterung des Zustands entgegenwirken, im Grunde dienen sie jedoch nur kosmetischen Zwekken. Futterzugaben leisten dagegen bessere Dienste.

Puls und Blutkreislauf

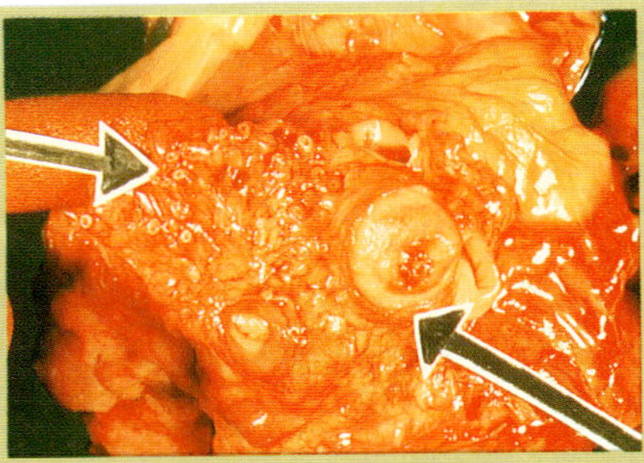

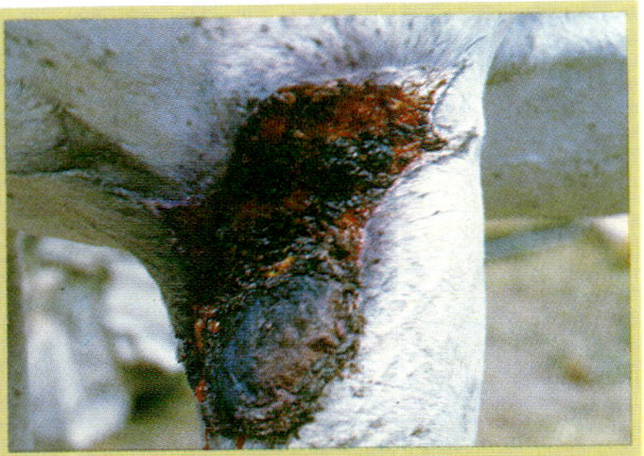

Ein guter Reiter und Pferdefreund achtet auf den Pulsschlag seines Pferdes. Wie schon gesagt, steigt dieser bei der Arbeit an, aber auch bei Koliken, anderen schmerzhaften Erscheinungen und bei Fieber. Wo eine lokale Entzündung entstanden ist, wird mehr als die sonst übliche Blutmenge benötigt. Dies wird erreicht durch Ausdehnung der betroffenen Blutgefäße, wo sich der Puls dann stärker fühlen läßt, aber nicht schneller ist.

Manchmal geraten Bakterien trotz aller natürlichen Abwehrkräfte des Pferdes in die Zellen, wo sie sich vermehren und die Funktionen beeinträchtigen. Von dort aus geraten sie in die Blut- und Lymphgefäße sowie in die Adern, von wo aus sie den ganzen Körper gefährden, da sie starke Giftstoffe mit sich führen. Ein besonders schwerer Fall ist eine Vergiftung durch Tetanus-Bazillen, die ihr Gift von der entzündeten Stelle über die Nervenbahnen ins Gehirn senden. Wurde hier nicht durch Impfung Vorsorge getroffen, führt die Vergiftung in den meisten Fällen zum Tod. Die Symptome bei ausgeprägten Fällen sind Erregungszustände und Muskelkrämpfe, die in Festliegen und Bewußtseinstrübung übergehen.

Die Durchblutung des Hufes wird stark gestört, wenn eine Lahmheit vorliegt, bei der das Pferd auch Schmerzen empfindet. Ein riesiges Netzwerk winziger Kapillargefäße schwillt in dem harten, unnachgiebigen Huf an und erzeugt sehr starke Schmerzen. Ist dieser akute Zustand nicht nach drei Tagen beendet und kein Arzt zu Rate gezogen worden, muß mit schwerwiegenden Konsequenzen gerechnet werden.

Die Lymphgefäße können sich entzünden, wenn der Stoffaustausch nicht stimmt. Typisch dafür sind Ödeme an den Beinen, die stark anschwellen. Man nennt die Krankheit auch Montagmorgen-Krankheit, da sie häufig nach Ruhetagen auftritt. Sie wird von Fieber und allgemeinem Unwohlsein begleitet.

Oben: Das linke Foto zeigt einen krankhaften Knochen, rechts ist eine schwere Entzündung am Bein zu sehen.

Unten: Lage des Herzens und der Hauptadern.

Die Hauptarterien des Blutkreislaufs

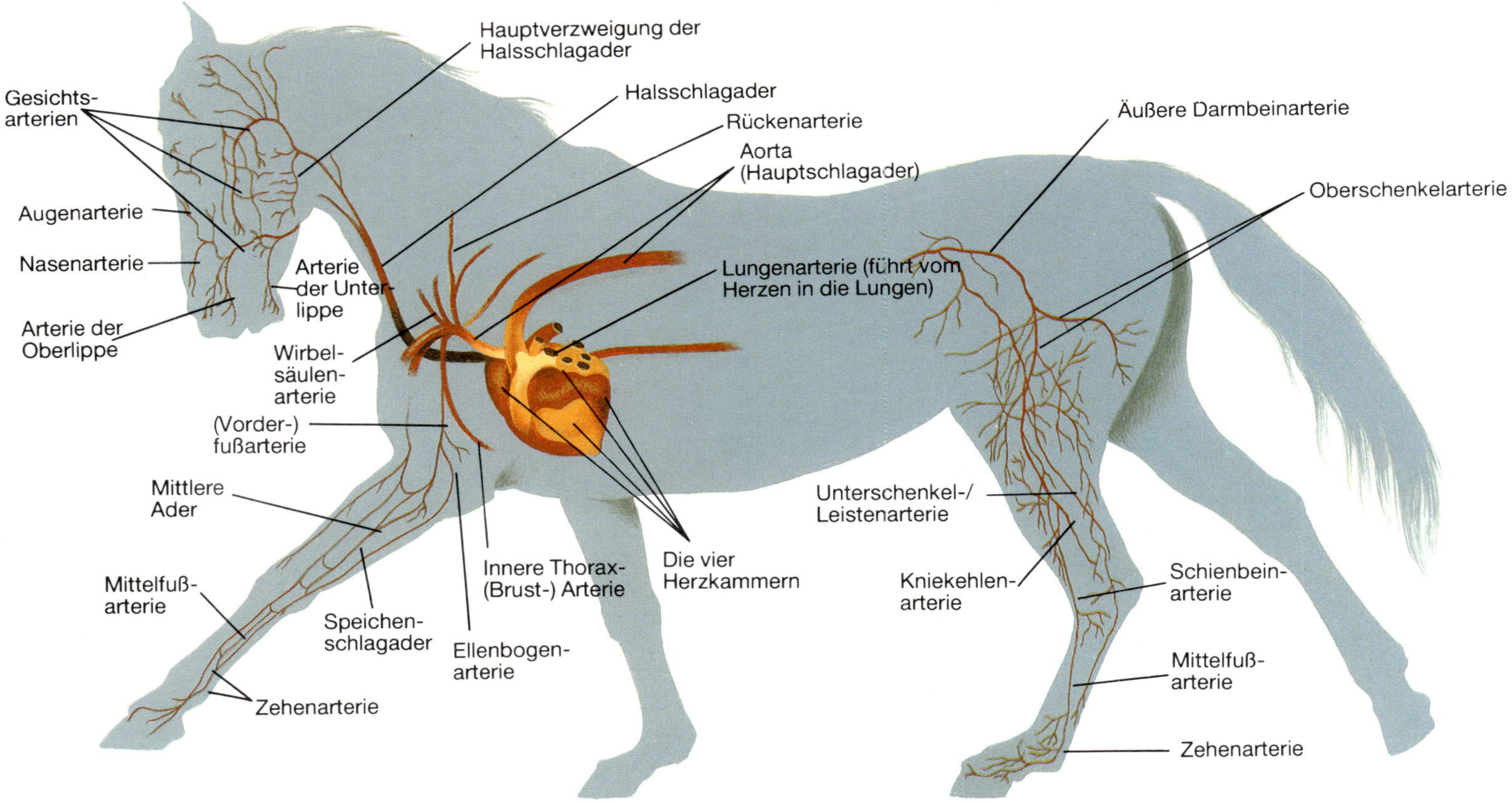

Rechts: Auf einem schwierigen Militarygelände muß das Pferd über eine gute Körperbeherrschung verfügen und im Gleichgewicht gehen können.

Muskel- und Skelettfunktionen
Als das Pferd noch ein Wildtier war, lebte es in Gegenden mit harten, unnachgiebigen Böden. Im Laufe der Evolution wurde aus den Zehen des Eohippus eine Zehe, der Huf. Dieser besteht aus Knochen, Knorpeln, Sehnen, Blutgefäßen, Nerven, Horn und entwickelte sich zu einem hochspezialisierten Fortbewegungsmittel. Die von Menschen gebauten Straßen sind für das domestizierte Pferd meistens viel zu hart oder auch zu glitschig, und deshalb muß es Schuhe bekommen, die Hufeisen. Damit tauchten erneut Schwierigkeiten auf.
Für den Durchschnittsreiter ist die Wirksamkeit dieser »Kraftmaschine« das wichtigste. Das Pferd wird üblicherweise als Sportgerät benutzt, wobei es nur auf Schnelligkeit, Ausdauer, Härte und Behendigkeit der Beine ankommt. Keiner fragt, ob das Pferd gesund ist.
Jeder Reiter sollte sich mit dem Gangwerk des Pferdes vertraut machen und die verschiedenen Bewegungsabläufe unterschiedlicher Pferde beobachten und fühlen. Zu allen Zeiten muß der Reiter in der Lage sein, genau zu spüren, was unter ihm passiert.
Der Schmied stellt Bein- und Fußstellung im Schritt fest und richtet Hufbeschnitt und -beschläge danach aus. Dann muß das Pferd an der Hand im Trab auf einer harten Straße gehen. Später fühlt der Reiter durch seine Hände und seinen Sitz, ob das Pferd ausbalanciert in allen Gangarten geht, auf gerader Linie und auf dem Zirkel.
Das Pferd muß in der Geschwindigkeit gehen, die der Reiter von ihm verlangt, wobei der Reiter mit den Kräften seines Pferdes haushalten muß. Arbeit kann Streß verursachen, und Streß wiederum führt zu einer verbesserten Muskulatur, ein vernünftiges Training vorausgesetzt. Für das Pferd ist es lebenswich-

tig, daß der Reiter oder Besitzer das richtige und für sein Pferd passende Trainingsprogramm herausfindet. Den Rat eines Fachmanns dabei einzuholen ist keine Schande!

Ohne Huf kein Pferd

Ein lahmendes Pferd nützt niemandem; und es ist relativ leicht, das Lahmen eines Pferdes zu erkennen und es dann entsprechend zu behandeln. Oft hat das Pferd nur leichte Schmerzen, und es »schont« das Bein; meistens ist es aber eine echte Störung im Bewegungsapparat. Natürlich steigern sich die Schmerzen, sobald das Bein belastet wird, entweder durch mehr Gewicht oder durch Bewegung. Stoß, Druck oder Überanstrengung können die Gründe sein, und das Pferd versucht, das Gewicht auf das gesunde Bein zu verlagern, oder es geht steif. Dadurch ändert sich natürlich der ganze Trageapparat, wodurch das Pferd gezwungen wird, jedesmal wenn das kranke Bein in Aktion gerät, den Kopf zu heben. Allein dadurch ist eine Lahmheit, die von den Vorderbeinen ausgeht, sehr gut zu erkennen. Sind die Hinterbeine betroffen, so »fällt« das Pferd hinten zusammen, sobald es belastet wird, oder es bewegt die ganze Hinterhand in ungewohnter Weise.

Die vom Pferd erwartete sportliche Aktivität ist eine große Gefahrenquelle. Harte und scharfe, eckige Gegenstände, Verstauchungen, falsche Gangarten zur falschen Zeit oder Gefäßveränderungen sind Gründe, die beim Pferd Lahmheit hervorrufen können.

Verletzungen

Erfahrene Reiter erkennen solche Verletzungen oder Erkrankungen, die vor allem während der Arbeit auftreten. Ob es sich nun um Springreiten, Dressur oder gar Military oder Distanzreiten handelt, man muß sich darüber im klaren sein; das Pferd *arbeitet!*

Der durch die Evolution entwickelte Bewegungsapparat gab schon dem Pferd früherer Zeiten die Möglichkeit, bei Gefahr zu fliehen. Es schoß dann panikartig in großer Geschwindigkeit davon, ging zu langsameren Gangarten über und fing dann wieder an zu grasen.

Die Vorderbeine eines Pferdes müssen 60% seines Gesamtgewichts tragen. Bei schnellem Galopp oder gar beim Springen erhöht sich natürlich nicht nur das eigene Gewicht, sondern das Pferd muß auch noch das Reitergewicht mittragen.

Bei den Vorderbeinen wird das Gewicht vom Ellbogengelenk abwärts getragen, bei den Hinterbeinen vom Sprunggelenk abwärts, wobei das Fesselgelenk, die Fesseln selbst und die Hufe sozusagen als Stoßdämpfer wirken. Dies erfordert nicht nur feste, aber flexible Sehnen, sondern auch tragfähige Bänder und kräftige Muskeln, vor allem Streckmuskeln. Der Huf selbst mit seinem komplizierten Durchblutungssystem ist trotz der ihm eigenen Stabilität und Härte sehr empfindlich gegenüber Druck, Überdehnungen und Verdrehungen.

Die Hufe sind am meisten gefährdet, wenn Druck oder Stöße auf sie einwirken, beim Gewichttragen und beim Springen. Die elegante Schwebephase im Trab und Galopp erfordert Beweglichkeit, Trittsicherheit und allgemeine gute Kondition. Ein müdes, überanstrengtes Pferd läuft Gefahr, Bänder und Sehnen zu überdehnen.

Der anatomische Aufbau der unteren Gliedmaßen ist eigentlich prädisponiert für diese Überdehnungen und Verzerrungen. Solche Fehler können sich auch von einem Bein aufs andere übertragen und das Pferd dadurch noch mehr verunsichern. In den meisten Fällen lernt das Pferd aber, damit zu leben; außerdem kann ein orthopädischer Hufbeschlag helfen.

Vernachlässigte Hufe ohne regelmäßiges Feilen des Horns sowie falscher Hufbeschlag können viele Fehler in der seitlichen Huf/Fessel-Achse auslösen, wobei das Gewicht zu weit hinter den Huf gerät. Mit anderen Worten, das Pferd ist zu weich gefesselt oder es hat sogar eine bärentatzige Hufstellung. Auch in den oberen Gliedmaßen können Lahmheiten auftreten, doch sind diese für die Verwendung des Pferdes meist unerheblich.

Es ist absolut nicht erstaunlich, daß die Liste der orthopädischen Krankheiten sich hauptsächlich auf die Vordergliedmaßen vom Knie-/Ellbogengelenk abwärts bezieht und daß Knochenentzündungen, Überbeine, Zahnbeinerkrankungen und Arthritis in den drei unteren Gelenken sowie Überdehnungen der Sehnen am ganzen Bein die häufigsten Gründe

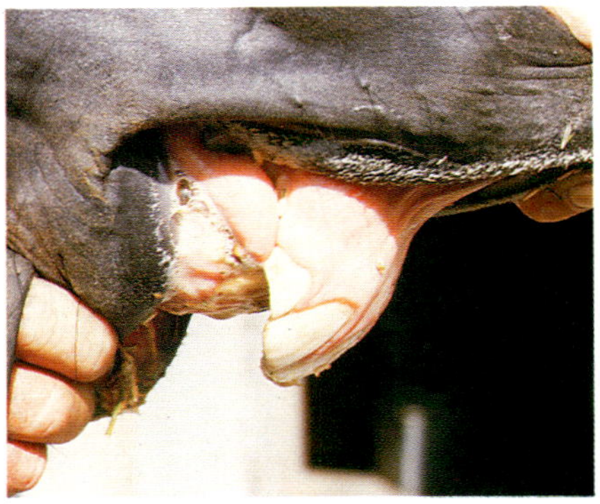
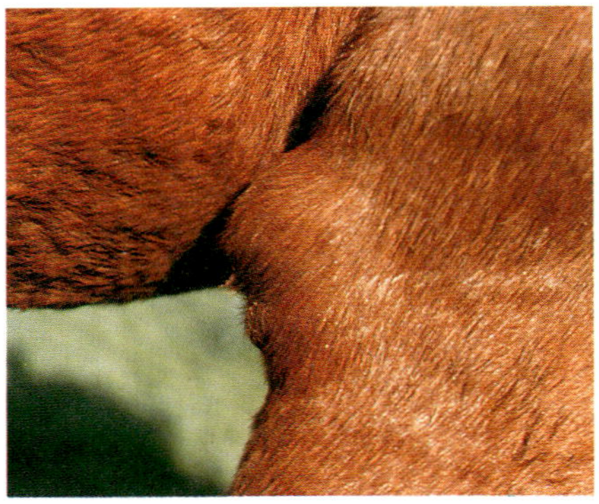

Oben: Verschiedene Krankheiten bzw. Deformationen. Links oben: Räude. Rechts oben: Vorbiß; das Pferd kann keine Gräser mehr abreißen. Links unten: Piephacke. Rechts unten: Beginnende Fohlenlähme.

dafür sind, daß ein Pferd nicht mehr voll (oder sogar gar nicht mehr) einsetzbar ist. Der Reiter oder Besitzer des Pferdes muß in der Lage sein, den akuten Zustand und den Ernst einer Lahmheit festzustellen. Vor allem muß er wenigstens erkennen können, *daß* das Pferd lahmt, wenn er auch nicht gleich eine genaue Diagnose geben kann. Es versteht sich von selbst, daß Beine und Hufe gründlich gereinigt werden, bevor man den Tierarzt kommen läßt.

Wie schon gesagt, ruht ein Großteil des Gewichts auf den Vorderbeinen; Kopf und Hals dienen als weitere Stütze und Balancierstange während der Bewegung. In den Hinterbeinen und der gesamten Hinterhand liegt der Motor des Pferdes. Je besser und kräftiger die Muskeln sind, desto besser ist der Antrieb, den das Pferd von seiner Hinterhand bekommt.

Überbeanspruchung oder Überdehnung in den hinteren Gliedmaßen ist meistens auf angeborene Fehler zurückzuführen – kuhhessige oder faßbeinige Stellung der Gliedmaßen oder zu weiche Gelenke. Wird ein Pferd mit solchen Fehlern falsch geritten, ist es ständig in Gefahr einer ernsthaften Verletzung, wie beispielsweise Hasenhacke oder Spat (Rehbein, Knochenspat, weicher Spat). Aber auch bei gesunden Gelenken besteht diese Gefahr, wenn das übermüdete Pferd weiterarbeiten muß oder wenn es ausrutscht (Glatteis im Winter!).

Beim Galopp richtet sich die Bewegung der Hinterhand nach dem führenden Vorderbein. Das erste Bein, das den Boden berührt, nennt man Einbeinstütze, und dann folgt der Hauptantrieb. Ist die Balance einmal verloren, geht das Pferd auch nicht mehr weich und geschmeidig, und auf Hüfte und Beingelenke wird übermäßiger Druck ausgeübt. Die Folge ist, daß das Pferd sich im Rücken verspannt. Beim Springen sollten möglichst beide Hinterbeine gleichzeitig auffußen. Gerät ein Pferd erst einmal aus der Balance – egal für wie lange –, weil es ein Vorderbein schont oder den Rücken nicht mitarbeiten läßt oder auch weil es Schmerzen an ganz anderen Stellen hat (z. B. Zahnschmerzen), wird die ganze Wirbelsäule davon betroffen, vom obersten Halswirbel (Atlas) bis hin zur Kruppe, so daß das ganze Pferd steif und unbeweglich wird.

Die Skelettur des Pferdes

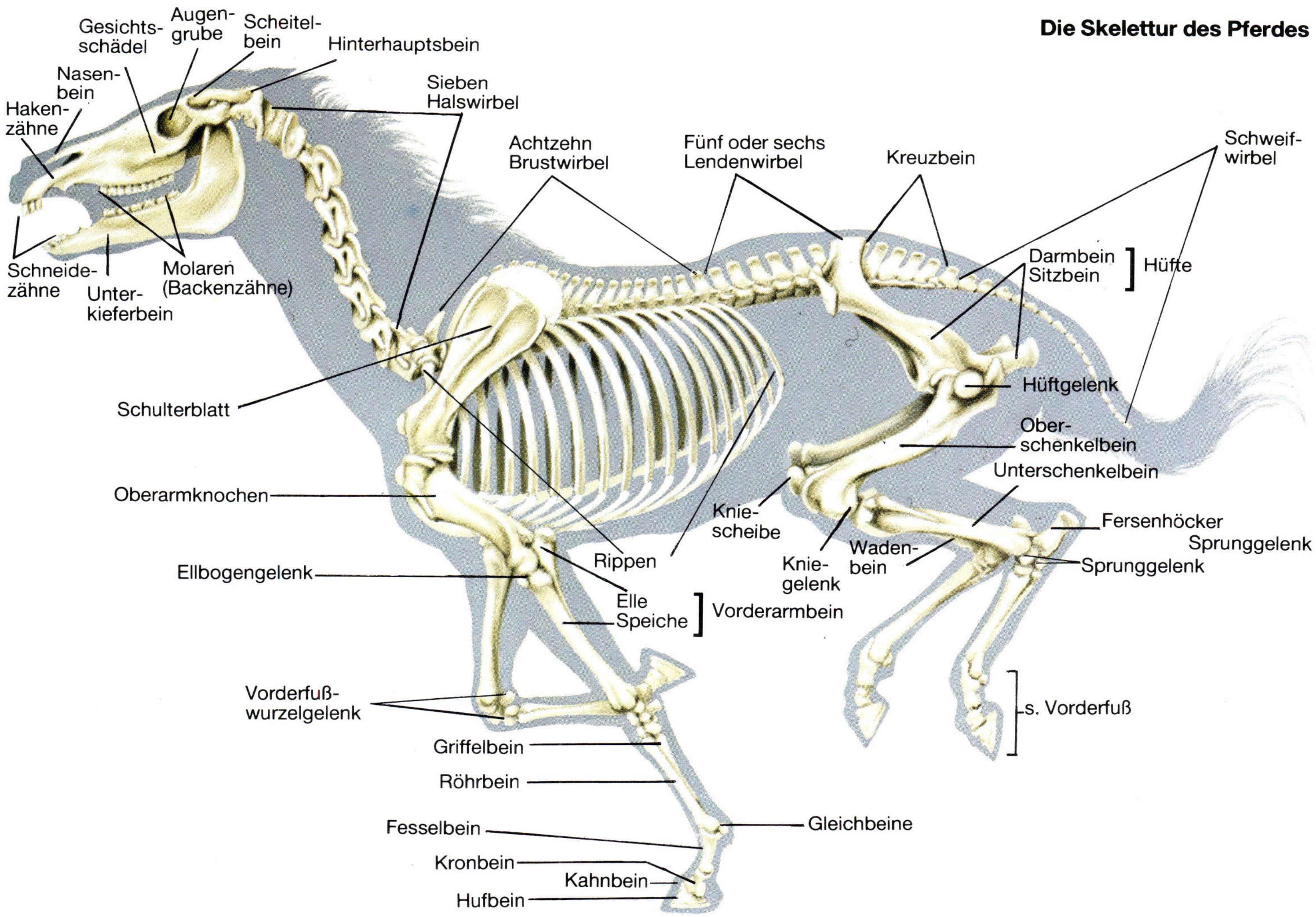

Eine ernsthafte Verzerrung oder Überdehnung zeigt sich immer sehr schnell – das Pferd lahmt sofort. Ständige und häufig wiederholte Überdehnung der kleineren Bänder ist manchmal nicht zu erkennen, solange nicht ein größerer Knochengelenkkomplex mit angegriffen ist. Dann können vor allem beim kalten Pferd arthroseartige Lahmheiten auftreten, die aber wieder verschwinden, sobald das Pferd warm geworden ist.

Das Nervensystem

Das Nervensystem ist in zwei Ordnungen eingeteilt. Einerseits ist das Gehirn das Sinnesorgan, das die Informationen aus der Umgebung, die durch Sehen, Hören, Riechen, Schmecken etc. wahrgenommen werden, verarbeitet. Andererseits ist das Gehirn auch der Sitz des motorischen Nervensystems, es kontrolliert Aktionen und Reaktionen. Hier wollen wir noch einmal daran erinnern, daß ein Pferd fast nur aus Reflexen besteht. In der Wildnis hatte es keine Zeit zu denken; es antwortete auf Aktionen der Umwelt immer sofort und möglichst schnell.
Der Mensch versucht, durch hartes Training dem Pferd die Angst und die Reaktionen darauf zu nehmen; denn auf Angst reagiert das Pferd mit Flucht. Dieser natürliche, angeborene Reflex wird durch den Menschen verfeinert und unter Kontrolle gehalten.
Ein Pferdekenner weiß, wie ein Pferd reagiert, und drängt ihm nicht die menschliche Mentalität auf. Er erzieht die Reflexbewegungen zu seinem eigenen Nutzen um. Ein einfaches Beispiel aus der täglichen Praxis: Will ein Pferd das Vorderbein nicht heben, so hält der Reiter Kopf und Hals des Pferdes und drückt fest dagegen. Das Pferd wird automatisch das äußere Bein als Stütze benützen und hebt das innere Bein.
Auch mit dem Reitergewicht wird ein natürlicher Reflex ausgenutzt. Der Zug, den der Mageninhalt unterhalb des Rückgrats ausübt, verstärkt sich durch die Bewegung, gegen dieses erhöhte Gewicht hebt sich die Wirbelsäule ein klein wenig, aber prompt und stärkt sich dadurch, um mit dem von der Hinterhand kommenden Antrieb fertigzuwerden. Dadurch erhält der Pferdekörper Halt – und letztlich auch der Reiter. Wenn man die Schenkelhilfen knapp hinter dem Gurt, also an den Rippen des Pferdes, einsetzt, entsteht der Reflex, daß Becken und Endwirbel bewegt werden, das Pferd setzt seine Hinterbeine vermehrt unter den Körper, und eine glatte, rhythmische, von der Hinterhand ausgelöste Bewegung entsteht.

Das Nervensystem

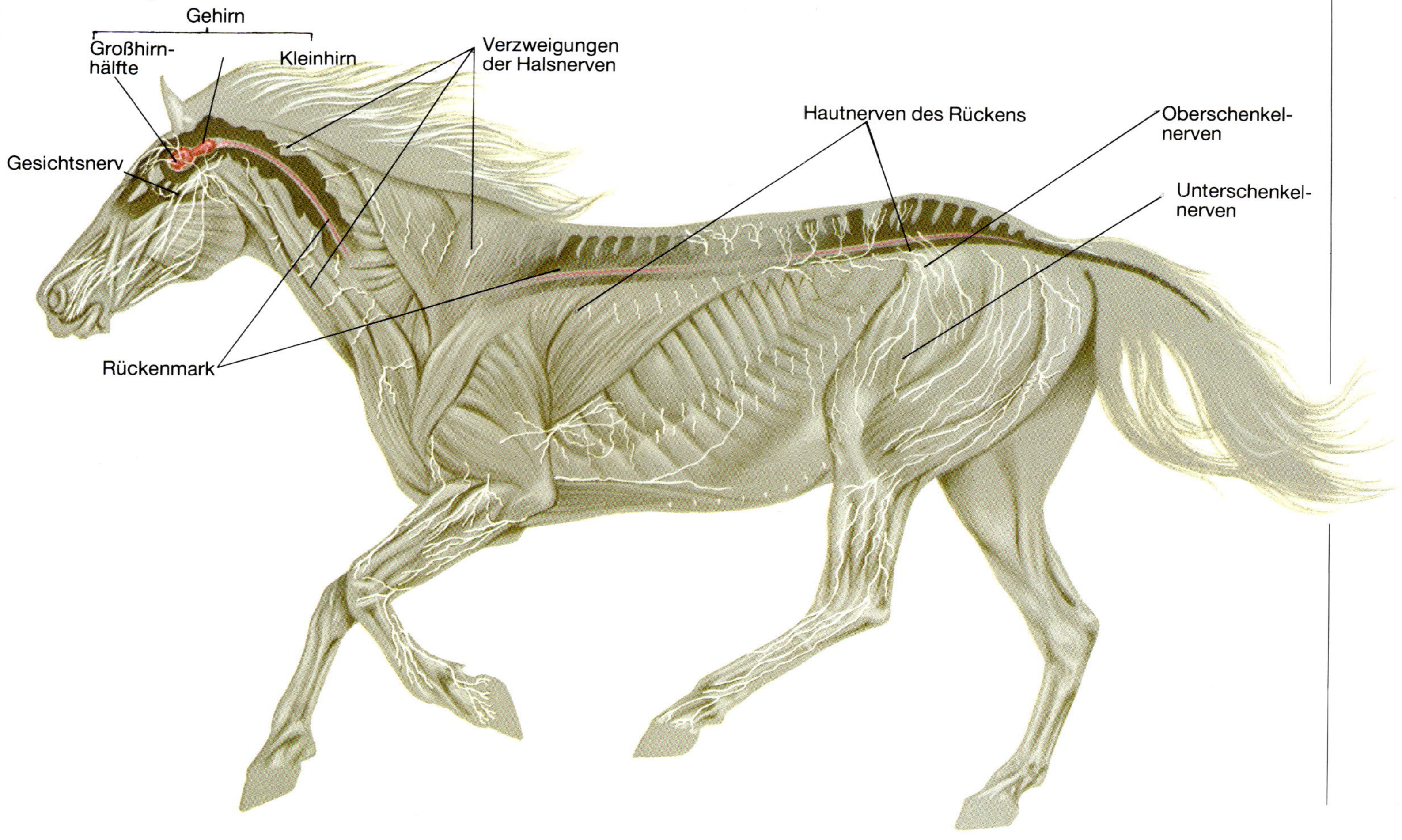

Die verschiedenen Gebisse und sonstiges Reitzubehör haben nur den einen Sinn, die Nervenreflexe beim Pferd zu fördern. Ein gutes Gebiß fördert Haltung und Aktion – obwohl hier eigentlich schwer ein Zusammenhang zu finden ist mit dem, wie das Pferd in der Wildnis reagieren mußte. Schlechtes Reiten, grobe Hände und falsche Hilfen, die ein Pferd ständig dazu veranlassen, eine unnatürliche Haltung anzunehmen, können unter Umständen eine Unterwerfung des Pferdes zur Folge haben, hervorgerufen allerdings aus Schmerz und nicht durch automatische Reflexe. Viel häufiger wird aber das Gegenteil erreicht: Das Pferd zieht, pullt, läuft anders, als der Reiter will, steht vor oder hinter dem Zügel und sucht sich noch viele andere Möglichkeiten, diesem Druck auszuweichen.

Hormone

Das Nervensystem in den Muskeln und im ganzen Körper veranlaßt das Gehirn zu schnellen Befehlen. Langsamer geht eine Kommunikation vor, die im Pferdeleib stattfindet und von chemischen Überträgern abhängig ist. Diese Hormone werden ins Blut abgegeben von speziellen Organen, in denen sie zirkulieren, um sensibilisierte Zielorgane zu erreichen, die dadurch zur Arbeit stimuliert werden und häufig andere Hormone oder Verdauungssäfte von sich geben. Sie spielen im normalen Ablauf, dem sogenannten Biorhythmus, eine große Rolle. Natürlich sind Hormone auch sehr wichtig für das Sexualverhalten und erklären das etwas sonderbare Verhalten so mancher rossigen Stute.

Dieses normale Verhalten ist natürlich bei einem arbeitenden Pferd leichter festzustellen. Ein arbeitendes Pferd wird eher mal krank als eines, das nichts zu tun hat und sein Leben auf der Koppel genießt. Auf diese Weise können aber oft kleinste Anzeichen einer Krankheit bei einem nichtarbeitenden Pferd übersehen werden. Es ist für jeden Pferdehalter deshalb wichtig, unterscheiden zu können zwischen einem kranken und einem gesunden Pferd, zwischen einem Pferd mit normalem Verhalten und einem mit ungewöhnlichem, abnormalem Verhalten, auch wenn er nicht die medizinischen Fachausdrücke dafür kennt.

Natürliche Abwehrkräfte

Stoffwechselstörungen liegen in fehlerhaftem, falschem Futter begründet und sind eigentlich ein Resultat der Domestikation. Mit den heutigen Mitteln geerntetes Heu oder Stroh, auch in gemahlener Form, machen manche Pferde allergisch. Reisen erhöhen die Gefahr einer bakteriellen Infektion, da das Pferd auf Rennplätzen, bei Wettkämpfen oder auch in Ställen mit fremden Pferden Kontakt hat. Auf Stoffwechselstörungen kann das Pferd nicht selbst schützend reagieren; es kann höchstens die von ihm erwartete Arbeit verweigern und damit Streß abbauen.

Die Domestikation ist auch der Grund für manche Entzündung. Allein das vom Menschen geforderte Springen trägt viele Verletzungsgefahren in sich. Falsche Ausrüstung (Sattel, Zaumzeug etc.) kann wunde Stellen hervorrufen, die wiederum leicht zu Muskelzerrungen führen.

Wird die schützende Haut nicht schwer verletzt, ergibt sich meistens nur eine nicht-infektiöse Entzündung. Die Verletzung kann aus einer harten Beule bestehen oder einer unter der Haut liegenden Quetschung (Ödem). Bei Entzündungen ist folgendes zu tun:

1) die Blutung stillen
2) die Wunde vom Schmutz säubern
3) das gesamte Wundbett behandeln, auch die weiter entfernt liegenden Teile.

Krankheiten erkennen

Evolution bedeutet Anpassung an veränderte Umstände. Während der Entwicklung des Pferdes, die zusammen mit anderen Tieren und Pflanzen geschah, hat es gelernt, seine eigene Art zu erhalten, die richtige Nahrung auszusuchen und Giftpflanzen zu meiden. Es hat auch gelernt, zusammen mit Mikroorganismen zu leben, die schon früh in der Geschichte sich an das Leben im Boden angepaßt haben oder als Parasiten existieren.

Das Pferd kommt täglich mit diesen Mikroorganismen in Berührung. Einige davon verseuchen Fell und Haut, doch geraten sie nicht in die tiefer gelegenen Hautschichten und auch nicht an lebendes Gewebe. Auch Schweiß- und Haartalgdrüsen sind unter normalen Umständen resistent. Die Bakterien können hier zwar leben und sich vermehren, doch nicht so schnell, daß sie allein schon durch die große Zahl ihrer Individuen den natürlichen Schutzfilm durchbrechen. Absonderungen aus diesen Körperteilen haben sogar antibakterielle Eigenschaften.

Der Pferdekenner muß Bescheid wissen über das Gewebe und die Elastizität der Haut an den verschiedenen Körperteilen; denn Veränderungen der Haut

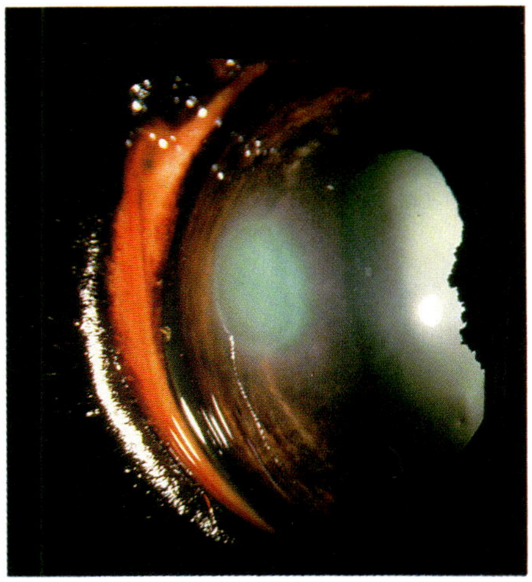

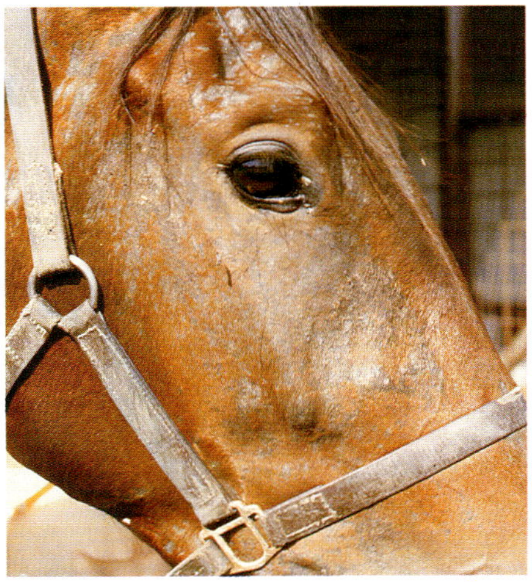

Links: Ein entzündetes Auge.

Rechts: Eine Hautentzündung am Pferdekopf.

sind nicht schnell zu erkennen, ausgenommen eine Entzündung oder Austrocknung. Ernährungsfehler sind meistens nur am Haarwachstum festzustellen, wobei jedoch Schäden an den Haarbälgen sehr gut und schnell sichtbar sind.
Manchmal können auch äußerliche Einwirkungen die Abwehrkräfte der Haut durchbrechen, und fieberhafte Entzündungen entstehen wie bei der Maul- und Klauenseuche, oder es entwickeln sich Ringelflechten an den Follikeln.

Krankheiten bekämpfen

Lebende Mikroorganismen wie Bakterien können – wenn sie richtig erkannt sind – getötet werden. Dazu muß man die Umgebung des Pferdes desinfizieren: Fußböden, Wände, Reitausrüstung, Geräte etc. Ständiges Ausmisten ist auch eine Art Desinfektion, aber nur sehr unvollständig. Kalte Wasserduschen, Druckverbände usw. sind wirkungsvoller, ebenso auch Preßluftbehandlungen, wobei das bakterienverseuchte Gewebe gelockert und weggespült wird.
Haut, Fell und Horn können auch desinfiziert werden, doch mit zweifelhaftem Erfolg. Bei Ringelflechten allerdings lohnt sich der Versuch, jedoch nicht mit einem üblichen Desinfektionsmittel, sondern mit speziellen chemischen Antipilz-Waschungen, die der Tierarzt verschreibt.
Wo sich eine lokale Infektion, eine offene Wunde also, gebildet hat, müssen starke Desinfektionsmittel vermieden werden, da sie nicht nur die Bakterien töten, sondern auch das gesunde Gewebe rundherum. Hier sind antiseptische Mittel eher angebracht. Heute gibt es auch sehr gute Antibiotika in Form von Lotions, Cremes, Puder usw. Das allerbeste Heilmittel ist aber nach wie vor für Oberflächenwunden fließendes Wasser!
Antiseptische Mittel werden eingesetzt, um den Schmutz von der Wunde zu entfernen und die Desinfektion zu vervollständigen, aber auch um einer erneuten Infektion vorzubeugen. Zusätzlich wird die Wunde gut zugedeckt und verpackt.
Oberflächliche Wunden und Pilzinfektionen werden eigentlich nur Probleme, wenn das Pferd in schlecht durchlüfteter, feuchter Umgebung steht. Trotzdem müssen alle Wunden behandelt werden. Nicht alle Bakterien reagieren gleich auf alle Mittel. Ein Breitbandantibiotikum ist deshalb am besten geeignet.

Erste Hilfe

Ist irgend etwas am Pferd nicht in Ordnung, sofort mit der Arbeit aufhören und überlegen, was nicht stimmen könnte. Eventuell den Rat eines Fachmanns einholen!
Ist ein Vorderbein geschwollen, sofort nachsehen, ob eine Ader verstopft ist. Gut das Röhrbein abtasten und auf Druckempfindlichkeit achten.
Handelt es sich offensichtlich um eine Sehnenzerrung, sofort vier bis fünf Minuten lang mit kaltem Wasser behandeln und dann einen Druckverband anlegen. Ist der Schmerz im Fuß zu lokalisieren, Hufsohle und Strahl gut säubern, nachschauen, ob sich kleine Steine verklemmt haben (oder Eisklumpen im Winter!). Ist das Pferd kürzlich erst neu beschlagen worden? Sitzt das Hufeisen zu fest? Ist ein Hufnagel nicht korrekt eingeschlagen? Prüfen, ob das Eisen noch festsitzt.
Fürs erste kann die Hilfe des Schmieds in Anspruch genommen werden, aber der Schmied ist zu nicht mehr verpflichtet, als erste Hilfe zu leisten, indem er eventuell das Eisen abnimmt. Hilft das nichts, muß der Tierarzt gerufen werden. Vor allem wenn eine Versicherung besteht, muß so schnell wie möglich der Arzt geholt werden, weil sonst die Versicherung nicht für eventuelle Spätfolgen eintritt.
Eine Wunde wird wie folgt gesäubert: Man schneidet rundherum das Fell ab und entfernt totes, lockeres Gewebe ebenso gründlich wie Schmutz. Es ist ratsam, dies nicht einfach blindlings zu probieren, sondern auf die gute Wirkung von kaltem Wasser zu setzen, die Wunde also mit Wasser auszuwaschen. Nach etwa zehn Minuten wird heilendes Blut aus der Wunde fließen.
Das Pferd hat vom Ellbogen- bzw. Kniegelenk abwärts keine Muskeln, und so besteht also keine weiche Einbettung zwischen der Wunde und dem tiefer gelegenen harten Knochen. Dadurch wird das inliegende unreife, aber schnell wachsende Gewebe nach außen geschoben, um sich auf dem ganzen Wundsektor zu verbreiten: das sogenannte wilde Fleisch. Wurde in den ersten Tagen des Heilungsprozesses die Wunde gut gesäubert und einer Infektion durch Lokaltherapie vorgebeugt, ist es empfehlenswert, die unteren Gliedmaßen für etwa zehn Tage mit einem Verband zu stützen.
Der Pferdefreund kennt auch die im Verhältnis gefährlicheren Stellen, an denen Wunden auftreten können. So sind zum Beispiel Verletzungen an Gelenken und Sehnenröhren bösartiger als seitlich an der Röhre, an der Rückseite der Beine unangenehmer als an der Vorderseite, unter dem Fesselgelenk gefährlicher als eine kleine Beule an der Ferse. Infektionen in einer Röhre oder einer Gelenkkapsel können sich als sehr schwierig zu behandeln herausstellen. Nur der Tierarzt kann entscheiden, welche Art von Antibiotikum richtig ist und ob er es oral oder per Spritze verabreicht.
Wenn das Pferd von der Arbeit befreit wird, muß sofort mit der Fütterung von Kraftfutter aufgehört werden. Statt dessen bekommt es eine Kleie-Mash. Erst allmählich kann wieder zum normalen Futter übergegangen werden. Ist das Pferd sehr krank, kann man auch richtige Krankenkost füttern, die vom Arzt zusammengestellt werden sollte. Im Prinzip ist aber nichts besser als frisches Gras und Heu von bester Qualität, damit das Pferd genug zu kauen hat.

Wird das Tier aus anderen statt Krankheitsgründen nicht stark beansprucht, etwa während einer Frost- und Glatteisperiode oder weil der Reiter krank ist, muß ebenfalls das hochkonzentrierte Futter reduziert werden. Geschieht dies nicht, riskiert man, die Muskeln mit Zuckerstoffen zu überladen, die ja irgendwie verbrannt werden müssen. Die Folge sind Stoffwechselstörungen (Azoturie).
Diese Störungen können auch andere Ursachen haben, etwa wenn die Futterrationen zuviel Phosphor enthalten, wie das bei der Kleie der Fall ist. Auch der Mangel an Spurenelementen, vor allem im Winter, wenn das Vitamin E in den konservierten Futterstoffen aufgebraucht ist, spielt eine Rolle.
Die Schwere der Erkrankung kann ganz unterschiedlich sein – ein geringer Verlust der Bewegung der Hinterhand oder Überempfindlichkeit an Lenden und Hinterhand. Diese Krankheiten müssen natürlich ganz anders behandelt werden als offene Wunden und werden fast nur vom Tierarzt richtig diagnostiziert.

Erste Hilfe-Utensilien

- 2 Thermometer
- normale Haushaltsscheren – zum Schneiden von Stoff usw.
- gekrümmte, abgerundete Scheren – zum Schneiden von Haaren rund um die Wunde
- Watte und Baumwolle für Verbände
- nichtklebende medizinische Verbände
- 10 cm breite Bandagen
- antiseptischer Wundpuder
- antiseptische Seife
- Blauspray
- Fettsalben, am besten Lebertransalben

Mit der Zeit wird diese Hausapotheke sicher mehr enthalten. Aber Vorsicht bei Medikamenten und Spritzen! Nicht wahllos verabreichen, sondern immer nur nach Rücksprache mit dem Tierarzt.

Immunisieren

Aus den natürlichen Abwehrkräften und dem Immunsystem der Pferde hat der Mensch Nutzen gezogen, um einen künstlichen Schutz aufzubauen. Die zum Tode führenden Faktoren in den Bakterien wurden ausgerottet oder zumindest sehr geschwächt, und zur Immunisierung wird das Pferd mindestens zweimal geimpft – häufiger wäre noch besser –, damit es genügend Antikörper aufbauen kann. Zwei Krankheiten hat die Veterinärmedizin heutzutage im Griff: Tetanus und Pferdehusten.
Gegen Tetanus wird das Pferd zweimal in seinem ersten Lebensjahr geimpft mit etwa sechs Monaten Zwischenzeit, nach einem Jahr wird es noch einmal geimpft und bekommt dann in Drei- bis Vierjahresabständen Wiederholungsimpfungen oder wenn eine offene Wunde zusätzlichen Schutz braucht. Die Antitoxine wandern durch den Körper und neutralisieren die von den Bakterien produzierten Gifte.
Auch beim Pferdehusten sind regelmäßige vorbeugende Schutzimpfungen zu empfehlen. Wird dies unterlassen und das Pferd erkrankt an Husten, ist die völlige Heilung sehr kompliziert. Außerdem handelt es sich um eine ansteckende Infektionskrankheit, die alle anderen Tiere im Stall gefährden kann.

Befall von Mikroorganismen

Art	Größe	Med. Behandlung sinnvoll?	Immunität
Viren	ultramikroskopisch	nein	nach Erholung – gut; Impfung empfehlenswert
Bakterien	mikroskopisch	ja	nach Erholung – gut; Impfung empfehlenswert
Pilze	mikroskopisch	ja	nach Erholung – gut
Protozoen	mikroskopisch	ja	unterschiedlich
Endoparasiten	makroskopisch (ausgewachsene Tiere); Eier mikroskopisch	ja, sehr (weniger bei jungen Pferden)	zweifelhaft
Ektoparasiten	Eier mikro- bis makroskopisch	ja, sehr	zweifelhaft

Insektenstiche in solchem Ausmaß sind Gott-sei-Dank selten.

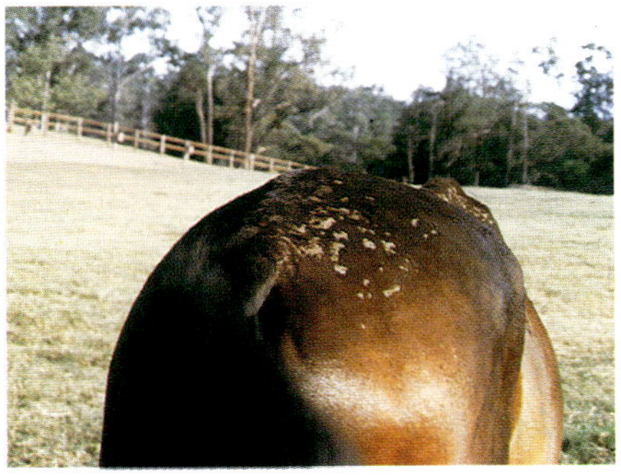

Sommerekzem – eine allergische Hautreaktion auf Mückenstiche.

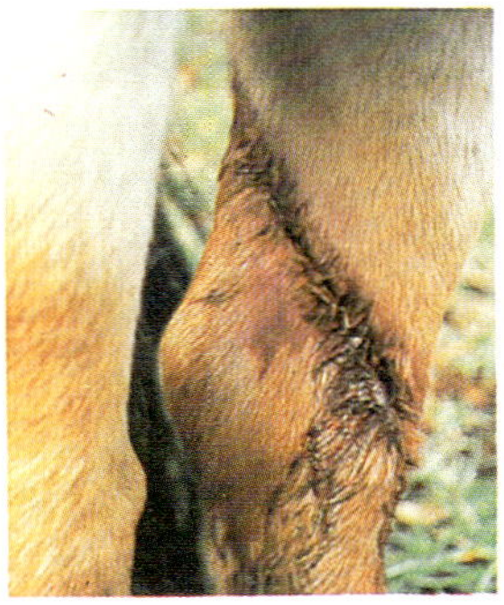

Drahtverletzung am Pferdebein.

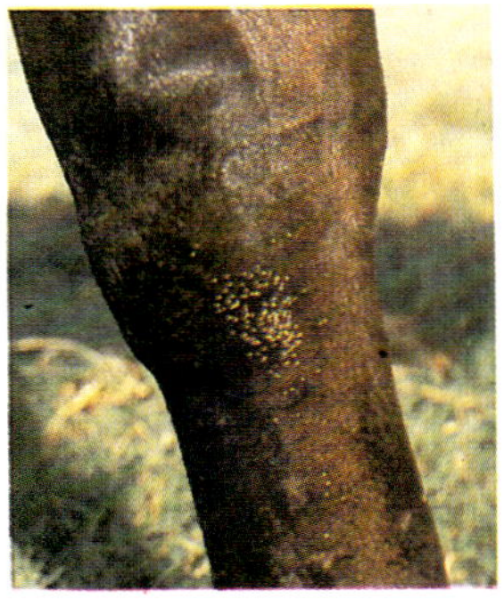

Dasselfliegeneier, die besonders im Herbst an Pferdebeinen auftreten.

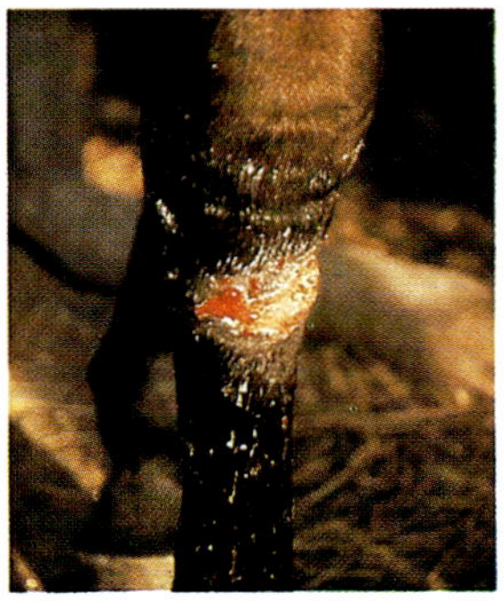

Ein sehr böse entzündetes Bein.

Berühmte Pferderassen der Welt

Dieses große Kapitel behandelt die bekanntesten Pferderassen der Welt in Wort und Bild. Neben einer kurzen Charakteristik der entsprechenden Rasse wird auch beschrieben, zu welchen Zwecken welches Pferd gezüchtet wird. Wir beschränken uns hier auf die Warm- und Vollblüter, so daß Sie sich anhand dieser Beschreibung Ihr Reitpferd aussuchen können.

Alter-Réal

Größe: zwischen 152 und 155 cm.
Farbe: mittel- bis dunkelbraun; einige Füchse und Grauschimmel.
Kopf: klein, leicht konvex.
Hals: kurz mit schöner Biegung wie beim Andalusier.
Schulter: kräftig bemuskelt, schräg.
Gebäude: kurzes Quadratpferd mit tiefer Brust.
Hinterhand: breit, bemuskelt, kraftvoll.
Gliedmaßen: kurz und kräftig, flache Knie, kräftige Sprunggelenke.
Aktion: imponierend, aber mit kurzem Schritt.

Das Alter-Réal-Pferd ist ein leichtes, spritziges Reitpferd mit schöner Aktion und sehr großem Temperament. Deshalb ist es für den Durchschnittsreiter nicht zu empfehlen. In seinem Heimatland Portugal hat das Pferd eine lange und sehr rühmliche Geschichte. In der Hohen Schule der Dressur zeigt es hervorragende Gänge in guter Selbsthaltung und Aufrichtung.
Das erste Alter-Réal-Gestüt wurde 1748 vom portugiesischen Herrscherhaus Braganza in Ville de Portel mit andalusischen Stuten, die aus dem spanischen Jerez kamen, gegründet. Doch in den folgenden acht Jahren wurde der Sitz des Gestüts nach Alter verlegt, wo es jetzt noch besteht und woher das Pferd auch seinen Namen hat.
Die Zucht hat viele Krisen überwinden müssen, wie zum Beispiel den Raub der besten Herden durch Napoleons Truppen, und 1834 wurde ein großer Teil des Gestütsgebietes aufgrund der Abdankung von König Miguel konfisziert. Der Pferdebestand war dadurch stark reduziert, und das Königliche Gestüt wurde aufgelöst.
Der verbleibende Restbestand wurde regelrecht indiskriminiert, da man ihm schlechte Blutlinien zuführte, unter anderem auch äußerst ungenügendes arabisches Blut. Doch endlich übernahm im Jahre 1932 das Portugiesische Wirtschaftsministerium die Verantwortung für die Zucht, führte gutes andalusisches Blut aus der Zapata-Linie zu, sonderte unbrauchbare Tiere aus und begann eine neue Zucht mit den besten Hengsten und Stuten. Das moderne Alter-Réal-Pferd hat sich trotzdem noch viele gute Original-Charakteristika erhalten können, und die Zucht scheint jetzt gesichert zu sein.

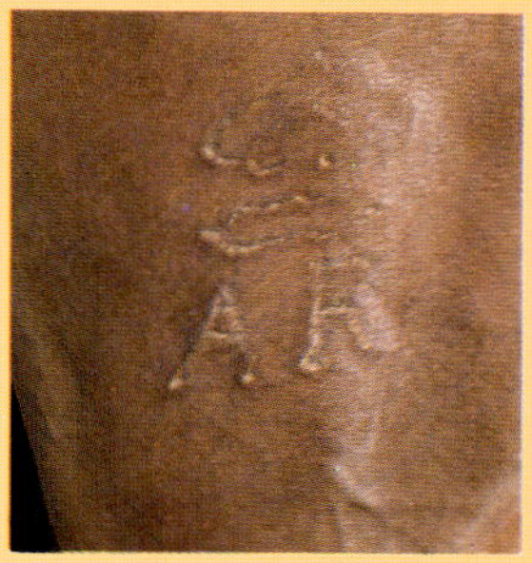

Linke Seite: Die imponierende Haltung des Alter-Réal-Pferdes läßt die andalusischen Vererber ahnen.

Links: Das überschäumende Temperament macht eine gute Pflege und Behandlung nötig. Beides kommt dem Pferd vor allem in der portugiesischen Armee zugute.

Unten: Durch sehr sorgfältige Auswahl der besten Stuten und Hengste hat das portugiesische Wirtschaftsministerium sehr viel zur Verbesserung der Zucht beigetragen.

Amerikanisches Saddle-Horse

Das amerikanische Saddle-Horse oder Saddlebred ist ein sehr gutes und vielseitiges Reitpferd, das aus einem Arbeitspferd entwickelt wurde. Seine Hauptrolle spielt es allerdings auf amerikanischen Show-Veranstaltungen. Dort werden die in der Tat aufregend schönen Gangarten – three-gaited oder five-gaited – sehr bewundert.

Diese auffallenden Gangarten werden durch extrem lange Hufe und den Gebrauch von sehr schweren Hufeisen hervorgerufen.

Der (Arbeits-)Galopp hat eine so hohe Versammlung, daß das Pferd kaum vorwärtskommt. Ein Sprichwort lautet denn auch: »Ein Saddlebred kann den ganzen Tag lang im Schatten eines Apfelbaumes galoppieren!« Außer den drei Gangarten Schritt, Trab und Galopp beherrscht das five-gaited Saddlebred noch zwei künstliche, den »Slow-gait« – ebenfalls von hoher Versammlung –, und den »Rack«, eine sehr schnelle Gangart. Es gibt Pferde, die in dieser Gangart für eine Meile (1609 m) nur 2.19 Minuten brauchen.

Trotz seiner überzüchteten, ja überspannten und sehr stolzen Haltung hat das Pferd einen liebenswerten Charakter, läßt sich auch von Kindern gut reiten und macht im Umgang keine Schwierigkeiten.

Auf die äußere Erscheinung des Saddlebred wird großer Wert gelegt. Das three-gaited Pferd ist an der geschorenen Mähne zu erkennen, während das five-gaited Pferd über eine volle Mähne und ebensolchen Schweif verfügt. Die hohe Schweifhaltung wird künstlich durch eine Operation erreicht.

Das Saddlebred ist ein echtes Produkt der Südstaatenfarmer des 19. Jahrhunderts. Seine Heimat ist eigentlich Kentucky, und die Rasse hieß früher auch Kentucky Saddler. Der Farmer benötigte ein komfortables, umgängliches Pferd, auf dem er seine Plantagen abreiten konnte. Diese Inspektionsritte dauerten oft von der Morgendämmerung bis zur Abenddämmerung, so daß Ausdauer des Pferdes ebensoviel wert war wie komfortabler Sitz und weiche Gänge. Außerdem sollte es natürlich elegant sein!

Um diesen Anforderungen zu genügen, kreuzten die Züchter kanadische und Narragansett-Pacers (Paßgänger) mit Morgan-Pferden, Vollblütern und Arabern. *Messenger xx* war nicht nur in der Entwicklung des American Standardbred ein sehr wichtiges Pferd, sondern auch in der Zucht des Saddlebred.

Der kanadische Paßgänger *Tom Hall* war einer der großen Vererberhengste; als offizieller Begründer der Rasse wird allerdings der Hengst *Denmark xx* angesehen.

Größe: zwischen 152 und 163 cm.
Farbe: schwarz, dunkelbraun; Füchse, gelegentlich Grauschimmel. Häufig weiße Abzeichen am Kopf und an den Beinen.
Kopf: klein, gut aufgesetzt, hoch getragen. Gerades Profil, weite Nüstern; große, weitgeöffnete Augen. Kleine Ohren, dicht beieinander.
Hals: lang, beweglich, mit schönem Mähnenkamm.
Schulter: sehr lang, bemuskelt, schräg. Hoher Widerrist mit gutem Übergang in den Rücken.
Gebäude: mittelbreit mit tiefer Brust und langen, ausgeprägten Rippen. Kurzer, gerader Rücken. Tiefe, weite Flankenpartie. Runde Hüften. Hoch aufgesetzter, stolz getragener Schweif.
Gliedmaßen: Vorderbeine lang, gut bemuskelt mit breiten Knien. Kurze, breite Röhren mit ausgeprägten Sehnen. Sehr lange Fesseln, Biegung von 45°. Hinterhand: kräftig und gut bemuskelt.
Aktion: Das three-gaited Saddlebred beherrscht den Schritt in einem sehr klaren Viertaktrhythmus, den Trab mit ausgeprägter Knieaktion und den Galopp, der sehr langsam und in höchster Versammlung gezeigt wird. Das five-gaited Saddlebred zeigt außerdem den stark versammelten ›Slow-gait‹, einen schnellen Schritt, und vor allem den ›Rack‹, eine sehr schnelle Variante des Slow-gaits. (Bei anderen Pferden als Tölt bekannt.)

Linke Seite: Große Augen, nah beieinanderstehende kleine Ohren und ein sensibles Maul – Kennzeichen des Saddlebred.

Oben: Die Farmer früherer Zeiten brauchten ein elegantes und gutgängiges Pferd zur Inspektion ihrer Güter.

Links: Saddlebred im Trab.

Amerikanisches Standardbred

Unten: Das Standardbred muß auf der Rennbahn eine Meile (1609 m) in 2.20 Minuten laufen.

Rechts: Das spezielle Geschirr der Paßgänger hält sie davon ab, in Trab zu fallen.

Die Rasse des American Standardbred wird ausschließlich für Trabrennen gezüchtet; die Zucht ist seit noch nicht 100 Jahren anerkannt. Wie die Englischen Vollblutpferde für Galopprennen gezüchtet werden und ihre Galoppeigenschaften weitervererben, so wird das Standardbred als Traber und/oder Pacer (Paßgänger) gezüchtet, wobei jedes Pferd die ihm eigene Gangart weitervererbt. Diese Rasse ist robuster als Vollblüter und sehr ausdauernd.
Trotz der angeborenen Tendenz, zu traben oder im Paß zu gehen, kann die enorm hohe Geschwindigkeit – bis zu 48 Stundenkilometer – nur durch hartes Training erreicht werden. Die Versuchung, bei dieser Geschwindigkeit in den Galopp zu fallen, ist auch bei den Standardbreds groß. Die Pferde bekommen einen Spezialhufbeschlag, wobei das Eisen am Zeh besonders schwer ist. Dadurch soll das Pferd veranlaßt werden, große, weit ausholende Schritte zu machen. Paßgänger werden in ein Geschirr eingespannt, das ihnen keine andere Gangart erlaubt als eben Paß. Paßgänger sind im allgemeinen etwas schneller als Traber. Bevor sie zu Rennen zugelassen werden, müssen sie eine Meile (1609 m) in einer Höchstzeit von 2.20 Minuten laufen. Diese Zahl ist ein »Standard«, daher hat das Pferd seinen Namen. Heutzutage bewältigen die Pferde diese Distanz in bedeutend kürzerer Zeit; das schnellste Pferd brauchte nur 1.52 Minuten.

Das Standardbred hat eine sehr interessante Geschichte. Der Begründer dieser Rasse war der Hengst *Messenger xx,* in dessen Pedigree alle drei Gründerhengste des Englischen Vollbluts zu finden sind, wobei *Darley Arabian* und *Godolphin Arabian* wohl die größte Rolle spielten. *Messenger* geht zurück auf *Darley Arabian* aus *Flying Childers* und kam im Jahr 1788 aus England nach Amerika. Er war mehr als zwanzig Jahre im Gestüt tätig, und obwohl er selbst nie an einem der damals schon in Amerika sehr beliebten Trabrennen (unter dem Reiter oder vor dem Sulky) teilgenommen hatte, war er der Vater vieler berühmter Traber.
Einer seiner Nachkommen, *Hambleton,* ein großer, starker Hengst aus einer Mutter, in der das Blut verschiedener Norfolk Trotters und das des *Messenger* floß, wurde 1849 geboren. Er und seine Nachkommen wiederum waren so hervorragende Traber, daß fast alle anderen Linien ausstarben und alle heute lebenden Traber auf *Hambleton* zurückzuführen sind.
Nur zwei andere Zuchten haben die des Standardbred beeinflußt, nämlich die Morgan Horses und die Clays (eine aus den Berbern hervorgegangene Rasse).
Die Standardbreds selbst hatten großen Einfluß auf Trabrennen mit dem Sulky in Rußland, Australien, Neuseeland, Italien, Holland, Norwegen, Schweden, der Bundesrepublik Deutschland, Dänemark und Ungarn.

Größe: zwischen 152 und 165 cm.
Farbe: alle Farben zugelassen, meistens braun, schwarz oder fuchsfarben.
Allgemeines: Das Standardbred ist die robustere, stämmigere, kurzbeinige Variante des Vollbluts.
Kopf: ziemlich edel und gut ausgeprägt, intelligent. Kleine Ohren, freundlich blickende Augen.
Hals: kräftig, aber elegant.
Schulter: gut abgeschrägt und bemuskelt.
Gebäude: viel Gurtentiefe. Manchmal sehr langer Rükken. Hohe Kruppe, kräftige Hinterhand.
Gliedmaßen: sehr kräftig, kurz, ›viel Bein‹.
Aktion: Standardbreds können nicht nur im Trab gehen, sondern auch im Paßgang, wobei Vorder- und Hinterbeine jeweils einer Seite gleichzeitig auffußen. Dabei entsteht eine charakteristische schaukelnde Bewegung.

Andalusier

Die Qualitäten dieses Pferdes und seine große Präsenz in attraktiven Züchtungen lassen sich kaum in diesem Kapitel beschreiben. Das Pferd stammt aus Spanien, wo man vermutlich bodenständige Stuten mit Berberhengsten kreuzte, die die maurischen Eroberer mitgeführt hatten. Es wurde zum populärsten Reitpferd Europas. Seine gute Aktion und die geschmeidigen Gänge prädestinieren das Pferd für die Hohe Schule. Die fliegende Mähne und der stolz getragene Schweif, die meist weiße Fellfarbe und das elegante Aussehen machten das Pferd zum Lieblingspferd europäischer Monarchen.
Seit dem 15. Jahrhundert wurde die Zucht von Kartäusermönchen betrieben, und die Geschichte, wie diese um die Reinheit der Rasse kämpften und ihr Überleben sicherten, ist sehr spannend. So besaßen sie einmal drei große Herden aus reinem orientalischen Blut, und ihr Bestreben, diese Blutlinien zu erhalten, war so groß, daß sie sich sogar einem Königlichen Erlaß widersetzten, der eine Einführung fremden, mitteleuropäischen Blutes in die spanischen Gestüte erlaubte. Später brachten sie es fertig, genügend Pferde vor Napoleons Truppen zu verstecken, damit die Zucht überleben konnte.
Angeblich wurde nie arabisches oder anderes fremdes Blut miteingekreuzt, und soweit es die Araber betrifft, mag man es glauben, da die Andalusier einen geraden Kopf haben und nicht den typisch konkav ausgebildeten des arabischen Pferdes.
Heute gibt es leider nicht mehr sehr viele Andalusier, und die meisten von ihnen leben in Spanien. Aber ihre frühere Beliebtheit in Europa hat sichergestellt, daß ihr Einfluß auf andere Pferde dieser Welt fast genauso groß war wie der des arabischen Vollbluts.
Sie wurden in folgende Rassen eingekreuzt: Holsteiner, Württemberger, Nonius, Hannoveraner, Kladruber, Alter-Réal, Lusitano, und vermutlich ist ihr Blut auch im Connemarapony zu finden. Eine große Rolle spielten sie in der Entwicklung der Lipizzaner-Zucht, die im Jahr 1580 mit spanischen Stuten und Hengsten, die von Triest aus nach Lipizza gebracht wurden, gegründet wurde.

Rechts: Der gerade (und nicht-konkave) Kopf des Andalusiers bestätigt die Meinung, daß kein arabisches Blut in der Entwicklung dieser Rasse zur Verwendung kam.

Unten links: Die auffallend schönen Gangarten bieten sich für Arbeiten der Hohen Schule an. Wird Englisches Vollblut miteingekreuzt, erhält man ein vielseitiges Sportpferd.

Unten rechts: Die Wendigkeit des Andalusiers machen sich die Spanier bei ihrem Nationalsport, dem Stierkampf, zunutze.

Die Wendigkeit und hervorragenden Gangarten machten das Pferd in Spanien zum Mitkämpfer der Rejoneadores beim Stierkampf. Wird der Andalusier mit Englischem Vollblut aufgefrischt, gewinnt er an Schnelligkeit und wird dann zum idealen Partner auf den Zuchtbullenfarmen, wo die Bullen auf den Stierkampf vorbereitet werden.
Wenn auch die Anzahl echter Andalusier selbst in Spanien nicht mehr sehr hoch ist, so gewinnt die Rasse neuerdings wieder mehr an Boden. Auch in der Bundesrepublik Deutschland gibt es seit kurzem Gestüte, die sich sehr schnell einen Namen gemacht haben. Besondere Popularität gewinnen sie seit einiger Zeit in Australien.

Größe: zwischen 152 und 155 cm.
Farbe: überwiegend weiß oder kastanienbraun, selten Rappe oder Rotschimmel.
Kopf: hübsch, mit geradem Profil, breiter Stirn und großen, freundlich blickenden Augen.
Hals: ziemlich lang und tief; elegant. Ausgeprägter Mähnenkamm bei Hengsten.
Schulter: lang, schräg, mit klarem Widerrist.
Gebäude: kurzes, kräftiges Quadratpferd mit breiter Brust.
Hinterhand: sehr breit, kräftig und rund. Der Schweif ziemlich tief angesetzt.
Gliedmaßen: nicht sehr lang, trocken, elegant und kräftig.
Aktion: rhythmischer Schritt, Aktionstrab, ruhiger, glatter Galopp. Show-Pferd-Gänge.

Appaloosa

Das Auffallendste an den Appaloosa-Pferden ist natürlich ihr geschecktes Fell, aber nicht jedes gefleckte oder gescheckte Pferd ist ein echtes, d.h. registriertes Appalosa. Außer diesem Fell *müssen* Appaloosas weitere Äußerlichkeiten aufweisen: helle, marmorierte Haut, die deutlich an Nüstern, Lippen und Genitalien zu erkennen sein muß, sowie viel »Weiß« in den Augen. Weiterhin *können* auftreten: senkrecht gestreifte Hufe, sehr feines, seidiges Fell, Mähne und Schweif ebenso, wobei das Langhaar oft geradezu spärlich ausfällt.
Es existieren fünf verschiedene Zuchten, die sich nach der Fellfärbung orientieren: 1) Tigerscheck (Leopard spotted) – helle oder weiße Fellfarbe mit Flecken aller möglichen Farben auf dem ganzen Körper (Es können sogar Flecken verschiedener Farben – etwa braun und fuchsfarben – an einem Pferd auftreten). 2) Schabrackenscheck (Blanket-spotted) – weißer Körper (meist nur der Rücken), auf dem verschiedenfarbige Flecken zu sehen sind. 3) Schneeflockenscheck (Snowflake) – weiße Flecken auf anderer Fellfarbe, nicht auf Grau. 4) Marmorscheck (Marble) – am ganzen Körper gesprenkelt. 5) Frostscheck (Frost) – weiße Flecken auf dunklem Fell. Manche Fohlen werden einfarbig geboren, aber bereits mit der gesprenkelten Haut an den obenbeschriebenen Stellen sowie dem »Weiß« im Auge. Sie entwickeln eine der fünf Scheckungen erst später. Andere wiederum werden schon mit Flecken geboren, die sich aber in den nächsten ein oder zwei Jahren ändern können. Appaloosas werden heute in verschiedenen Ländern gezüchtet, sind aber nach wie vor in Amerika am bekanntesten.
Aber auch in Australien wird das Appaloosa immer beliebter, ebenso wie der Western-Reitstil. Wie in Amerika hat auch in den australischen Zuchten das Pferd sehr viel vom Quarter Horse. 1976 wurde auch eine Britische Appaloosa-Gesellschaft gegründet. Hier steht das Pferd interessanterweise jedoch mehr im Hunter-Typ. Diese Rasse ist bis heute recht erfolgreich in Dressur, Military, Springreiten, Jagdreiten, aber auch in Distanzreiten. Obwohl man in England allgemein etwas gegen »bunte« Pferde hat, scheinen sich die »Appies« mit ihrem gutmütigen Temperament durchzusetzen. – Auch in der Bundesrepublik ist das Appaloosa kein unbekanntes Pferd mehr und wird – ähnlich dem Quarter Horse – für die verschiedenen Ansprüche deutscher Reiter geschätzt.
Das Pferd wird zwar immer mit Amerika identifiziert, doch gibt es Anzeichen für seine Existenz schon lange vor der Entdeckung Amerikas. Europäi-

Größe: zwischen 145 und 155 cm.
Kopf: klein, gut aufgesetzt. Breite Stirn. Nüstern und Lippen mit den typischen Hautflecken. Spitze, mittelgroße Ohren. Das »Weiße« im Auge muß sichtbar sein.
Hals: hochaufgesetzt, mit guter Ganaschenfreiheit. Mähne (und Schweif) oft nur spärlich behaart.
Schultern: lang, schräg, gut bemuskelt. Ausgeprägter, wohlgeformter Widerrist.
Gebäude: tiefe, aber nicht zu breite Brust. Kurzer, gerader Rücken (Quadratpferd). Kurze, breite Lenden. Sanft abfallende, lange, bemuskelte Hüften und die wohlgerundete Hinterhand des Quarter Horses.
Gliedmaßen: Vorderbeine gut bemuskelt, lang, mit breiten Knien. Kurze Röhren mit breiten, weichen, aber kräftigen Fesselgelenken. Halbschräge Fesselung. Hufe rund, offen und breit an den Fersen. Die Hufwand zeigt oft vertikale Schwarz/Weiß-Streifen. Kräftige Oberschenkel. Lange, breite, bemuskelte Unterschenkel mit klaren, geraden Gelenken.

Oben: Der Schabrackenscheck zeigt die charakteristische weiße Kruppe mit den unregelmäßigen Flekken. Die im Westernstil in Amerika und Australien gerittenen Appaloosas stehen im Quarter Horse-Typ.

Oben rechts: Die europäischen Appaloosas stehen mehr im Hunter-Typ.

Oben: Die charakteristischen Hufstreifen können auftreten, sind aber nicht Bedingung zur Zucht.

Links: Die amerikanischen Appaloosas sind besonders beliebt und stellen heute zahlenmäßig die drittgrößte Pferderasse der Welt dar.

sche Höhlenzeichnungen, die etwa 20.000 Jahre alt sind, zeigen Pferde mit den typischen Appaloosa-Zeichen, und auch in der orientalischen Kunst sind gefleckte Pferde zu sehen – Jahrhunderte vor Christi Geburt.
Nach Amerika kamen sie vermutlich durch die in Mexiko einfallenden Spanier. Sie werden mit den Nez Percé-Indianern in Zusammenhang gebracht, die sich die Pferde von den Konquistadoren »ausliehen«. Sie zogen in ihren Heimatgefilden sehr strenge Zuchtstätten auf. Das war in Oregon am Palouse River; so hieß das Pferd erst »of Palouse«, dann »Apalouse« und jetzt »Appaloosa«.
Im Verlauf der Kriege gegen die Indianer nahm die US-Armee im Jahr 1877 eine Gruppe Nez Percé-Indianer gefangen, die an die kanadische Grenze flohen, und schlachtete die meisten Tiere dieser sorgfältig betriebenen Zucht. Doch einige Pferde überlebten, und mit ihnen wurde zu Beginn dieses Jahrhunderts die moderne Zucht angefangen. Die endgültige Rettung dieser Pferde war die Gründung des Appaloosa Horse Club im Jahr 1938. Von da an ging es mit dem Pferd nur noch aufwärts, und es bildet heute die drittgrößte Zucht der Welt.

Araber
(oder Arabisches Vollblut)

Der Araber hat eine unanfechtbare Position in der Welt der Rassepferde inne. Seine Zucht ist nicht nur als die älteste überhaupt anerkannt, er ist auch widerspruchslos das schönste Pferd, das sich rein anatomisch von anderen Pferden unterscheidet und eine riesengroße Rolle bei vielen Zuchten auf der ganzen Welt spielt.
Der eigentliche Ursprung der Araber ist zwar nicht bekannt, doch ist als Heimatland die Arabische Halbinsel offiziell anerkannt, wo das Pferd schon 5000 Jahre vor Christi Geburt gezüchtet wurde. Es besteht kein Zweifel, daß die von ihren Pferden begeisterten arabischen Stammesväter es nicht erlaubt haben, daß fremdes Blut in ihre Pferdezucht Einzug hielt. Schon Jahrhunderte vor anderen Zuchten ist die des Arabers entstanden. Das Heimatland erforderte und forderte vom Pferd Gesundheit, Ausdauer, Stärke, Schnelligkeit und Mut. Diese Eigenschaften wurden von Generation zu Generation weitervererbt.
Auch der Laie weiß wohl, daß das Arabische Vollblut das Englische Vollblut begründet hat, und zwar durch die Vererberhengste *Darley* und *Godolphin Arabian* und *Byerley Turk* im 17. und 18. Jahrhundert. Arabische Pferde waren allerdings mit Sicherheit schon vorher auf dem europäischen Festland bekannt, da sie schon im 7. Jahrhundert von den Mauren über Nordafrika auf die Iberische Halbinsel gebracht wurden. In den folgenden Jahrhunderten verbreitete sich die Zucht über den ganzen Kontinent und spielte eine große Rolle in der Entwicklung fast aller heutigen europäischen Pferderassen, angefangen beim Russischen Donpferd über den österreichischen Haflinger und den Lipizzaner, und sogar das schwere Kaltblutpferd Percheron hat arabisches Blut in sich. Fast alle bodenständigen englischen Ponys sind ebenfalls von den Arabern beeinflußt. Die Spanier brachten die Araber nach Amerika, wo sie auch die dortigen Pferderassen beeinflußten, wie etwa das Morgan-Pferd. Die Arabischen Pferde haben die hervorragende Vererbereigenschaft, alle ihre guten Qualitäten weiterzugeben.
Reingezogene Araber gibt es heute in vielen Gestüten der ganzen Welt, vor allem in Europa (Polen, England, Ungarn, Bundesrepublik Deutschland, Spanien, Frankreich, UdSSR), aber auch in Amerika und Australien. Dadurch sind unterschiedliche Typen entstanden. Der »Wüsten«-Araber oder Ägyptische Araber hat heute noch den berühmten charakteristischen feinen Kopf mit der konkaven Nasenlinie, die trockenen Beine und vor allem die Ausdauer. Andererseits hat er etwas zu kurze Beine und einen zu kurzen Hals.

Größe: höchstens 160 cm; Durchschnittsgröße bei 147 cm.
Farben: Braune, Füchse, Rappen, Schimmel.
Kopf: sehr kurz und edel mit konkaver Nasenlinie. Kleines Maul mit besonders sanfter Haut und großen Nüstern. Sehr große Augen, die etwas tiefer im Kopf liegen als bei anderen Pferderassen. Kleine, edle, bewegliche, nach innen geschweifte Ohren. Die konkave Nasenlinie des Arabers ist berühmt, doch ist sie nicht mehr bei allen Individuen vorhanden.
Hals: normal lang, gut aufgesetzt, führt in eleganter Kurve zum Kopf ebenso wie in den Brustkorb. Dadurch sehr freie Bewegung des Kopfes möglich. Mähne und Schopf von feinem, seidigem Haar.
Schultern: schräg, aber nicht so wie beim Englischen Vollblut. Ausgeprägter, aber nicht zu starker Widerrist.
Rücken: kurz und leicht konkav. Kräftige Lenden, lange Kruppe. Wirbelsäule und Rippen sind anders als bei allen anderen Pferden: der Araber hat 17 Rippenpaare, fünf Lendenwirbel und 16 Schweifwirbel. Im Vergleich dazu die anderen Pferde: 18 Rippenpaare bzw. Rippenwirbel, sechs Lendenwirbel, 18 Schweifwirbel.
Gebäude: tiefe Brust und große Gurtentiefe.
Hinterhand: edel mit hoch aufgesetztem, seidigem Schweif.
Gliedmaßen: klar, hart und trocken mit gut ausgeprägten Sehnen. Die reinen Maße der Röhrbeine spielen beim Araber keine sehr wichtige Rolle, da sie in jedem Fall kräftiger und belastungsfähiger sind als in anderen Rassen. Auch die Hinterbeine kräftig und wohlgeformt.
Aktion: schöner, freier Schritt mit viel Bewegung aus der Schulter. Vor allem im Trab kommt die schwebende Vorwärtsbewegung gut zur Geltung, wobei der hochgetragene Schweif und die flatternde Mähne die Einmaligkeit dieses Pferdes betonen.

Die spanischen Araber dagegen haben einen fast geraden Kopf und gerade Schultern; die polnischen (berühmt das Gestüt Janow Podlaski) sehen als Jungtiere etwas einfach aus, entwickeln aber später sehr gute Schultern, Gliedmaßen und eine kräftige Hinterhand.

Das berühmteste Gestüt in Großbritannien ist im Crabbet Park; Gestütsgründer sind Wilfred und Lady Anne Blunt. Sie haben einen ganz charakteristischen Crabbet-Typ entwickelt, der mehr Substanz hat als alle anderen Araber und der auch die Grundlage für die Zucht in Amerika und Australien wurde.

In der Bundesrepublik Deutschland gibt es das berühmte Gestüt in Marbach, ausgerechnet in einer der unwirtlichsten Gegenden Deutschlands, auf der Schwäbischen Alb. Den Pferden scheint dies aber nichts auszumachen, obwohl sie aus ihrer Heimat nicht die in Deutschland typische Regen- und Schneenässe kennen. Kälte allein macht ihnen jedoch nichts aus, da es nachts auch in der Wüste häufig sehr kalt ist.

Trotz ihres großen Einflusses auf viele Zuchten dieser Welt ist der Araber kein ausgesprochenes Sportpferd. Den heutigen Ansprüchen im Springreiten und bei Militarys können reingezogene Araber kaum entsprechen. Allerdings sind sie durch ihre harte Ausdauer (Stamina) wieder *die* Pferde par excellence für lange Distanzritte. Werden die Araber mit Englischen Vollblütern gekreuzt – das ergibt den Anglo-Araber –, so vereinigen sich alle guten Qualitäten dieser berühmten Zuchten.

So haben also reine Araber ihre Grenzen, was ihre athletischen Fähigkeiten betrifft; ein wunderschönes Reitpferd bleibt es allemal und sogar für den Durchschnittsreiter geeignet. Dies nicht zuletzt durch sein schönes Aussehen, sein gutmütiges Temperament und seine Anhänglichkeit an den Menschen. Dieses Pferd wird noch lange nicht untergehen!

Links: Kopf eines Arabers – ohne Zweifel das schönste Pferdekopfprofil mit dem konkaven Nasenrücken, der sich von den tiefangesetzten, großen Augen bis zum Maul zieht, das gerade so groß ist, daß es bequem in einer Menschenhand Platz hat.

Oben: In der Bewegung zeigt der Araber rhythmische Grazie und Schnelligkeit.

Nächste Seiten: Araberpferde bei dem Reiterspiel »Fantasia«, geritten von Marokkanern in ihrer heimatlichen Tracht.

Cleveland Bay

Eigenartigerweise sieht man in Cleveland Bays selten Reitpferde, vermutlich weil sie immer nur an der Hand (oder vor der Kutsche), aber nie unter dem Sattel gezeigt werden. Dabei ergeben sie hervorragende Reitpferde, wenn sie mit anderen Rassen, vornehmlich Vollblütern, gekreuzt werden. Man kann sogar so weit gehen zu sagen, daß es kein gutes Reit- und Wagenpferd auf der Welt gibt, in dem nicht auch Cleveland Bay-Blut fließt. Andererseits wurde der Cleveland Bay schon vor langer Zeit mit Alter-Réal-Blut gemischt und hat wohl von diesem portugiesischen Pferd seine Wendigkeit.

Diese Pferde sind berühmt dafür, daß sie alle ihre guten Eigenschaften auf andere Rassen, mit denen sie gekreuzt werden, weitervererben. Das betrifft nicht nur das harte Gebäude und die gute Aktion, sondern auch Farbe, Härte und Ausdauer. Die reingezogenen Cleveland Bays ergeben gute Springpferde, die diese Qualitäten an ihre Nachkommen weitergeben. Es entstehen aber auch gute Militarypferde und Jagdpferde, besonders wenn sie mit Vollblütern aufgefrischt werden. Aus diesen Gründen werden sie immer mehr exportiert, vor allem in die Vereinigten Staaten von Amerika, nach Kanada, Australien und Südafrika.

Der reingezogene Cleveland ist ein sehr sensibles Pferd mit viel Charakter, das bei schlechter Behandlung sehr leiden kann. Insgesamt gesehen ist es aber sehr brav, tapfer und ehrlich.

Die Clevelands gehören mit zu den ältesten britischen Pferderassen; sie waren schon im Mittelalter im Cleveland District in der Nähe von Yorkshire bekannt, woher sie ihren Namen haben. Sie wurden zuerst als Pack- und Zugpferde gezüchtet sowie für die Arbeit in der Landwirtschaft.

Zur Zeit von Königin Elizabeth I. wurde es modern, mit der Kutsche zu reisen, und aufgrund ihrer guten Gänge und ihrer hervorragenden Eigenschaften vor dem Wagen waren die Clevelands sehr gefragt. Diese Beliebtheit hat sich bis heute erhalten, und bei Fahrwettkämpfen ist so manche Kutsche mit Clevelands bespannt.

Die Zucht erlitt nur einen Einbruch, als die Landwirtschaft immer stärker automatisiert wurde und das Auto die Kutsche verdrängte. So gab es im Jahr 1962 nur noch vier Zuchthengste in Großbritannien. Doch kurz danach begann eine fast schon dramatisch zu nennende Rettungsaktion. Königin Elizabeth II. kaufte den Hengst *Mulgrave Supreme*, mit dem die Zucht einen neuen Anfang nahm. Der Hengst ging unter dem Sattel wie vor der Kutsche bis kurz vor seinem Tod.

Rechts: Typischer Kopf eines Cleveland Bay.

Unten: Gekreuzt mit Vollblütern ergeben Cleveland Bays hervorragende All-round-Sportpferde.

Größe: zwischen 163 und 170 cm, spielt bei der Qualifikation aber keine Rolle.
Farbe: Cleveland Bays müssen braun sein mit schwarzen Points. Schimmelhaare in Mähne und Schweif disqualifizieren die Pferde nicht; in einigen Zuchten waren sie für lange Zeit sogar Pflicht. Weiße Abzeichen dürfen nur in Form eines kleinen Sterns auftreten. Sind die Beine unterhalb der Sprunggelenke nicht schwarz, sondern braun oder fuchsfarben, so ist dies zwar ein Fehler, bedeutet aber bei der Beurteilung keine Disqualifikation.
Kopf: hübsch, nicht zu klein, gut aufgesetzt. Große Augen mit viel Ausdruck. Große, aber edle Ohren.
Hals: lang, gebogen.
Schultern: schräg, tief, kräftig bemuskelt.
Gebäude: breit und tief. Rücken nicht zu lang, mit gut bemuskelter Lendengegend.
Hinterhand: gerade, kräftig, lang, oval. Gut aufgesetzter Schweif.
Gliedmaßen: Vorderbeine: Ober- und Unterschenkel gut bemuskelt. Knie und Gelenke breit und geschlossen. Die Röhre unterhalb des Knies sollte mindestens 23 cm Durchmesser haben. Fesselgelenke kräftig, schräg und nicht zu lang. Die Beine dürfen keinen Kötenbehang zeigen und sollten so trokken wie möglich sein.
Hufe: am wichtigsten in der Rasse. Sie müssen kräftig und dunkel sein. Zu enge oder zu weite Zehenstellung ist unerwünscht.
Aktion: gerade und offen. Hohe Aktion ist nicht charakteristisch und auch nicht erwünscht. Die Bewegung muß frei aus der Schulter kommen bei guter Beugung der Knie und Sprunggelenke. Bewegung und Aktion des Pferdes zeigen genau seinen Gesundheitszustand an.

Cob

Der Cob ist ein Pferde*typ,* keine *Rasse.* Sie leben zwar in vielen Ländern, doch werden diese Pferde als typisch englisch angesehen, und in der Tat sind die verschiedenen Cob-Klassen eine britische Institution.
Es gibt keine generellen Regeln, einen Cob zu züchten; er ist wohl eher das Resultat einer Kreuzung zwischen einem schwergewichtigen Hunter (eventuell sogar einem mit Kaltblut in den Adern) und dem Irish Draught Horse sowie etwas Vollblut.
Cobs sind zähe, kompakte Pferde, manchmal werden sie beschrieben als »schwergewichtige Hunter mit etwas kurzen Beinen«. Sie sind die idealen Pferde für etwas ältere, nicht mehr sehr durchtrainierte Reiter. Das bedeutet aber nicht, daß sie »lahme Gäule« sind. Sie sind zwar ruhig und kaum von etwas zu beeindrucken, aber doch gehfreudig, aktiv und vor allem sehr willig und geben ihren Reitern ein sicheres Gefühl. Sie können auch durchaus an Jagdritten oder Wettkämpfen teilnehmen, allerdings nicht gerade auf dem höchsten Niveau; dem setzt ihr Äußeres schon gewisse Grenzen.
Ihre kräftige Hinterhand macht sie zu guten Springpferden, und ihr guter Charakter läßt sie alle geforderten Aufgaben willig und zur Zufriedenheit des Reiters erfüllen. Das Kaltblut in ihren Adern erlaubt es, die Pferde besser draußen zu halten als die höher gezüchteten Warm- oder gar Vollblüter.
Cobs werden üblicherweise mit geschorener Mähne, aber vollem, langem Schweif gezeigt; früher wurde ihnen der Schweif bis zur Schweifrübe gestutzt, doch ist dies heute verboten.
Cobs dieser Art dürfen nicht verwechselt werden mit Welsh Cobs (siehe später), die eine eigenständige Rasse sind. Andererseits kann Welsh Cob-Blut auch in den Adern von Cob-Pferden fließen.

Größe: zwischen 153 und 163 cm. Große Unterschiede.
Farbe: jede möglich.
Kopf: klein, relativ edel. Grobe Züge unerwünscht.
Hals: stark, gebogen, elegant.
Schultern: schräg, stark, bemuskelt.
Gebäude: kurzer, kräftiger Rücken, große Gurtentiefe.
Hinterhand: mächtig, rund, mit hoch aufgesetztem Schweif.
Gliedmaßen: sehr kurze Röhren. Zähe, widerstandsfähige, aber nicht grobe Beine.
Aktion: gute, flache Aktion, die aus der Schulter kommt, und nicht aus den Knien. Guter Galopp.

Rechts: Der Cob gibt seinem Reiter ein komfortables Reitgefühl und viel Freude beim Jagdritt oder einem anderen Pferdesport-Ereignis.

Connemarapony

Irlands einzige bodenständige Ponyrasse – das Connemarapony – ist gleichzeitig das schönste Berg- und Moorgebietspony. Es wird von der English Connemara Pony Society als »einzigartig in der Welt« beschrieben, ein Pony, das »die Zähigkeit und Kraft des Bergponys in sich vereint mit der Schnelligkeit, Lebendigkeit und Schönheit eines Arabers«.
Ihre Heimat ist das Gebiet Connaught in Irland, das im Süden von der Galway-Bucht begrenzt wird und im Westen vom Atlantik. In dieser wilden, aber schönen Landschaft, in der es Moorgebiete gibt und steinige Gegenden, entwickelte sich das Pony in einem harten Klima, das nur durch den Golfstrom etwas gemildert wird. Dieser Golfstrom läßt Gras, Kräuter, Riedgras und anderes, was Pferde gern fressen, früher im Jahr wachsen als in anderen Gegenden. Außerdem ist das Land reich an Phosphaten, die die Kräuter anreichern, wovon wiederum Knochen und Muskeln der Ponys profitieren. Für die Pferde, die näher an der Küste leben, sind Jod und andere Mineralien im Riedgras enthalten, das die Pferde mit Wonne fressen.

Die Behendigkeit sowie die Zähigkeit der Rasse resultieren aus ihrer Heimat. Die Pferde, die auf felsigen Abhängen oder in schlammigen Tälern aufwachsen, entwickeln von Geburt an eine Trittsicherheit, die dem Reiter zugutekommt, wenn er mit den Pferden durch unwegsames Gelände reitet. Das heutige Connemarapony ist für den erwachsenen Reiter ebenso geeignet wie für Kinder. Es ist schnell, gut-

Größe zwischen 135 und 147 cm.
Farbe: Schimmel, Rappen, Braune, Isabellen, gelegentlich Füchse oder Stichelhaar. Vorwiegend Schimmel.
Kopf: gut aufgesetzt. Kleine, hübsche Ohren, große Augen.
Schultern: lang und schräg.
Gebäude: tief, kompakt.
Gliedmaßen: kurze, trockene Röhren, Durchmesser 17,5-20 cm; hart und zäh.
Aktion: frei, leicht, gut beweglich.

mütig und von Natur aus ein gutes Springpferd, geht aber auch gut im Geschirr. Das Pferd ist inzwischen über Irland hinaus in vielen Ländern beliebt, voran in Großbritannien und in den Vereinigten Staaten, aber auch auf dem europäischen Festland und in Australien, wo von Queensland im Nordosten des Landes bis in den äußersten Westen Gestüte entstanden sind. Werden Connemaraponys mit Vollblütern gekreuzt, ergeben sich daraus besonders hochstehende, erfolgreiche Sportpferde. Fans von Springturnieren werden sich noch an den kleinen *Dundrum* erinnern, der von dem Vollbluthengst *Little Heaven* und einer Connemara-Stute stammt. Tommy Wade gewann mit ihm viele internationale Turniere, darunter den King George V Gold Cup. *Little Heaven* war auch der Vater eines anderen erfolgreichen Pferdes, *Little Model* (auch aus einer Connemara-Stute), der Großbritannien beim Dressurturnier in Rom während der Olympiade vertrat. Eine andere bekannte Connemara-Kreuzung war *Korbous* (von einem nordafrikanischen Berberhengst), der den zweiten Platz bei der Harewood Military 1957 gewann (Reiterin Penny Moreton).

Die Herkunft des Connemaraponys ist nicht völlig klar, aber es gilt als sicher, daß vor drei- oder vierhundert Jahren Araber-, Berber- und Andalusier-Blutpferde von Kaufleuten über die Iberische Halbinsel nach Irland gebracht wurden. Während des 19. Jahrhunderts brachten Farmer in Connemara arabische Pferde ins Land und kreuzten diese mit ihren bodenständigen Ponys. Der arabische Einfluß ist heute noch unübersehbar.

Ende des 19. Jahrhunderts wurden Welsh-Hengste eingeführt, von denen der Cob *Prince Llewellyn* der Vater des Ponys *Dynamite* (aus einer Connemara-Stute) wurde und dieser wiederum der Vater von *Cannon Ball*. Dieses Pferd wurde die Nr. 1 im Irischen Connemara-Gestütsbuch.

Dieses Gestütsbuch gewährleistet nun eine sorgfältige Zuchtauswahl, mit der das Pony seine früheren Qualitäten wiedererlangt.

Vorhergehende Seite: Das Connemarapony vereint in sich die Härte und Widerstandskraft eines Bergponys mit der Lebendigkeit, Schnelligkeit und Schönheit eines Arabers.

Links: Der arabische Einfluß ist unübersehbar.

Unten: Connemaraponys, die unter den harten Bedingungen ihrer Heimat aufwachsen und dort frei leben, lernen es, mit der dort gebotenen, relativ geringen Nahrung auszukommen. Bei ihren langen Wanderungen auf Futtersuche bekommen sie harte Hufe und geländesichere Gänge.

Dalespony

Das Dalespony erhielt seinen Namen aus der Gegend von Nord-Yorkshire, Durham und den Cumbrian Mountains, wo es seit Jahrhunderten gezüchtet wird. Bis Ende des 19. Jahrhunderts wurde es jedoch nicht als eigenständige Rasse angesehen, sondern nur als Nebenprodukt des nahen Verwandten, des Fellponys, das auf der westlichen Seite des Pennine-Gebirges gezüchtet wurde. Danach entwickelte sich das Dalespony unabhängig davon, und es erhielt ein Stockmaß bis zu 145 cm; das Fellpony hingegen blieb bei seiner Größe von nicht mehr als 140 cm.
Dalesponys gehören zu einer weiteren typisch britischen Rasse, die ideale Familienponys ergeben, da sie sehr freundlich und umgänglich sind. Sie sind nicht nur gute Reitponys für Kinder, sondern durch ihren kräftigen Rücken und ihre allgemeine Robustheit auch für erwachsene, nicht zu große Reiter geeignet.
Ihr Gebäude setzt einige Grenzen, was die Schnelligkeit betrifft, doch sind sie gute Springpferde, tragen den Reiter auch durch unwegsames Gelände und geben gute Wagenpferde ab. Besonders beliebt sind sie als Touristen-Trekking-Pferde, wobei sie durch ihr ausgeglichenes Temperament und ihre Trittsicherheit auch Reitanfängern viel Freude bieten können.
Dalesponys lassen sich durch ihre Genügsamkeit sehr einfach halten, und sie können auch im schlimmsten Wetter, das im Norden Englands zuweilen herrscht, draußen auf der Weide bleiben.
Dales- und Fellponys haben eine gemeinsame Geschichte, da die Hengste *Lingcropper* und *Blooming Heather* beide Zuchten beeinflußt haben. Die Züchter der Dalesponys sehen allerdings den Welsh Cob *Comet* als den einflußreichsten Hengst ihrer Zucht an. Im Jahr 1851 wurde ein besonders kräftiges,

Größe: ca. 145 cm.
Farbe: überwiegend Rappen, Braune; wenige Schimmel.
Kopf: klein, hübsch, mit viel Platz zwischen den Augen. Augen groß und sanft. Nicht zu großes Maul, Wangen- und Kehllinie dürfen nicht grob aussehen. Kleine, aufrecht stehende Ohren. Aufmerksamer Ausdruck. Mähne (und Schweif) lang und dicht.
Schultern: tief, schräg, weit hinten liegend.
Gebäude: kurz, mit kräftigem Rücken und mächtiger Lendenpartie. Große Gurtentiefe mit viel Platz für Herz und Lungen.
Hinterhand: gut entwickelt und kompakt.
Gliedmaßen: kräftig, flachknochige Vorderbeine. Kurze, gerade Röhrbeine; breite, kräftige Gelenke. Trocken. Feines, seidiges Haar an den Fesseln.
Hufe: breit, sehr hart, gut geformt, dunkel.
Aktion: gerade und gut, Bewegung kommt aus den Sprunggelenken bzw. Knien.

schweres Fohlen geboren – *Comet*. Er wurde von Wales nach Westmorland gebracht, um dort an Trabrennen teilzunehmen, zeigte dabei hervorragende Leistungen und schaffte einmal eine Meile (16 km) in 33 Minuten, wobei er ein Gewicht von 63,5 kg trug. Seine Nachkommen wurden als die besten Dalesponys angesehen, darunter ein Sohn, *Comet II*, der der Großvater von *Linnel Comet* wurde, einem der hübschesten Ponys des schweren Dales-Typs.
Werden die Dalesponys heute vorwiegend als Reitpferde verwendet, mußten sie früher schwere Arbeit verrichten. Sie wurden als Pack- und Wagenponys verwendet, die Blei und Kohle von den Minen bis zur Küste transportieren mußten. Andererseits waren es auch Bauernpferde, die besonders auf hügeligem Gelände gute Arbeit leisteten. Noch heute wird ein kleiner Teil von ihnen in der Landwirtschaft eingesetzt. Einige Dalesponys wurden auch mit Vollblütern gekreuzt, wodurch Hunter und Cobs von guter Qualität und sensiblem Temperament entstanden.

Vorhergehende Seite: Der typische aufmerksame Ausdruck eines Dalesponys.

Links: Die Dales nutzen ihre kräftigen Beine und holen die Bewegung aus den Sprunggelenken bzw. Knien.

Unten: Das angenehme Temperament und die Trittsicherheit der Dalesponys machen sie zu idealen Begleitern der Schafhirten in den nördlichen Hügeln Großbritanniens.

Englisches Vollblut

Seit dem 17. Jahrhundert werden in Großbritannien Vollblüter als die Rennmaschinen par excellence gezüchtet, die eine Höchstgeschwindigkeit von 64 km pro Stunde erreichen können, auf kurzen Distanzen sogar noch mehr. Der englische Name *Thoroughbred* ist eine wörtliche Übersetzung des arabischen Wortes *Kehilan*, das ›durchgezüchtet‹ oder ›reingezüchtet‹ bedeutet. Damit wird darauf hingewiesen, daß heute noch alle Englischen Vollblüter auf drei arabische Hengste zurückzuführen sind, die im späten 17. und frühen 18. Jahrhundert nach England importiert worden sind. Diese drei – *Byerley Turk*, *Darley Arabian* und *Godolphin Arabian* – wurden mit bodenständigen Stuten oder Stuten anderer Rassen gekreuzt –, und der moderne Vollblüter war geboren. Dabei wird häufig übersehen, daß auch noch andere Hengste – *Leedes Arabian* und *Lister Turk* etwa – zumindest in der Anfangszeit der Zucht eine Rolle spielten. Die Begründerhengste sind aber die drei erstgenannten, und die strengen Gesetze des Englischen Studbook schreiben vor, daß jeder Vollblüter – egal, in welchem Land er heute gezüchtet wird – auf einen der drei Hengste zurückzuführen sein muß. Zur Kennzeichnung tragen die Vollblüter hinter ihrem Namen die Buchstaben xx.

Byerley Turk kam im Jahr 1689 nach Großbritannien. Innerhalb der nächsten fünfzig Jahre waren durch frühe Siedler einige Vollblüter nach Amerika gebracht worden. Der erste Hengst – *Bulle Rock*, ein Sohn von *Darley Arabian* – kam 1730 dort an. In kürzester Zeit hat sich danach die große Renn-Industrie Amerikas entwickelt. Aber Vollblüter wurden auch damals schon in andere Länder exportiert; heute existieren eigene Zuchtstätten in vielen Ländern außerhalb Großbritanniens, etwa Irland, Frankreich, Italien, Bundesrepublik Deutschland, USA.

Die eleganten, langbeinigen Vollblüter sind durch ihre äußere Erscheinung und ihre qualitativen Eigenschaften eigentlich leicht zu erkennen, und trotzdem gibt es auch hier wie bei anderen Rassen Unterschiede, die sich aus den Ansprüchen der Züchter entwickelten. Es gibt Sprinter, die über eine enorm hohe Schnelligkeit über kurze Distanzen verfügen und eine entsprechend kräftige, gut behoste Hinterhand haben – ähnlich den Quarter Horses Amerikas. Dann gibt es die Steher, die im Ganzen länger gebaut sind – mehr Rechteckpferd mit langen Muskeln.

In Europa liegt der Hauptakzent der Zucht bei den Pferden für mittellange und lange Strecken, während in Amerika noch bis vor kurzem vor allem der Sprin-

Größe: zwischen 150 und 173 cm; Durchschnittsgröße bei 163 cm.
Farbe: vor allem Braune in allen Schattierungen und Füchse. Selten Rappen und Schimmel. Weiße Abzeichen erlaubt.
Kopf: sehr edel, mit intelligentem Ausdruck. Große, mutig blickende Augen. Mittellange Ohren.
Hals: elegant, geschwungen.
Schultern: lang und schräg. Gut ausgeprägter Widerrist.
Gebäude: viel Gurtentiefe mit Platz für Herz und Lungen. Kurzer Rücken, ausgeprägter Rippenbogen. Kräftige, stark bemuskelte Hinterhand. Hohe, manchmal überbaute Kruppe mit hoch angesetztem Schweif.
Gliedmaßen: harte, lange Beine mit einem Röhrenumfang von mindestens 20 cm. Weituntergreifende Sprunggelenke.
Aktion: lange, flache, raumgreifende Gänge.

Oben: Der edle, ausgeprägte Kopf eines Englischen Vollblüters.

Links: Es gibt nur wenige Ausnahmen, bei denen Vollblüter in der Dressur erfolgreich sind. Die Pferde brauchen viel Pflege, Ausdauer und Geduld, um in dieser Disziplin gute Leistungen zu zeigen. Trotzdem werden sie bei vielen Reitern – auch Dressurreitern – immer beliebter.

ter gezüchtet wurde. Doch auch dort setzt sich der Steher allmählich durch. Inzwischen spielt auch Australien in der Zucht der Vollblüter eine große Rolle, und einige Mittel- und Langstreckenrennen wurden schon von australischen bzw. neuseeländischen Pferden bestritten. Die australischen Vollblüter sind besonders bekannt für ihre Ausdauer und Härte.

In Deutschland haben einige Privatgestüte einen großen Namen, wie etwa: Erlenhof, Harzburg, Röttgen, Schlenderhan, Waldfried und Zoppenbroich. Das große Ziel ist: Härte. Leider muß gesagt werden, daß gerade die deutsche Vollblüterzucht zur Zeit nicht in großer Blüte steht. Die Pferde werden zu früh geritten und müssen nach zwei oder drei Rennsaisons die Bahn (den Turf) für immer verlassen. Sind sie gute Vererber, werden sie zur Zucht eingesetzt. Viele werden an private Reitställe verkauft, wo sie mit ihrem Temperament den Durchschnittsreiter nicht immer beglücken.

In den Vereinigten Staaten von Amerika geht man neuerdings immer mehr dazu über, Vollblüter auch im Springreiten oder in der Military einzusetzen. Dabei kommt ihnen natürlich deren große Stamina (Ausdauer, Stehvermögen) zugute. Die Pferde sind langbeinig, mit langem Rücken, sehr elegant, besonders in der Hals- und Kopfform, zäh und kräftig. Sie sind meistens auch dressurmäßig sehr gut geschult.

Die Australier bevorzugen eher kleinere Tiere, die vor allem über ein gutes Springvermögen verfügen.

In Großbritannien sind besonders die Vollblüter, die mehr im Huntertyp stehen, im Springen und in der Military erfolgreich, und zwar auf höchstem Niveau. Dagegen sind sie mit wenigen Ausnahmen nicht für die Hohe Schule geeignet – da geht ihr Temperament mit ihnen durch; aber als Jagdpferde sind sie sehr beliebt.

So schön, mutig und vielseitig einsetzbar Vollblüter sind – Durchschnittsreiter sollten die Hände von Pferden lassen, die schon eine Karriere auf der Rennbahn hinter sich haben. Dort eingesetzte Vollblüter sind häufig zu schwierig im Umgang, zu temperamentvoll und oft auch aggressiv und eigensinnig.

Der Umgang wird wesentlich erleichtert, wenn es sich um eine Kreuzung zwischen einem Vollblüter und einem anderen Pferd handelt, beispielsweise Cleveland Bay, Irish Draught oder einer anderen bodenständigen Pony- oder Pferderasse. Die Sprößlinge aus solchen Verbindungen sind meistens härter, zäher und haben vor allem ein ausgeglicheneres Temperament. Dabei bleiben aber die eleganten Gänge und das Springvermögen erhalten. Solche Kreuzungsprodukte sind für den durchschnittlichen Freizeitreiter bedeutend besser geeignet.

Im übrigen haben die Englischen Vollbüter – an zweiter Stelle nach den Arabischen Vollblütern – viele Pferderassen beeinflußt, wie zum Beispiel den Trakehner, den Holsteiner oder das Selle Français. Fast jede Zucht, die im Lauf ihrer Entwicklung eine Auffrischung brauchte, hat Vollblüter verwendet.

Fellpony

Fellponys sind hart wie Eisen und zeigen Pony-Charakteristika, wie sie typisch sind für das Erscheinungsbild aller Berglandponys. Gleichzeitig sind sie durchaus lebhaft und aufmerksam.
Bis Ende des 19 Jahrhunderts wurden auf beiden Seiten der Pennine-Hügelkette in Nordengland Pferde gezüchtet, die nicht voneinander zu unterscheiden waren. Danach entstand aus den Pferden, die östlich der Penninen lebten, eine eigene Zucht, die Dalesponys. Die westlich der Hügelkette, besonders in den Cumbrian Mountains lebenden Pferde, wurden die etwas kleineren, kompakteren Fellponys.
Wie die anderen etwas größeren Berg- und Moorgebietsponys sind auch die Fells hervorragende Allzweck-Ponys für Reiter, die Vielseitigkeit von ihren Pferden fordern, dabei aber keine großen Ambitionen für Turniere haben. Ursprünglich wurde das Fellpony als Zug- und Landwirtschaftspferd gezüchtet, hat heute aber eine zum Reiten gut geeignete schräge Schulter entwickelt. Seine Robustheit und

Oben: Das robuste Erscheinungsbild des Fellponys ist das Resultat der ungastlichen, hügeligen Heimat des Pferdes.

Trittsicherheit auch in steinigem Gelände sowie der angeborene gute Charakter machten es zu einem komfortablen Reitpony für Reiter aller Art.
Fellponys können durchaus einmal einen Zaun überspringen, da sie wendig und mutig sind, aber sie sind nicht für hohe Geschwindigkeiten gebaut.
Von ihrer Herkunft als Zugpferde her haben sie großen Anteil daran gehabt, den Fahrsport wieder aufleben zu lassen. Sie sind hervorragende Kutschpferde und haben schon so manche Hindernisfahrten erfolgreich bestanden. Außerdem werden sie in vielen Gegenden Großbritanniens ständig beliebter als Touristen-Freizeitpferde.
Ihre Abstammung ist recht abenteuerlich. Es ist belegt, daß die Römer, als sie nach Nordengland kamen, dort die bodenständigen Ponys vorfanden und diese für ihre Arbeiten – Bau von Wällen, Mauern, Straßen, Burgen – zu klein fanden. Um ihnen mehr Größe zu geben, glaubt man, daß die Römer friesisches Blut einkreuzten. Das Resultat muß jedenfalls ein ganz ähnliches Pferd gewesen sein, wie es das Fellpony heute ist.
Man sagt, daß einer der großen Hengste, *Lingcropper,* gefangen, gesattelt und aufgezäumt wurde und an einem Scharmützel teilnehmen mußte, in dessen Verlauf sein Reiter fiel. Der Hengst wurde von einem Bauern gekauft und verbrachte den Rest seines Lebens im Gestüt, wo er die Lingcropper-Linie der Ponys begründete.
Die industrielle Revolution und die Automatisierung im Transportwesen schienen der Zucht ein Ende zu bereiten, und zwischen den beiden Weltkriegen gab es nur noch fünf Hengste. Glücklicherweise erhielt die Zucht großzügige Hilfe, unter anderem von König Georg V. und Beatrix Potter, so daß sie sich wieder erholte. Heute ist sie fest etabliert.

Oben: Das robuste Fellpony wurde ursprünglich für die Landwirtschaft gezüchtet, ist heute aber ein gutes Allround-Reitpony.

Größe: zwischen 135 und 140 cm; nicht größer als 140 cm.
Farbe: Rappen, Braune, Schimmel; meistens ohne weiße Abzeichen. Ein kleiner Stern oder etwas Weiß am Fuß ist erlaubt.
Kopf: klein, gut geformt und aufgesetzt. Breite Stirn. Weite Nüstern. Große, ausgeprägte, sanfte und intelligente Augen. Kleine, wohlgeformte Ohren. Kehl- und Wangenlinie edel, niemals grob.
Hals: von guter Länge, kräftig und nicht zu schwer. Nicht zu hoher Mähnenkamm bei Hengsten.
Schultern: das Wichtigste an diesem Pferd. Weit zurückliegend und schräg. Gut ausgeprägter Widerrist. Langes, gut ausgebildetes, bemuskeltes Schulterblatt.
Gebäude: kräftiger Rücken, ebensolches Gesamterscheinungsbild. Bemuskelte Lendengegend. Große Gurtentiefe. Ausgeprägter Rippenbogen von der Schulter bis zu den Flanken.
Hinterhand: viereckig, kräftig, mit gut aufgesetztem Schweif.
Gliedmaßen: gerade Vorderbeine, Muskeln an Ober- und Unterschenkeln. Große, gut ausgebildete Vorderfußwurzelgelenke. Kurze Röhrbeine, Durchmesser kurz unter dem Gelenk mindestens 20 cm. Fesselgelenke schräg, nicht zu lang. Hinterbeine sehr bemuskelt. Sprunggelenke trocken, weder kuhhessige noch faßbeinige Stellung.
Hufe: rund, gut geformt, Größe in guter Proportion zum Pferd.
Aktion: schöner, aufrechter Schritt; ausbalancierter, runder Trab mit guter Knie-Aktion. Sehr bewegliche Sprunggelenke. Weiträumiger, ausdauernder Schritt, wobei die Hinterbeine tief unter den Körper gesetzt werden.

Gelderländer

Größe: zwischen 155 und 163 cm.
Farbe: Füchse, Schimmel, gelegentlich Schecken.
Kopf: Ramskopf, ziemlich lange Ohren.
Hals: lang und kräftig.
Gebäude: kräftige Schultern, breite Brust, breiter, kräftiger Rücken, große Gurtentiefe.
Hinterhand: kräftig.
Gliedmaßen: ziemlich kurz, hart. Harte, feste Hufe.
Aktion: lebhaft und auffallend.

Obwohl die Gelderländerzucht seit dem Ende der sechziger Jahre nicht mehr offiziell existiert, wurde sie hier aufgenommen, da die Pferde als Wagenpferde sehr beliebt sind. Als Reitpferde wurden sie vom Holländischen Warmblut qualitativ überholt.
Die Zucht begann im 19. Jahrhundert in der holländischen Provinz Gelderland, woher sie ihren Namen hat. Eine Vielzahl verschiedener Hengste, unter anderem Norfolk Roadsters und Araber, wurden mit bodenständigen Stuten gekreuzt. Das Resultat waren hervorragende Wagenpferde, die bei vielen europäischen Königsfamilien beliebt waren.
Später kamen Einkreuzungen von Hackneys, Oldenburgern und Friesen dazu, wodurch ein sehr kräftiges, temperamentvolles Pferd entstanden ist. Es hat die exzellent schöne Vorhand, die von den Züchtern des Holländischen Warmbluts so geschätzt wird, und die elegante Aktion von Wagenpferden.
Gelderländer werden zwischen 155 und 163 cm groß, sind meistens Füchse oder Schimmel, seltener treten auch Schecken auf.

Vorhergehende Seite: Der kräftige und temperamentvolle Gelderländer hat Hackney-, Oldenburger und Friesenblut in sich.

Oben: Der Kopf eines typischen Gelderländers.

Oben rechts: Die auffallend hohe Knieaktion des Wagenpferdes.

Rechts: Gelderländer werden offiziell seit den 60er Jahren dieses Jahrhunderts nicht mehr gezüchtet.

Hackney

Größe: zwischen 146 und 155 cm, Pferde mit mehr als 163 cm Widerristhöhe sind aber keine Seltenheit. Hackney-Pony: bis etwa 145 cm.
Farbe: meistens Braune in allen Schattierungen, aber auch Füchse. Das Fell ist fein und seidig.
Kopf: klein, konvex. Kleines Maul. Große Augen und kleine Ohren.
Hals: lang und schön geformt.
Schultern: kräftig mit niedrigem Widerrist.
Gebäude: kompakt mit großer Gurtentiefe. Schweif wird hoch getragen.
Gliedmaßen: kurze Beine und starke, tief untergreifende Gelenke. Gut geformte Hufe.
Aktion: Brillanz und Korrektheit müssen vorhanden sein. Im Stand wie in der Bewegung hat das Pferd ganz eindeutige Charakteristika. Die Aktion kommt frei aus der Schulter heraus, sehr hoch, aber wenig raumgreifend. Die Bewegung der Hinterhand darf der der Vorhand in nichts nachstehen. Im Stand zeigt das Pferd gerade Vorderbeine, die Hinterbeine werden leicht nach hinten gestreckt, so daß es über viel Boden steht. Der Kopf wird sehr hoch gehalten, mit aufmerksam gespitzten Ohren und wachsamen Augen.

Heute ist der Hackney fast ausschließlich ein Wagenpferd, doch in den Anfangszeiten der Zucht im 18. Jahrhundert war er vorwiegend ein Reitpferd. Erst als man begann, bessere Straßen zu bauen, auf denen schnelle Pferde mit leichten Wagen gut vorankamen, wurde er zum Wagenpferd.

Die Hackney-Zucht entwickelte sich im 18. und 19. Jahrhundert im Osten von Yorkshire und in Ost-Anglia. Sie entstand aus zwei verwandten Traberzuchten, dem Yorkshire Hackney und dem Norfolk Roadster. Diese Pferde hatten einen berühmten Vorfahren, *The Original Shales*, von *Blaze*, der wiederum ein Sohn von *Flying Childers* war, welcher direkt auf *Darley Arabian* zurückgeht. Die Muttertiere von *Original Shales* wurden als Hackneys bezeichnet. Heute noch werden die beiden Pferdetypen in den beiden genannten Gegenden in unterschiedlichen Versionen gezüchtet. Die Norfolk-Version ist Cob-ähnlicher, der Yorkshire-Typ hat mehr Klasse. Erst vor kurzem wurde damit begonnen, die beiden Typen zu mischen, wobei sich die jeweils besten Merkmale so vererbten, daß ein modernes, elegantes Pferd entstanden ist.

Die auffallende Trabaktion ist teilweise angeboren, teilweise wird sie trainiert, unter anderem durch schweren Hufbeschlag. Wird die Aktion zu früh verlangt, kann sie sich beim erwachsenen Pferd wieder verlieren.

Der moderne Hackney ist ein bekannter und beliebter Teilnehmer in der britischen Show-Szene, wo seine hohe Knieaktion immer wieder bewundert wird. Aber auch in anderen Ländern – den Vereinigten Staaten, Australien, Süd-Afrika, Kanada und vielen europäischen Ländern, vor allem Holland – ist der Hackney heute sehr beliebt.

Im späten 19. Jahrhundert entwickelte man aus dem Hackney ein Hackney-Pony, das genau die gleiche auffallende Trabaktion zeigt, manchmal sogar noch etwas besser als das Großpferd.

Oben rechts: Das Hackney-Pony ist eine eigene Rasse, die nicht größer werden darf als 145 cm.

Rechts: Hackneys sind nicht nur gute Paradepferde, sondern haben auch schon erfolgreich an vielen Fahrprüfungen teilgenommen.

Haflinger

Der Haflinger ist eine alte bodenständige Rasse Österreichs, die ihren Namen vom Dorf Hafling in der Nähe von Meran im heutigen Südtirol hat. Dort war früher die Hauptzuchtstätte. Vor dem Zweiten Weltkrieg wurden die Pferde im Zentralgestüt Piber in Österreich gezüchtet. Das Pferd entstammt vermutlich einer Kreuzung zwischen dem Noriker, einem alpenländischen Kaltblutpferd, und dem Araber.
Der Araberhengst *El Bedavi* spielte dabei eine große Rolle. Alle heutigen Haflinger lassen sich zurückführen auf *El Bedavi XXII.* (einen Urgroßenkel). Danach begann eine ziemlich starke Inzucht; so daß für den Laien alle Haflinger gleich aussehen.
Haflinger sind typische Hochgebirgspferde, sehr kräftig und trittsicher. Sie werden heute noch von Bauern und Waldarbeitern an Stellen eingesetzt, wo ein Traktor nicht verwendet werden kann. Sie beginnen erst im Alter von vier Jahren mit der Arbeit und sind für ihr langes Leben bekannt.
Das Pferd wird heute auch in Bayern und in der Schweiz gezüchtet; es hat als Brandzeichen das Edelweiß, die berühmte Alpenblume. Die Haflinger sind zwar robuste Pferde, aber doch mehr von menschlicher Pflege abhängig als vergleichsweise die englischen Ponys. Die meisten Haflinger werden in Ställen gehalten und sind nicht ganzjährig draußen.
In den letzten Jahren sind Haflinger in Bayern und Österreich beliebte Trekking-Ponys geworden, die jeden Reiter sicher durch das Gebirge tragen. Sie sind aber nicht nur gute Reitponys, die auch mal mehr Gewicht vertragen können, sondern ebenso brauchbare Wagenponys.
Außer in der Bundesrepublik Deutschland, in Österreich und der Schweiz gibt es neuerdings auch eine bekannte Zucht in Großbritannien, die 1971 gegründet wurde. Das britische Königshaus setzte sich damals sehr für die Rasse ein, nachdem die Königin bei einem Staatsbesuch in Österreich zwei Haflinger geschenkt bekam. Im übrigen konnte man kürzlich lesen, daß die Mulis in der indischen Armee durch Haflinger ersetzt werden.

Größe: 135-145 cm.
Farbe: immer fuchsfarben. Helle Mähne und heller Schweif. Rotes oder graues Langhaar ist zuchtuntauglich. Nur am Kopf sind weiße Abzeichen erlaubt, am Körper oder an den Beinen sind sie nicht erwünscht.
Kopf: kurz, leicht konkav. Große, dunkle, lebhafte Augen. Zarte Nüstern. Kleine Ohren.
Hals: kräftig, aber nicht zu kurz.
Gebäude: tonniger Körper (170-190 cm Brustumfang). Breite Lendengegend. Muskulöse Kruppe, nicht zu kurz. Hoch getragener Schweif.
Gliedmaßen: trocken mit harten Hufen. Kurze, starke Röhrbeine.

Rechts: Der kräftige, aber nicht unelegante Kopf des Haflingers.

Rechte Seite: Den robusten Haflingern macht auch ein kleiner Kampf nichts aus.

Hannoveraner

Der Hannoveraner ist wohl – neben dem Trakehner – das bekannteste und erfolgreichste Warmblutpferd Deutschlands. Er ist für Springreiten und Dressur gleichermaßen begabt. Das Pferd variiert sehr in Größe, Typ und Farbe; es gibt sehr große, schwere Gewichtsträger mit mächtiger Hinterhand, aber auch kleinere, leichtere Typen. Manche neigen zu bodenenger Stellung der Füße. Die Pferde sind auch nicht sehr schnell. Im ganzen gesehen besteht jedoch kein Zweifel an ihren großen Fähigkeiten in allen Wettkampfarten.

Der Erfolg beim Springreiten und in der Dressur auf höchstem Niveau ist schon sprichwörtlich. Jeder wird sich an Namen erinnern wie *Warwick Rex*, der die Goldmedaille im Einzelreiten in Montreal gewann, oder *Simona*, die dem verstorbenen Hartwig Steenken 1974 zum Sieg in der Weltmeisterschaft verhalf. Gerd Wiltfangs Weltmeisterschaftspferd *Roman* ist nach dem Gesetz zwar ein Westfale, aber ein in Westfalen gezogener Hannoveraner. Auch in Fahrprüfungen sind die Hannoveraner erfolgreich, noch bekannter aber sind sie als Dressurpferde. Bei der Weltmeisterschaft in Goodwood 1978 waren zwei der drei deutschen Goldgewinner Hannoveraner – *Slibowitz* unter Uwe Schulten-Baumer und *Woyceck* unter Harry Boldt.

Wie die meisten europäischen Rassepferde müssen sich auch die Hannoveraner einer strengen Zuchtauswahl unterziehen.

Die Zucht geht zurück auf das große Schlachtroß des Mittelalters; die ersten Zuchtdaten liegen vor aus dem Jahr 1714, als Georg I. von England, der gleichzeitig Kurfürst von Hannover war, Englisches Vollblut in die deutschen Gestüte brachte. Im Jahr 1735 gründete Georg II. das Gestüt in Celle mit der Absicht, daß die Hengste mit den Stuten der ansässigen Bauern gekreuzt werden. Zusätzlich wurde Holsteiner-, Neapolitaner- und Andalusier-Blut verwendet. Die Holsteiner waren etwa 30 Jahre lang dominierend, danach kam mehr Vollblut zum Einsatz, um ein leichtes Pferd zu erhalten, das sowohl für die Landwirtschaft arbeiten konnte als auch im Geschirr und unter dem Sattel ging.

Die Kriege Napoleons, die dem Pferdebestand Europas übel mitgespielt haben, wüteten auch im Gestüt von Celle, wo nur 30 von 100 Hengsten überlebten. Mit diesen Hengsten wurde Anfang des 19. Jahrhunderts die Zucht neu begonnen. Durch zuviel Vollblüter-Einfluß wurde das Pferd zeitweilig zu leicht, jedenfalls leichter als erwünscht; so wird heute kaum mehr Englisches Vollblut verwendet.

Größe: zwischen 156 und 175 cm.
Farbe: alle einfarbigen möglich.
Kopf: nicht zu groß, trokken, ausdrucksvoll mit großem, lebhaftem Auge und ausgeprägten Backenknochen.
Hals: lang, edel, gut aufgesetzt.
Schultern: groß und schräg. Ausgeprägter Widerrist.
Gebäude: kräftig und tief.
Hinterhand: stark bemuskelt, mit gut aufgesetztem Schweif.
Gliedmaßen: bemuskelt. Große, ausgeprägte Gelenke und harte Hufe.
Aktion: elastisch und energisch, mit raumgreifenden Schritten, die aus der Schulter und den Gelenken kommen. Keine hohe Knieaktion.

Oben: Das hannoversche Zuchtgebiet hat heute etwa 200 Hengste und 10 000 Mutterstuten.

Rechts: Der raumgreifende Gang kommt aus der Schulter und der weit untertretenden Hinterhand.

Übernächste Seiten: Hannoveraner werden heute überwiegend zu sportlichen Zwecken gezüchtet.

Highlandpony

Links: Das Highlandpony ist ein beliebtes und vielseitig verwendbares Reitpony geworden.

Rechts: Unter den Highlandponys gibt es viele verschiedenfarbige Falben, außerdem Schimmel, Braune, Rappen und gelegentlich auch Füchse.

Das Highlandpony (oder der Highland Garron) ist das größte und kräftigste Exemplar der Britischen Berg- und Moorlandponys. Es handelt sich dabei um bodenständige Pferde der Schottischen Hochlande, die auch auf vielen Western-Inseln gezüchtet werden. Bis vor kurzem gab es noch zwei verschiedene Zuchtlinien – das leichtere, etwa 143 cm große Inselpony und das schwerere Highlandpony. Die beiden Typen bestehen zwar noch, aber nicht als unterschiedlich eingetragene Rassen.

Die Highlandponys haben wunderschönes dichtes, aber feines, seidiges Langhaar, das sie vor den eisigen Stürmen und dem Regen ihrer Heimat schützt. Die Pferde können die unterschiedlichsten Fellfarben aufweisen. Außer den heute vorwiegenden Schimmeln gibt es Pferde mit allen möglichen Schattierungen, die Falben haben können. Die ursprüngliche Farbe war wohl die von Wolfsfalben, und wenn man die Pferde genauer betrachtet, sieht man, daß die einzelnen Haare an den Wurzeln schwarz sind und bis zur Spitze einen immer stärker werdenden Goldton annehmen. Dieser Goldschimmer wird in seiner Wirkung noch verstärkt durch die dunklen Ohren, das dunkle Gesicht und das teilweise dunkle Langhaar.

Highlandponys waren schon immer sehr vielseitig einsetzbar. Sie dienten als Tragtiere, zogen den Pflug, brachten den Kleinbauern zum Markt und trugen schwere Torflasten über rauhes, steiniges Gelände. Am bekanntesten sind sie wohl durch ihre Verwendung als Reittiere bei der Gebirgsjagd, wobei ihre Ruhe und Trittsicherheit dem Jagdreiter auch auf dem unwegsamen Gelände der Schottischen Berge Freude und Vergnügen bereiten. Die kraftvollen Pferde ziehen das geschossene Wild (bis zu 100 kg) die Hügel hinunter.

Seit einiger Zeit werden die Ponys als Reitpferde eingesetzt und zeigen auch dabei ihre vielseitigen Veranlagungen. Sie sind zwar nicht die schnellsten unter den Pferden, aber sie gehen sicher und aufmerksam, sind gute Springpferde und lassen sich auch vor den Wagen spannen. Sie sind willig und gutmütig im Umgang; ihre Ruhe ist besonders für ältere, nicht supersportliche Reiter angenehm.

Als Familienponys haben sie einen ganz bedeutenden Vorteil: Es ist oft kaum möglich, so mageres Futter zu bekommen, wie es die Pferde brauchen, um nicht zu dick zu werden. So sind sie wohl die genügsamsten Pferde, die man haben kann.

Im Laufe ihrer Entwicklung hat man verschiedene

Blutlinien eingekreuzt, vor allem Araber, aber auch Clydesdales, Norwegerponys und in einem Fall auch amerikanisches Traberblut.
Die wichtigste Zuchtstätte wurde zweifellos von den Herzögen von Atholl gegründet. In deren Gestüt lebte der für die Rasse einflußreichste Hengst, *Herd Laddie*. Er war ein edler Schimmel und stand seit seinem sechsten Lebensjahr im Gestüt. Alle Schimmel der heutigen Zucht lassen sich auf diesen Hengst zurückführen. *Herd Laddie* war auch der Großvater des vermutlich bekanntesten Highlandponys, *Jock*, das König Georg V. gehörte und oft an Jagdexpeditionen teilnahm.

Größe: nicht mehr als 145 cm.
Farbe: viele Schattierungen von Falben – Mausfalben, Wolfsfalben, Goldfalben, Cremfalben, Fuchsfalben. Außerdem Schimmel, Braune, Rappen und gelegentlich Füchse mit silberner Mähne und silbernem Schweif. Die meisten Tiere haben noch den Aalstrich, einige auch Zebrastreifen an der Innenseite der Vorderbeine. An weißen Abzeichen ist nur ein kleiner Stern zugelassen.
Kopf: gut aufgerichtet. Breites Gesicht mit aufmerksamen, freundlichen Augen. Kurzer Nasenrükken zwischen Augen und Maul. Maul nicht zu klein mit großen Nüstern.
Hals: kräftig, nicht zu kurz, schön gebogene Linie. Ganaschenfreiheit. Mähnen- und Schweifhaare müssen lang, fein und seidig sein, keinesfalls grob.
Schultern: gut zurückgesetzt, ausgeprägter Widerrist.
Gebäude: kompaktes Quadratpferd. Gute, gebogene Rückenlinie. Tiefe Brust, leicht tonnig.
Hinterhand: mächtig mit kräftigen, gut ausgebildeten Ober- und Unterschenkeln. Gut aufgesetzter Schweif.
Gliedmaßen: flache, harte, kurze Röhren. Vorderbeine mit kräftigen, breiten Kniegelenken, steile, aber nicht zu kurze Fesseln. Vorderbeine stehen weit unter dem Pferd. Sprunggelenke trokken, ausgeprägt. Etwas seidiger Kötenbehang.

Holländisches Warmblut

Die wenigen Angaben über dieses Pferd – siehe rechts – zeigen, daß die Rasse noch keine festen Kennzeichen besitzt. Das Holländische (oder Niederländische) Warmblut ist in der Tat eine der jüngsten europäischen Pferderassen. Das Stammbuch wurde erst im Jahre 1958 angelegt. In dieser kurzen Zeit ist es jedoch gelungen, ein vielseitig verwendbares, erstklassiges Reitpferd zu züchten, das jedem Anspruch genügt.

Das Holländische Warmblut stammt aus zwei sehr viel älteren holländischen Zuchten, dem Groninger und dem Gelderländer. Der schwere Groninger wurde vor allem in der Landwirtschaft eingesetzt, aber auch als Gewichtsträger unter den Reitpferden. Der Gelderländer ist ein leichteres Pferd (siehe Seite 83f.) und hat dem Holländischen Warmblut viel vererbt.

Diese beiden Rassen wurden mit sorgfältig ausgesuchten Vollblütern gekreuzt, später kamen französische und deutsche Warmbluthengste dazu. Das Resultat ist ein auffallend schönes Pferd von bemerkenswerter Ruhe, Gutmütigkeit und großem Arbeitseifer; meistens leichter im Typ als die deutschen Warmblüter, aber mit mehr Kaliber als die Vollblüter.

Die Züchter haben es sich zur Pflicht gemacht, ein »edles, umgängliches Pferd« zu züchten. »Es muß so stark wie Stahl sein und darf keine fehlerhaften Points haben, damit ein langes Leben gewährleistet ist.« Man versucht, das Pferd nicht größer als 165 cm zu züchten, da sehr große Pferde meistens weniger aktiv sind. Außerdem ist die Haltung billiger und angenehmer. So werden die Pferde sehr sorgsam ausgewählt. Die Hengste müssen sich schweren Prüfungen

Größe: durchschnittlich etwa 163 cm.
Farbe: jede einfarbige möglich.
Gebäude: schräge Schultern. Ausgeprägter Widerrist. Kräftiger Körper, stark bemuskelte Hinterhand. Kräftige Gliedmaßen.
Aktion: gerade, aufrecht, mit raumgreifenden Schritten in allen Gangarten.

Oben: Das Holländische Warmblut ist ein sehr schönes Aktionspferd und leichter als die deutschen Warmblutpferde.

unterziehen, und auch die Stuten müssen sich als Reitpferde bewähren, bevor sie zur Zucht zugelassen werden.
Die sorgfältig nach Blutlinien und Körperbau ausgewählten Hengste werden erst nach einem Eignungstest zur Zucht zugelassen. Jedes Jahr müssen die jungen Hengste 100 Tage Training unter recht harten Bedingungen leisten. Am Ende dieses Trainings steht eine Eignungsprüfung für Reiten, Springen (auch Freispringen) und Fahren. Auch ein Querfeldeinritt mit feststehenden Hindernissen und Wassergräben muß bewältigt werden. Bei der Beurteilung dieses Tests wird auch der Charakter des Pferdes miteinbezogen. Hat der Hengst diese Prüfung bestanden, so wird sein erster Sohn ebenso sorgfältig begutachtet. Die Stuten werden vorrangig nach Gebäude, Kaliber und Bewegung ausgesucht, aber sie werden auch an ihren Nachkommen gemessen.
Der Erfolg dieser Zuchtmaßnahmen ist in der großen Anzahl der Pferde zu sehen, die bereits internationale Stars wurden, vor allem beim Springreiten und in der Dressur.
Der im Jahr 1982 von Melanie Smith für die Vereinigten Staaten von Amerika gerittene Volvo-Weltcup-Gewinner *Calypso* ist ein Holländisches Warmblut, ebenso der unvergleichliche Hengst *Marius*, der von der Britin Caroline Bradley geritten wurde. Was die Dressur betrifft, so gewann *Dutch Courage* unter Jennie Loriston-Clarke die Bronzemedaille für Großbritannien bei der Weltmeisterschaft 1978.
Der holländische Fahrer Tjeerd Velstra erreichte mit seinen vier Holländischen Warmblütern die Bronzemedaille bei der Weltmeisterschaft im Fahren in Windsor (1980), und in Amerika hat sich Clay Camp ebenfalls Holländer vor den Wagen gespannt und ist mit ihnen erfolgreich.
Eine besonders herausragende Eigenschaft dieser vergleichsweise jungen Pferderasse ist ihr angenehmes und williges Temperament, das auch dem Reiter gefällt, der keine ehrgeizigen Ambitionen hat, sondern zu seinem Vergnügen reitet.

Ganz oben: Das Holländische Warmblut eignet sich gleichermaßen gut als Reitwie als Kutschpferd.

Oben: Die Rasse hat einen sehr angenehmen, arbeitsfreudigen Charakter, der sich in den freundlichen Augen widerspiegelt.

Holsteiner

Der Holsteiner gehört zu den ältesten deutschen Warmblutrassen und geht auf das großkalibrige Schlachtroß zurück, das den vollbewaffneten und in schwerer Rüstung reitenden Ritter des Mittelalters getragen hat. Seit damals hat das Pferd viele Entwicklungen erlebt, die von verschiedenen Anforderungen und Wünschen geprägt waren.

Das Pferd wurde ursprünglich in Schleswig-Holstein gezüchtet, wo man den bodenständigen Stuten orientalische und andalusische Hengste zugeführt hatte. Nachdem der Bedarf an Kriegspferden abnahm, dafür aber mehr Kutschpferde gebraucht wurden, kreuzte man im 19. Jahrhundert Yorkshire Coach Horses und Cleveland Bay-Hengste ein und erhielt so ein edles Wagenpferd mit hoher Knieaktion. Seitdem wieder vermehrt Reitpferde benötigt werden, versucht man durch Zuführung von Vollblut ein umgängliches, sensibles, dabei aber beherztes Pferd zu erhalten. Die Pferde haben meistens sehr viel Kaliber, mehr als die Hannoveraner, und eignen sich hervorragend als Jagdpferde. Der Erfolg der Vollbluteinkreuzung zeigt sich in den verschiedenen Einsatzmöglichkeiten auf höchstem Niveau. So gewannen bei der Olympiade 1976 Holsteiner Pferde Gold und Bronze, jeweils in der Einzelwertung, und Silbermedaillen in allen drei Disziplinen.

Ganz oben: Der ausdrucksvolle, attraktive Kopf des Holsteiners.

Oben: Das Brandzeichen der Holsteiner zeigt die Herkunft des Streitrosses.

Links: Die Schwerpunkte der Zucht liegen heute in den Elbmarschen und in Dithmarschen.

Eines der größten Springpferde der Nachkriegsjahre, *Meteor,* war ein Holsteiner und unter Fritz Thiedemann sehr erfolgreich. Nie vergessen wird man wohl die brillante Dressur der Schweizerin Christine Stükkelberger, die mit ihrem Holsteiner *Granat* 1976 die Goldmedaille gewann. In der Military wurde *Madrigal* unter Karl Schultz bekannt, der 1976 für die Bundesrepublik die Bronzemedaille errang.
Die meisten Holsteiner sind dem Durchschnittsreiter zu groß; dabei haben die Pferde aber trotz ihres Kalibers einen freundlichen, gutmütigen Charakter und vor allem große Talente auf den verschiedensten Gebieten, so daß sich auch mancher Freizeitreiter mit den Riesen anfreundet.
Holsteiner wurden in viele Länder exportiert; in den USA gibt es bereits seit 1892 ein Stammbuch.

Größe: zwischen 163 und 173 cm. Mindestgröße für Zuchtauswahl dreijähriger Stuten 163 cm.
Farbe: alle Farben erlaubt. Braun überwiegt, ab und zu Schimmel, wenig Füchse.
Kopf: ausdrucksvoll, gut aufgesetzt und in Proportion zur Größe des Pferdes. Große, weit geöffnete Augen. Unterkiefer darf nicht schwer oder grob wirken.
Hals: lang, muskulös, leicht gebogen.
Schultern: lang und schräg.
Gebäude: breite, tiefe Brust. Kräftiger Rücken mit muskulöser Lendenpartie.
Hinterhand: kräftig und muskulös. Schweif gut angesetzt, aber nicht zu hoch. Kräftige, muskulöse Ober- und Unterschenkel sowie Kniegelenke.
Gliedmaßen: flache Knie, große trockene Gelenke. Kurze, kräftige Röhren. Mittellange Fesseln, passend zu den Schultern. Die Vorderbeine sollten gut abgesetzt sein und den Ellbogen Bewegungsfreiheit verleihen. Ein Hengst kann einen Röhrbeinumfang von 20 bis 24 cm haben.
Hufe: groß, passend zum Körper, an der Ferse offen.
Aktion: langer, gerader, freier und elastischer Schritt. Gut ausbalancierter, freier, raumgreifender Trab. Leichter, ebenfalls ausbalancierter, sanfter, gleitender Galopp.

Hunter

Etwas salopp gesagt, ist ein Hunter jedes Pferd (oder Pony), das seinem Reiter ein sicheres und komfortables Gefühl bei Jagdritten gibt. Hunter sind ziemlich große Reitpferde, selten unter 165 cm, haben Kaliber und ein gutes Gebäude, Ausdauer, Kraft und Springvermögen, so daß sie ohne weiteres einen harten Jagdtag überstehen.

Es gibt die unterschiedlichsten Typen, je nachdem über welches Gelände die Jagdritte gehen. So leben in den englischen Grafschaften mit ihren schönen, zum Galoppieren einladenden Grasflächen Hunter, die mehr im Vollbluttyp stehen, während in Gegenden mit mehr Landwirtschaft ein schwereres, kräftiges Pferd mit kürzeren Beinen erforderlich ist.

Einer der größten und vielseitigsten Horsemen Großbritanniens, der kürzlich verstorbene Reginald S. Summerhayes, beschrieb den idealen Hunter wie folgt:

»Er muß natürlich vollkommen gesund sein und auf den besten Beinen stehen, die man sich denken kann; der Körper muß großrahmig sein und genügend Platz für Herz und Lungen bieten, um den großen Anforderungen gerecht zu werden. Der Kopf muß zum Gebäude proportionsmäßig passen, und auch der Hals muß lang sein, damit ihn das Pferd gut strecken kann, um die Balance bei schwierigen Passagen halten zu können. Vor allem aber muß ein Hunter couragiert und tapfer sein, er darf nie ermüden und muß sich auch mal selbst helfen können (ein fünftes Bein finden), wenn er in eine unangenehme Situation gerät. Er muß nicht unbedingt jeden Zaun mitnehmen, aber doch die Hindernisse mutig angehen, die zu überspringen man von ihm fordert. So ist also das ideale Jagdpferd ein Vollblüter oder ein Pferd, das dem Vollblüter sehr nahe steht.«

Daß Vollblüter tatsächlich die besten britischen Hunter hervorgebracht haben, ist von der Hunters' Improvement and National Light Horse Breeding Society (HIS) längst anerkannt. Da aber die enormen Kosten der Vollblutzucht, die eng mit der Renn-Industrie zusammenhängen, die Mittel eines durchschnittlichen Jagdreiters und Züchters übersteigen, hat man ein neues System eingeführt.

Die sorgfältig nach Gebäude, Erscheinung, Aktion und Eignung ausgewählten Vollbluthengste werden zu vernünftigen Preisen den Stuten der Mitglieder zugeführt. Viele Nachkommen solcher »Premium«-Hengste haben sich schon in zahlreichen Sportarten bewährt, nicht nur bei Jagdritten.

Der wohl bekannteste Hunter dürfte *Goodwill* sein, den Prinzessin Anne ritt, aber auch *Merely-a-Monarch* unter Anneli Drummond-Hay oder *Special Edition* unter Diana Mason.

So ist der Hunter eigentlich keine Pferde*rasse*, sondern nur ein Pferde*typ*, von dem es in Großbritannien sogar drei Versionen gibt: den leichten Typ (trägt bis zu 83 kg), den mittleren (bis 89 kg) und den Gewichtsträger, der über 89 kg tragen kann. Diese Klassen werden nach Körperbau, Aktion und Rittigkeit eingeteilt, aber nicht – wie in Amerika – nach Springvermögen. Das bezieht sich in Großbritannien nur auf die Arbeits-Hunter. Besonders berücksichtigt werden Galoppierfähigkeit und -freudigkeit.

So werden also die verschiedensten Pferde zu Huntertypen gezüchtet, obwohl es nicht *den* typischen Hunter gibt. Die Pferde erkennt man jedoch meistens an ihren vielseitigen Talenten. Sie sind auch sehr beliebt als Freizeitpferde in Reitställen und Reitschulen, da sie auch den oft großen Anforderungen eines Schulpferdes gewachsen sind. Andererseits nehmen sie teil an Jagdritten, an Militarys, an Springturnieren, an Gymkhanas (Reiterspielen) und auch an Distanzritten.

Oben: Der Hunter ist ein Pferdetyp, keine Pferderasse. Jedes Pferd von guter Rittigkeit, genügend Kraft, Intelligenz und Beweglichkeit, das einen anstrengenden Jagdritt ohne Schwierigkeiten meistert, kann ein Hunter sein.

Rechte Seite: Der britische Hunter ist ein Pferd mit vielseitigen Talenten, das nicht nur an Jagdritten teilnimmt, sondern sich auch in der Military, im Springen, in der Freizeitreiterei, bei Gymkhanas (Reiterspielen) und bei Distanzritten bewährt.

Irish Draught Horse

Der Name »Irish Draught«, also Irisches Zugpferd, stimmt heute nicht mehr, denn das Pferd läßt sich gut reiten und hat eine besondere Vorliebe fürs Springen. Allerdings wurde es zu Beginn seiner Geschichte von irischen Bauern für leichte Zugarbeit, aber auch schon als Reitpferd, gezüchtet. Heute wird das Pferd häufig mit Vollblütern gekreuzt, wodurch hervorragende Hunter und Sportpferde entstehen, die von Irland aus in alle Welt exportiert werden.

Die Ursprünge des Irish Draught sind unbekannt, man nimmt an, daß es sich aus den Connemaraponys entwickelt hat, die aus ihrer kargen Heimat in bessere, üppigere Gegenden Irlands gebracht wurden. Es ist allerdings auch möglich, daß das Irish Draught aus importierten Vollblüterhengsten, die sich mit bodenständigen Stuten gepaart haben, entstanden ist, wobei die Stuten selbst schon spanisches oder arabisches Blut in sich hatten.

Vor 1850 wurde die Rasse beschrieben als ein »langes, niedrig gebautes Tier, das kaum größer wird als 155 cm, mit kurzen, kräftigen, trockenen Beinen, viel Kaliber und Substanz, mit kurzem Rücken, kräf-

Größe: zwischen 160 und 170 cm.
Farbe: Braune, Füchse, Schimmel.
Kopf: klein, mit intelligentem Ausdruck, im Huntertyp stehend.
Gebäude: tiefe Brust mit schrägen Schultern. Ovaler Brustkorb. Kurzes, glattes Fell. Hoch angesetzter Schweif.
Gliedmaßen: trocken mit guten, flachen Röhren. Nicht zu große Füße bzw. Hufe. Kein Kötenbehang.
Aktion: frei und gerade.

Oben: Die Ursprünge des Irish Draughts sind nicht bekannt, man nimmt aber an, daß es sich aus dem Connemarapony entwickelt hat.

Links: Der Name – Irisches Zugpferd auf deutsch – ist mißverständlich, da das Pferd über gute Rittigkeit und hervorragendes Sprungvermögen verfügt.

tiger Lendengegend und ebensolcher Hinterhand, abfallender Kruppe, ziemlich steilen Schultern, kräftigem Hals und hübschem, kleinem Kopf«. Sie hatten eine kräftige und flache Aktion, jedoch ohne jede Anmut, konnten immer schon gut traben und galoppieren und waren vor allem ausgezeichnete Springer. Das irische Hungerjahr 1847 zerstörte fast die ganze Zucht, und die übriggebliebenen Pferde wurden nicht gerade verbessert durch Zufuhr von Clydesdale bzw. Shire-Blut. Später nahm sich das Landwirtschaftsministerium der Zucht an, und heute ist das Irish Draught ein beliebtes, gutes, aktives Gebrauchspferd geworden.

Im Jahr 1917 wurde das Stammbuch angelegt, und 1976 wurde die Irish Draught Horse Society gegründet, die sich der Zucht dieses Pferdes verschrieben hat. In Großbritannien, wohin etliche Pferde exportiert worden waren, wurde die Zucht lange Zeit nicht anerkannt, das Pferd war nur ein *Typ,* keine *Rasse.* Doch auch hier gibt es seit 1979 nun eine britische Gesellschaft als Pendant zur irischen. Die British Society hat sehr strenge Vorschriften für Zuchthengste und -stuten aufgestellt. Nebenbei gibt es noch eine Registrierung von Pferden, die nachgewiesenermaßen Irish Draughts sind, aber (noch) keine Papiere haben.

Oben: Wird das Pferd mit Vollblütern gekreuzt, erhalten die Züchter First-Class-Sportpferde für jede Disziplin.

Lipizzaner

Was das Englische Vollblut für Rennveranstaltungen bedeutet, das ist der Lipizzaner für die Hohe Schule. Durch die Spanische Reitschule in Wien ist das Pferd berühmt geworden. Lipizzaner sind ausgesprochen schöne, im barocken Pferdetyp stehende Tiere, fast immer Schimmel und von großer Grazie, Rittigkeit und athletischem Körperbau. Gerade letzteres macht sie besonders geeignet für die brillanten Vorstellungen der »Schulen über der Erde« – Croupade, Courbette und Capriole. Aber gerade diese Eigenschaften haben die Einsetzbarkeit des Pferdes auf anderen Gebieten eingeschränkt, da es sich kaum frei, schnell und selbständig bewegen kann, was in anderen Disziplinen gefordert ist.

Der Name »Spanische Reitschule«, die sich allerdings in Wien befindet, zeigt schon, woher die Pferde ursprünglich stammen. Die Gründerherde bestand aus Abkömmlingen spanischer Pferde (Andalusier), die von den römischen Imperatoren anläßlich größerer Feierlichkeiten gern vorgeführt wurden. Neun Hengste und 24 Stuten brachte Erzherzog Karl II. von Spanien nach Österreich und begründete mit ihnen das Gestüt in Lipizza in der Nähe von Triest, das damals zu Österreich gehörte (heute zu Jugoslawien).

Während der Napoleonischen Kriege wurde das Gestüt fast vollständig zerstört. Glücklicherweise waren jedoch die 300 Pferde vorher in Sicherheit gebracht worden. Kaum zurückgekehrt, mußten sie wieder fliehen, 1805 nach Djakovo in Slawonien. Als sie 1815 wieder zurückkamen, hatte die Zucht innerhalb dieses Jahrzehnts schwer gelitten, vor allem machten sich große Degenerationserscheinungen durch Inzucht bemerkbar. Doch nun begann wieder

Größe: durchschnittlich zwischen 150 und 155 cm.
Farbe: hauptsächlich Schimmel, selten Braune. Fohlen werden mit dunklem Fell geboren.
Kopf: schön geformt, leichtes Ramsnasenprofil. Große Augen, enge Nüstern.
Hals: gut aufgesetzt, mit fülliger Mähne.
Gebäude: kräftiges Kompaktpferd mit guten Muskeln und großer Gurtentiefe.
Hinterhand: sehr mächtig, hoch aufgesetzter Schweif mit dichtem, seidigem Haar.

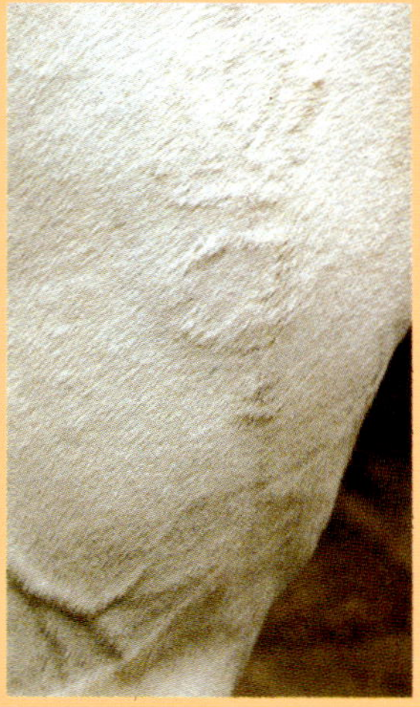

Gliedmaßen: kurze Röhren, flache Gelenke, schön geformte Hufe.

Ganz links: Der andalusische Einfluß ist unverkennbar.

Links: Das Brandzeichen an der linken Kruppe ist eines von insgesamt vier Brandzeichen, mit denen jedes Fohlen im Alter von sechs Monaten markiert wird.

ein sorgfältiger Zuchtbetrieb, und Kaiser Franz Joseph I. ordnete an, daß die Pferde wieder nach Lipizza kommen sollten, wo die Zuchtbedingungen ideal waren. Diese Zuchtpläne wurden durch den Ersten Weltkrieg durchkreuzt.
Erneut mußten sich die wertvollen Zuchthengste und vierjährigen Stuten auf die Reise begeben. Sie kamen nach Laxenburg, einem Gestüt in der Nähe von Wien, während die anderen Tiere in ein schon seit langem bestehendes Gestüt in Böhmen gebracht wurden, nach Kladrub. Nach dem Ersten Weltkrieg wurde Lipizza Italien zugeschlagen, und die Pferde wurden zwischen Italien und Österreich aufgeteilt. Die österreichischen Pferde kamen in das heutige Gestüt Piber in der West-Steiermark, die italienischen blieben in Lipizza.
Die Geschichte ihrer – vorläufig – letzten Flucht wurde übrigens in einem Film von Walt Disney erzählt (»Wunder der weißen Hengste«), in dem die Evakuierung von Hostau in der Tschechoslowakei, wohin die Pferde aus Lipizza und Piber im Zweiten Weltkrieg gebracht worden waren, ins sichere Bayern gezeigt wird. Nach Kriegsende kamen die Pferde endgültig nach Piber.
Während der Zuchtgeschichte ragten sechs große Hengste heraus, auf die sich die gesamte Zucht begründet und noch heute alle Lipizzaner zurückzuführen sind. Der erste große Hengst war *Pluto,* ein original spanisches Pferd, das 1765 im dänischen Königsgestüt von Fredericksborg geboren wurde. Danach kam der Rappe *Neapolitano Conversano,* ebenfalls von spanischer Herkunft. 1779 wurde der Falbe *Favory* im Kladruber Gestüt geboren. Ein weiterer Neapolitaner – *Neapolitano* – kam 1770 in Poesina in Italien zur Welt. Der Araber-Schimmel *Siglavy* ist Jahrgang 1810, und der letzte, *Maestoso,* wurde 1819 von einem Neapolitaner-Hengst aus einer spanischen Stute geboren.
Das Pedigree eines jeden Tieres kann man an den Brandzeichen erkennen, mit denen jedes Fohlen im Alter von sechs Monaten gezeichnet wird. Das »P« steht für Piber und wird zusammen mit der österreichischen Kaiserkrone auf die linke Kruppe gebrannt. Das »L« für Lipizzaner ist auf der linken Wange. Auf der linken Sattellage werden zwei Buchstaben eingebrannt, die die Hengst- und Stutenlinie zeigen – »C« für Conversano, »F« für Favory, »M« für Maestoso, »S« für Siglavy, »P« für Pluto und »N« für Naepolitano. Die Zuchtnummer des Fohlens selbst wird auf der rechten Sattellage eingebrannt.

Oben: Die Spanische Reitschule in Wien ist für ihre Lipizzaner berühmt. Hier ein besonders prächtiges Exemplar, das die schwierigste Lektion aus der Hohen Schule – die Capriole – zeigt. Diese Lektion gehört zu den ›Schulen über der Erde‹.

Linke Seite oben: Lipizzaner sind fast immer Schimmel. Der häufig vorkommende Ramskopf ist edel geformt mit großen, ausdrucksvollen Augen.

Lusitano

Größe: zwischen 153 und 163 cm.
Farbe: vorwiegend Schimmel, aber alle anderen Farben sind auch erlaubt.
Kopf: klein, mit geradem Profil. Kleine Ohren. Mutig blickende Augen.
Hals: manchmal etwas zu kurz und dick.
Schultern: lang, schräg. Widerrist nicht besonders deutlich ausgeprägt.
Gebäude: kurzes Kompaktpferd, kräftig, mit breiter Brust. Schweif sehr niedrig angesetzt.
Gliedmaßen: kräftig, trokken, von mittlerer Länge.
Aktion: mit Show-Charakter, aber weniger als beim Andalusier.

Ganz links: Die angeborene Anmut und Behendigkeit des Lusitano wird wieder stärker in der Zucht gefördert. Das Ergebnis sind gute Dressurpferde, die teilweise für den portugiesischen Stierkampf eingesetzt werden.

Oben: Der Lusitano sieht dem Andalusier sehr ähnlich, von dem er vermutlich auch abstammt.

Links: Lusitanos sind auch in der portugiesischen Armee zu finden.

Der portugiesische Lusitano (oder Lusitaner) ist dem spanischen Andalusier sehr ähnlich, hat aber etwas weniger Ausdruck. Er gehört zu einer alten Rasse, die von Andalusiern abstammt, und wurde für leichte landwirtschaftliche Arbeit genauso gebraucht wie als Reitpferd.
Lusitanos sind ausgesprochen gute Reitpferde; ihre Anmut und Beweglichkeit prädestinieren sie für die Arbeiten der Hohen Schule. Außerdem werden sie im portugiesischen Nationalsport, dem – unblutigen – Stierkampf eingesetzt. Dieser wird nur vom Pferd aus betrieben, und die Pferde sind hoch geschult und reagieren auf die kleinste Hilfe des Reiters. Es ist ein phantastischer Anblick, wenn sich das Pferd mutig dem angreifenden Stier stellt und erst im letzten Augenblick ausweicht. Wird ein Pferd beim Stierkampf verletzt oder gar getötet, wird dies als großes Unglück angesehen.

Morgan Horse

Größe: zwischen 143 und 153 cm.
Farbe: Braune, Rappen, gelegentlich Füchse.
Kopf: nicht zu groß, trokken, mit schönem Profil von den Wangen bis zum Maul. Das Nasenprofil kann gerade, aber auch leicht gebogen sein, jedoch nie ramskopfartig. Breite, trockene Unterkiefer. Mittelgroßes Maul mit kleinen, festen Lippen und großen Nüstern. Ohren sollten klein, weit auseinander stehend und aufmerksam gespitzt sein. Augen groß und klar.
Hals: mittellang, mit ausgeprägtem Mähnenkamm. Klare Kehllinie. Sanfte Schrägung bis zu den Schultern. Mähne und Schopf lang und dicht.
Schultern: lang, schräg, sanft übergehend in einen ausgeprägten, aber nicht zu hohen Widerrist.
Gebäude: viel Gurtentiefe. Kurzer, breiter, muskulöser Rücken. Breite Lenden und muskulöse, geschlossene Kruppe. Mittelhand groß und ziemlich rund. Gut behoste Hinterhand.
Gliedmaßen: kurze, gerade, gut auseinanderstehende Vorderbeine. Ober- und Unterschenkel muskulös mit kurzen, flachen Röhrbeinen. Fesselgelenke nicht rund, eher breit. Fesseln klar und kräftig, von mittlerer Länge, Neigung entsprechend der Schulterschräge. Hufe von mittlerer Größe, fast ganz rund. Breite, trockene Gelenke.
Aktion: flacher, elastischer, schneller Schritt mit viel Raumgriff. Der Trab muß aufrecht, frei, versammelt und ausbalanciert sein; der Galopp sanft, leichtfüßig, versammelt und auf jeder Hand gleichermaßen gut.

Das Morgan Horse ist etwas ganz Einzigartiges, denn es ist die einzige Rasse, die sich auf einen einzigen Hengst zurückführen läßt, nach dem sie auch benannt ist. Dieses Pferd hieß ursprünglich *Figure*, wurde aber nach seinem Besitzer, einem armen Gesangslehrer, der im 18. Jahrhundert in England wohnte, nur als das ›Pferd von Justin Morgan‹ bekannt.
Das kleine, kaum 143 cm große und nur etwas mehr als sieben Zentner schwere Pferd wurde im Jahre 1795 von besagtem Justin Morgan als zweijähriges Pferd erworben und entpuppte sich bald als ein außerordentlich starkes und vielseitiges Tier.
Trotz seiner geringen Größe nahm es an Holztransport-Wettbewerben teil, verlor angeblich dabei niemals, und bewegte Lasten, die Pferde von einem Gewicht von elf Zentnern nicht schaffen konnten. Es arbeitete vor dem Pflug, vor dem Wagen und leistete auch die schwere Arbeit des Felsen- und Baumstammtransports über unwegsames Gelände.
Justin Morgans Pferd nahm an vielen Rennen teil. Es lief meistens die Distanz von einer Viertelmeile (440 m), und ist auch hier angeblich nie geschlagen worden, weder unter dem Sattel noch im Geschirr. Natürlich wurde mit ihm auch – damals noch unkontrolliert – gezüchtet, und alle seine Nachkommen zeigten die gleichen bemerkenswerten Eigenschaften wie er: Kraft, Schnelligkeit, Ausdauer und einen angenehmen Charakter.
Über seine Herkunft weiß man nichts Genaues. Einige behaupten, er sei ein Hengst aus holländischer Zucht gewesen, andere glauben, er stamme von einem Hengst namens *True Briton* ab. Dieser Hengst soll ein Vollblüter gewesen sein, aus anderer Leute Mund hört man wieder, er sei ein Cob gewesen, vor allem deshalb, weil sein Name in der Cob-Zucht häufig vorkommt. Die Statue von Morgans Pferd, die in der Morgan Horse Farm in Vermont, USA, steht, zeigt in der Tat ein Pferd mit vielen Cob-Kennzeichen, und die modernen Morgan-Pferde sind in vielen Dingen den Welsh Cobs sehr ähnlich. Das auffälligste Merkmal dabei ist wohl der in Cob-Manier sehr hoch getragene Kopf, vor allem wenn die Pferde im Geschirr laufen.
Die heutigen Morgan-Pferde sind wie ihre Vorfahren erstaunlich vielseitig, gehen hervorragend unter dem Sattel und ebenso gut vor dem Wagen. Man sagt ihnen nach, daß sie die größten Konkurrenten für Araber sind, wenn es um Ausdauer und Härte bei Distanzritten geht. Ihre Eleganz, ihr Adel und ihre Aufrichtung machen aus ihnen ideale Pferde, die an privaten Fahrturnieren teilnehmen können, an soge-

nannten Concours d'élégance. Außerdem haben sie großes Springtalent. Bei den Olympischen Spielen 1948 in London gewann sogar ein Morgan-Pferd, *Arete,* unter dem verstorbenen Springreiter General Humberto Mariles eine Goldmedaille.
Zwei Typen sind entstanden – das Park Horse und das Pleasure Horse. Im Prinzip sind sie sich sehr ähnlich, doch entwickelte das Park Horse (so genannt, weil es ursprünglich vornehmlich in den Parks der Südstaaten Amerikas geritten wurde) eine große Knieaktion im Trab. Das Pferd zeigt viel Bewegung und Aufrichtung, es trägt sich selbst – wie man sagt. Man hat das Gefühl, dem Pferd macht das Laufen Spaß und es bewegt sich gern. Der auffallende Trab wird erst im Alter von etwa sieben Jahren entwickelt, und es ist nicht gesagt, daß sich diese Eigenschaft vererbt. Die Nachkommen eines Park Horse-Hengstes und einer ebensolchen Stute müssen nicht unbedingt diese Eigenschaft haben. Und antrainieren kann man so etwas einem Morgan-Horse nicht!
Morgans sind typisch amerikanische Pferde, doch gibt es sie inzwischen auch in Europa.

Linke Seite: Die elegante Aktion zeigt das Morgan Horse unter dem Sattel genauso wie im Geschirr.

Oben: Das Morgan Horse verdankt seine Zähigkeit, Schnelligkeit, schöne Bewegung und den sanften Charakter einem einzigen Vorfahren, ›Justin Morgan's Horse‹ von Vermont.

Mustang

Die Mustangs, oder auch »Broncos« genannt, waren verwilderte Pferde und die ersten echten Cow-Ponys der Cowboys im amerikanischen Westen.
Als im 15. Jahrhundert die spanischen Eroberer nach Süd- und Nordamerika kamen, brachten sie Araber und Berber mit. Die Pferde verwilderten mit der Zeit, und die Indianer fingen an, die Mustangs zu zähmen und zu züchten. Sie waren *die* Indianer-Pferde. Um 1800 existierten große, wild oder halbwild lebende Herden auf den riesigen Ebenen. Der ursprüngliche Mustang war ein kleines, sehr zähes, unbändiges Pferd, kaum größer als 145 cm. Nachdem Vollblut, Morgan-Blut und Quarter Horse-Blut, aber auch ganz andere Linien eingekreuzt wurden, entstand ein vielseitig verwendbares Pferd.

Rechts: Als Kreuzungsprodukt entstand das ›Range Horse‹, das gefälliger als der Mustang ist.

Unten: Mustangs leben heute noch wild oder halbwild im Westen und Süden der Vereinigten Staaten.

New Forest Pony

Trotz der Größenunterschiede innerhalb der Rasse wird das New Forest Pony im allgemeinen als eines der großrahmigen Berg- und Moorlandponys angesehen mit kräftigem Körperbau und einem Stockmaß von mindestens 132 cm.
Der Forester ist ein vielseitiges Pony und in den meisten Reitdisziplinen erfolgreich. Seit Jahren schon nimmt das Pferdchen an Dressurwettbewerben, Distanzreiten, Springreiten, Militarys und Fahrwettkämpfen teil; allerdings nicht auf höchstem Niveau. Dies ist ihm durch die geringe Größe verwehrt, doch private Reitklubs veranstalten häufig kleinere Turniere, bei denen sich die Foresters bewähren.
Wie die anderen bodenständigen Ponyrassen Englands und Irlands sind die Foresters sehr zäh, unkompliziert in der Haltung und haben einen ruhigen, freundlichen Charakter, wodurch sie sich als geeignete Familienponys auszeichnen.

Ihre Heimat ist der New Forest in Hampshire, wo heute noch über 2000 Ponys ›halbwild‹ die Heide, Hügel und dürren Weiden bevölkern. Sie gehören den New Forest Commoners, auf deren Besitzungen die alte Tradition der Weiderechte liegt. In jedem Herbst wird die spektakuläre Pony-»Drift« abgehalten. Die New Forest Agisters, die das ganze Jahr über ein Auge auf die Ponys haben und sich um deren Wohlergehen kümmern müssen, organisieren dieses Treiben. Sie treffen sich mit den in ihrer Gegend Ponys besitzenden Commoners. Alle Beteiligten sind beritten, und unter viel Geschrei und Peitschenknallen wird die Ponyherde eingekreist und in einen Paddock getrieben. Dort bekommen sie ein Wurmmittel, werden registriert, und die Agisters schneiden ihre Schweife in einer ganz bestimmten Form, woran sofort zu erkennen ist, daß die »Weide-Gebühr« bezahlt wurde. Fohlen, die für den Verkauf bestimmt

Größe: höchstens 145 cm, meistens kleiner, aber selten unter 125 cm.
Farbe: alle erlaubt bis auf Schecken. Braune in allen Schattierungen dominieren. Weiße Abzeichen an Kopf und Beinen sind erlaubt.
Merkmale: ein New Forester sollte den charakteristischen Ponykopf haben, lange, schräge Schultern, eine kräftige Hinterhand, starken Körperbau, gute Gurtentiefe, gerade Gliedmaßen und harte, runde Hufe.
Aktion: frei, lebendig und gerade, aber nicht übermäßig temperamentvoll.

sind, werden ausgesondert; die anderen Fohlen und Stuten gehen in den Forest zurück.
Jedes Jahr im Frühjahr und im Herbst finden Ponyverkäufe in Beaulieu Road in der Nähe von Lyndhurst statt. Wer so ein Pony kauft, kann sich zumindest über eines sicher sein: Sein Pony ist an den Straßenverkehr gewöhnt, da es von Geburt an mit dem Straßenverkehr, der durch die Waldgebiete führt, konfrontiert wird.
Unter allen bodenständigen britischen Rassen ist das New Forest das am wenigsten charakteristische Pony. Das liegt daran, daß bis in die dreißiger Jahre dieses Jahrhunderts eine enorme Vielfalt verschiedener Rassen in den New Forest gebracht wurde, teilweise völlig wahl- und kritiklos, teilweise aber auch mit der Absicht, Körperbau und Substanz des Foresters zu verbessern, der über Jahrhunderte hinweg etliche Degenerationserscheinungen gezeigt hatte.
So wurden Araber, Vollblüter und Hackneys dazu verwendet, die Herden zu verbessern; andererseits hat man die dort lebenden Angehörigen fast aller anderen bodenständigen Ponyrassen vom Highland bis zum Welsh herausgenommen. Sie hatten aber der Zucht bereits ihren Stempel aufgedrückt. Bis heute ist es möglich, Foresters mit eindeutig arabischen Merkmalen zu sehen, aber auch solche mit dem typischen Mehlmaul des Exmoorponys. Alle Falben unter den Foresters sollen von den Highlandponys abstammen.
Inzwischen werden New Forest Ponys auch exportiert, vor allem aufs europäische Festland und hier besonders nach Holland. Aber auch in Kanada, in den USA, in Australien und Neuseeland gibt es etliche Herden, die sich sehen lassen können.

Vorhergehende Seite: Eine Mischung von fast allen bodenständigen britischen Rassen, darunter mehr als 2000 New Forest Ponys, lebt halbwild in der Grafschaft von Hampshire, England.

Oben: Der gutmütige Charakter und die schnelle Lernfähigkeit macht den Forester zu einem idealen Familienpony. Größere Ponys können durchaus auch Erwachsene tragen. Allerdings zeigen die kleineren Tiere meistens mehr Qualität.

Norwegisches Fjordpony

Dieses Pony, das auch Vestlandspferd heißt, ist eine etwas primitiv, aber doch attraktiv aussehende bodenständige Ponyrasse, die schon seit prähistorischen Zeiten in Norwegen lebt. Wie der zweite Name sagt, lebte es ursprünglich im Westen des Landes und war schon den Wikingern wohlbekannt.
Die Ponys werden heute noch in Norwegen als Landwirtschaftspferde auf den kleinen Bauernhöfen in den Bergen eingesetzt, wo sich der Traktor als unnütz erweist. Sie sind sehr trittsicher und zäh wie die meisten Bergponys. Sie finden auch als Pack- und Tragtiere Verwendung, und ihr freundlicher, sanfter Charakter hat ihnen Freunde in ganz Europa eingetragen. Sie gehen als Familienpferd ebensogut unter dem Sattel wie im Geschirr.

Größe: zwischen 133 und 143 cm.
Farbe: Falben mit schwarzem Aalstrich auf dem Rükken und gelegentlichen Zebrastreifen an den unteren Gliedmaßen. Ab und zu kommen auch Braune vor. Mähne und Schweif haben in der Mitte schwarzes Haar und außen silberweißes. Die Mähne wird in charakteristischer Weise geschoren, von Natur aus ist sie jedoch lang.
Kopf: typischer Ponykopf. Große, weit auseinanderstehende Augen und breite, flache Stirn. Kleine Ohren.
Hals: kurz und dick.
Gebäude: kurzes, stark muskulöses Kompaktpferd. Kurzer, runder Widerrist. Schweif tief angesetzt.
Gliedmaßen: kurze Röhrbeine. Manchmal etwas Kötenbehang.

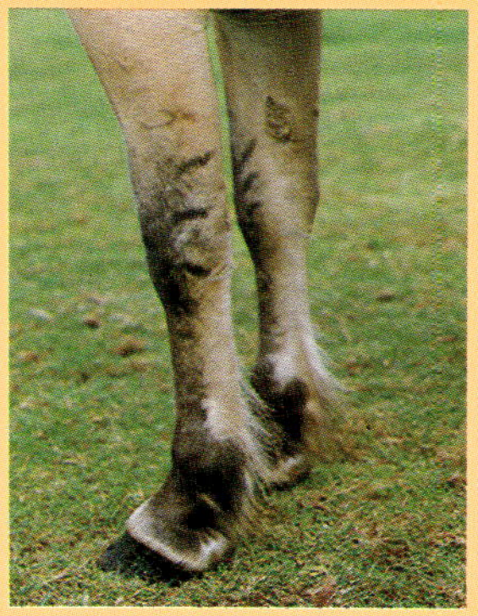

Ganz oben: Fjordponys bewähren sich heute noch in der Landwirtschaft.

Oben: Manchmal sind Zebrastreifen an den Beinen zu erkennen.

Links: Schon seit prähistorischen Zeiten lebt diese Primitivrasse in Norwegen.

Oldenburger

Größe: mindestens 165 cm, meist über 170 cm.
Farbe: Braune, Rappen, selten Schimmel.
Kopf: ziemlich groß, oft Ramskopf.
Hals: ziemlich lang, dick und sehr kräftig.
Schultern: sehr muskulös, schräg.
Gebäude: tief, sehr muskulös, breite Brust, häufig flache Rippen.
Hinterhand: mächtig, mit hoch aufgesetztem Schweif.
Gliedmaßen: kurz und kräftig, große Sprunggelenke.
Aktion: ziemlich hohe Knieaktion.

Linke Seite: 170 cm ist die mittlere Größe dieser Rasse.

Links: Der gerade Kopf eines Oldenburgers.

Unten: Einkreuzungen von Vollblütern ergaben ein vielseitig verwendbares Pferd.

Nächste Seiten: Oldenburger auf der Koppel.

Der mächtige Oldenburger, der nicht selten über 173 cm Stockmaß hat, ist das größte und schwerste Warmblutpferd der Bundesrepublik Deutschland. Die Zucht basiert auf friesischem Blut und wurde vor 300 Jahren von dem Grafen von Oldenburg begründet, der bald leichteres Blut, vor allem aus Spanien und Italien, einführte, um dem Bedarf an Kutschpferden nachzukommen. In der zweiten Hälfte des 18. Jahrhunderts fand eine weitere Verbesserung statt durch Einführung von spanischem Blut, Berberblut und englischem Halbblut. So erhielt man ein kräftiges Kutschpferd, das – entsprechend seinem ursprünglich friesischen Blut – sehr früh reif wurde.
Nachdem keine Kutschpferde mehr verlangt wurden, mußten die Züchter ihr Programm wieder ändern. Dabei wurden vor allem zwei Hengste eingesetzt – das Vollblut *Lupus* und der Normänner *Condor* –, durch die ein brauchbares Reitpferd entstand. Seit einiger Zeit führt man noch mehr Vollblut zu, zusammen mit Hannoveraner- und Trakehnerblut. So hat sich jetzt die Rasse zu einem Vielzweckpferd entwickelt.
Nachdem nun das Fahren wieder in Mode gekommen ist, hat sich der Kreis geschlossen. Die deutschen Fahrer Bernd Duen und Ernst Fauth bestreiten internationale Fahrwettbewerbe erfolgreich mit Oldenburgern.

Palomino

Es gibt wohl kaum etwas Schöneres in der Pferdewelt als das goldglänzende Fell des Palominos, das noch durch die weiße Mähne und den weißen Schweif in der Wirkung unterstützt wird. Diese Farbe – auch Isabellenfarbe genannt – wird seit Jahrhunderten gezüchtet. Und die Tatsache, daß dabei nicht immer wieder Isabellen entstehen, ist für die meisten Züchter eine Herausforderung, der sie nicht widerstehen können.

In den Vereinigten Staaten ist der Palomino als Farbrasse anerkannt und hat ganz bestimmte Standards, die rechts unten wiedergegeben sind.
In den meisten anderen Staaten ist der Palomino nur als Farb*typ* und nicht als Rasse anerkannt. In Großbritannien zum Beispiel können alle Palomino-farbenen Pferde in der britischen Palomino Society eingetragen werden, auch bodenständige Ponyrassen wie etwa das Welsh Mountain, das New Forest oder das Shetlandpony, bei denen auch diese Farbe vorkommt.

In Amerika wurde die Palomino Horse Association im Jahr 1936 gegründet, und zwar mit dem Ziel, eine charakteristische Zucht zu erhalten und bestimmte Blutlinien zu registrieren. Inzwischen hat man aber erkannt, daß es genetisch nicht möglich ist, immer wieder Palominos zu bekommen. Das aber hat der Rasse oder der Zucht keinen Abbruch getan. Dieses genetische Phänomen, das man auch »nicht vollkommene Dominanz« nennt, bewirkt, daß auch das Produkt zwischen Palomino-Hengst und Palomino-Stute nicht unbedingt ein Palomino-Fohlen sein muß. So haben sich inzwischen wenigstens vier verschiedene Zuchtsysteme herauskristallisiert, um einen hohen Prozentsatz an »Farbechtheit« zu gewinnen. Werden zwei Palominos gepaart, so ist das Ergebnis entweder ein Fuchs oder ein Albino; wird ein Palomino mit dem Fuchs gepaart, gibt es entweder einen Palomino oder einen Fuchs; die Paarung zwischen Palomino und Albino ergibt entweder einen Palomino oder ein Albino. Bei der Paarung zwischen Fuchs und Palomino entsteht fast immer ein Palomino, aber oft ist die Farbe nicht so wie gewünscht.
Es gibt weltweit sehr viele Palominos aus den unterschiedlichsten Pferderassen, und alle haben sich in den verschiedensten Disziplinen einen Namen gemacht. Es gibt Quarter Horse Palominos, die besonders gut für die Western-Reiterei geeignet sind, halbarabische Palominos, die vor allem in Großbritannien als Showpferde beliebt sind, und viele andere unbekannte Pferde, die gut unter dem Sattel wie auch vor dem Wagen gehen.

Oben: Die Palomino- oder Isabellenfarbe ist schon sehr alt; sie muß aussehen wie eine noch nicht gebrauchte Goldmünze. Die Farbe stammt vermutlich von ganz frühen arabischen Pferden, auch wenn sie bei den heutigen Arabern nicht mehr vorkommt.

(Die folgende Beschreibung ist ein Auszug aus den offiziellen Standards der Palomino Horse Association of America.)

Größe: mindestens 143 cm, höchstens 163 cm.
Farbe: wie eine völlig neue Goldmünze, eventuell etwas heller oder dunkler, aber immer im gleichen Ton. Dichte weiße Mähne und weißer Schweif sind Bedingung.
Allgemeine Beschreibung: hübscher Kopf mit viel Platz zwischen den Augen, die dunkel oder nußbraun sind. Kleine, aufmerksame Ohren. Gleichmäßige Gliedmaßen, ausgeprägter Widerrist, kurzer, gerader Rücken und natürliche hohe Schweifhaltung.
Abzeichen: Weiß im Gesicht ist erlaubt, aber nicht größer als Blesse, Stern oder Strich. An den Beinen nur am Knie und am Fesselgelenk erlaubt.
Haut: Die Haut kann dunkel oder goldfarben sein. Die Palomino Horse Association zieht keine bestimmte Farbe vor. Tiere mit pigmentloser, d. h. rosafarbener Haut und hellen Augen werden nicht zur Zucht eingesetzt.

Links: Der Palomino ist in Amerika eine eingetragene Zuchtrasse nach Farbe. Er ist sehr beliebt bei Anhängern des Western-Reitstils. Aufgrund eines genetischen Phänomens ist es nicht möglich, mit hundertprozentiger Sicherheit immer wieder Palominos zu erhalten. Dies ist für manche Züchter eine große Herausforderung, die sie nur zu gern annehmen.

Nächste Seiten: In Großbritannien wird das Pferd nur als Typ und nicht als Rasse anerkannt. Trotzdem wurde kürzlich die British Palomino Society gegründet. Sie erkennt jedes Pferd oder Pony mit golden schimmerndem Fell, weißer Mähne und weißem Schweif, sowie dunklen – keinesfalls blauen – Augen als zuchtgeeigneten Palomino an. Das Pferd wird heute ständig beliebter als Show-Pferd und Wanderreitpferd, besonders für Kinder und Jugendliche.

59

Quarter Horse

Unten: Ein noch so braves Pferd sticht mal der Hafer.

Rechts: Das Quarter Horse gehört dem größten Pferdezuchtverband der Welt an.

»Auch das bravste Pferd sticht einmal der Hafer« – zu keinem Pferd paßt dieser Spruch so gut wie zum American Quarter Horse. Er trifft genau die Merkmale dieser großartigen Pferde, die gleichzeitig einen sanften, freundlichen Charakter haben und die unglaubliche Fähigkeit, vom Stand aus in unvorstellbar schnellem Galopp davonzurasen, der jeden Englischen Vollblüter weit hinter sich läßt – zumindest auf die Distanz einer Viertelmeile, woher das Pferd seinen Namen hat.

Viele Leute meinen, daß das Quarter Horse aus Amerikas Westen stammt, in Wirklichkeit hat es sich aber in den östlichen Staaten entwickelt und in den frühen europäischen Kolonialgebieten. Die Spanier brachten Berber (und vermutlich auch Araber) mit, während die späteren Siedler aus England kamen und schottische Galloways sowie – noch später – auch Englische Vollblüter einführten.

Die amerikanischen Indianer stahlen spanische Pferde, und im Verlauf der Geschichte kamen Engländer in den Besitz dieser Pferde, die sie mit Vollblütern oder im Vollblut stehenden Pferden kreuzten. Sie erhielten ein zähes, kräftiges Pferd, das sich zu dem entwickelte, was wir heute als American Quarter Horse kennen.

Die britischen Siedler brachten nicht nur ihre eigenen Pferde mit, sondern auch ihre Liebe zu Rennveranstaltungen. Aber in diesem neuen Land gab es noch keine Rennstrecken, geschweige denn einen richtigen Turf, so machten sie sich ihre eigenen Strecken: auf Straßen oder über erzwungenermaßen kurze Distanzen, die durch gerodetes Waldland führten. Diese Distanz wurde bald standardisiert auf eine Viertelmeile (440 m), und auf dieser Strecke waren die kleinen, kompakten, muskulösen Pferdchen phänomenale Sprinter.

Doch in der harten Pionierzeit wurden die Pferde nicht nur für Rennen gebraucht. Sie mußten Hans-Dampf-in-allen-Gassen sein und dabei unter schwierigsten Umständen leben. Sie arbeiteten auf Farmen, zogen Holzstämme, wurden ins Geschirr gespannt und arbeiteten vor allem als Viehhirten. Für diese Aufgabe waren sie die idealen Pferde. Ihr kurzer, kompakter Körperbau erlaubte ihnen, mit einer erstaunlichen Behendigkeit Drehungen und Wendungen auszuführen, und ihre Vorliebe für einen schnellen Sprint ließ sie die Herden jagen und wieder zusammenbringen, wie es sonst kein anderes Pferd schaffte. Sie entwickelten den sogenannten »Cowsense«, und es gibt kaum etwas Aufregenderes im Pferdegeschehen, als ein Quarter Horse zu beobachten, das gerade ›seine Kuh bearbeitet‹.

Heutzutage ist das Quarter Horse auch ein vielseitiges Freizeitpferd, und es gibt nur wenige Disziplinen, in denen es keinen Erfolg hat. Es ist beim Springreiten ebenso zu sehen wie bei Distanzritten, in der Dressur ebenso wie im Polo oder bei Show-Veranstaltungen. Man kann es zur Jagd einsetzen, aber vor allem bei Rodeos und allen Formen der Western-Reiterei, wie zum Beispiel »Barrel-racing« (schnellstmögliches Rennen um Fässer) oder »Cattle-cutting« (Aussondern eines einzelnen Rindes aus der Herde).

Wie populär diese Pferde sind, erkennt man daraus, daß sie den größten Pferdezuchtverband der Welt mit über 1,5 Millionen eingetragener Tiere bilden.

Größe: zwischen 145 und 160 cm.
Farbe: Die amerikanische Quarter Horse Association akzeptiert keine Pferde, die so große Abzeichen haben, daß sie von der Größe, von der Art und von der Körperstelle her als Pintos, Appaloosas oder gar Albinos gelten könnten.
Kopf: relativ kurz, aber breit, mit kleinem Maul und fest geschlossenen Lippen. Die oberen und unteren Schneidezähne müssen aufeinanderbeißen. Gut entwickelte Kinnladen. Weite, sensible Nüstern. Mittellange, aufmerksame, weit auseinanderstehende Ohren. Große, Intelligenz zeigende Augen.
Hals: Der Kopf geht in den Hals in einem Winkel von ca. 45° über. Gute Ganaschenfreiheit und viel Kehltiefe, die dem Pferd erlauben, auch bei gesenktem Kopf während der Arbeit genügend Luft zu bekommen. Der relativ lange Hals geht über in schräge Schultern. Hochgebogener Hals oder dicker Mähnenkamm ist unerwünscht.
Schultern: lang, ebenfalls in einem Winkel von 45° zum Körper stehend. Dadurch lange Schritte möglich. Ziemlich muskulös. Die Schräge der Schultern führt zu einem mittelhohen, gut ausgeprägten Widerrist. Widerrist und Kruppe haben etwa die gleiche Höhe.
Gebäude: tiefe und breite Brust mit viel Platz für Herz und Lungen. Weit auseinanderstehende Vorderbeine. Die Muskeln im Innern der Vorderbeine sehen aus wie ein umgedrehtes V. Kurzer Rücken, eng geschlossen, voll und mächtig in der Lendengegend. Gut ausgeprägter Rippenbogen. Die Bauchlinie erscheint länger als der Rücken; Bauch nicht zu hoch eingezogen.
Hinterhand: breit, tief und schwer, wenn von der Seite oder von hinten gesehen. Ober- und Unterschenkel sowie Knie und Gelenke stark bemuskelt. Lange, abschüssige Kruppe. Lange Hüftmuskeln, die bis in die Sprunggelenke bzw. Knie übergehen. Die Sprunggelenke sind – von hinten gesehen – der breiteste Teil des Pferdes, breiter als die Hüften.
Gliedmaßen: breite, flache, trockene und kräftige Sprunggelenke; völlig frei von überflüssigem Gewebe. Gelenke ganz geradeaus gerichtet. Kurze Röhren mit bodennahen Knien und Gelenken. Von der Seite und von hinten sehen sie sehr steil aus, außerdem breit von der Seite aus gesehen. Die Sehnen erscheinen gut abgesetzt von Knochen und Muskeln. Kräftige Fesselgelenke, um Zug und Druck bei der Arbeit gut durchzustehen. Fesseln mittellang, wiederum in einem Winkel von 45° zu den Beinen stehend. Von vorn und von hinten gesehen, sind Beine, Röhren und Fesselgelenke ganz gerade. Hufe relativ lang und im Verhältnis zur Größe des Pferdes stehend. An der Ferse offen, weit und tief.

Ganz oben: Das Quarter Horse ist das ideale Pferd für den Viehhirten. Die Manövrierfähigkeit und den ›Cow-sense‹ dieses Pferdes zu beobachten, bleibt ein unvergeßliches Erlebnis.

Oben: Die oberen und unteren Schneidezähne müssen aufeinanderbeißen.

Selle Français

Selle Français (Französisches Reit- oder Sattelpferd) ist seit 1958 die offizielle Bezeichnung für die verschiedenen Versionen von Halbblut-Reitpferden der französischen Regionen Angevin, Charolais und Vendée. Die größte und einflußreichste Zucht, die das Selle Français begründete, war die des Anglo-Normänners. Das Stammbuch des Selle Français ist eine Weiterführung des Buches der Anglo-Normänner. Der Anglo-Normänner wiederum stammt von dem schweren Normänner Kaltblutpferd ab, das schon sehr lange bekannt war und im 17. Jahrhundert mit Blut von deutschen Warmblutpferden, von Arabern und Berbern veredelt wurde. Später, im 18. und 19. Jahrhundert, züchtete man Norfolk Traber und Vollblut mithinein, und das Resultat war der Anglo-Normänner. Daraus entwickelten sich zwei Typen: der Französische Traber und ein vielseitiges Gebrauchspferd, das zu Beginn für den Wagen verwendet wurde, später für die Kavallerie und schließlich als allgemeines Reitpferd.
Heute haben etwa 33% aller Selle Français Vollbluthengste zum Vater, 20% Anglo-Araber, 45% reine Selle Français und 2% Französische Traber. Vollblüter, die mit Französischen Trabern, Arabern oder Anglo-Arabern, in denen wiederum Blut des Französischen Trabers fließt, gekreuzt werden, werden ebenso als Selle Français registriert wie die Kreuzungen von Vollblütern mit Anglo-Arabern, vorausgesetzt, in deren Adern fließt weniger als 25% arabisches Blut.
Das Selle Français wird vorrangig als Sportpferd gezüchtet. Bekannt geworden sind die Springpferde *Galoubet Malesan* unter Gilles Bertram de Balanda und *Gai Sarda* unter Patrick Caron. Die Pferde laufen aber auch Rennen und nehmen an Militarys teil. Viele sind gute Huntertypen mit aufgewecktem, aber freundlichem Temperament.

Größe: Dreijährige werden eingeteilt in die Fähigkeit, Gewicht zu tragen. *Mittelgewicht:* klein, 155 cm und weniger; mittel, über 155 cm, aber nicht mehr als 163; groß, über 163 cm. – *Schwergewicht:* klein, unter 163 cm; groß, 163 cm und mehr.
Farbe: vor allem Füchse, aber alle anderen Farben sind auch erlaubt.
Kopf: edel, mit weit auseinanderliegenden Augen.
Hals: lang und elegant.
Schultern: schräg, viel Rittigkeit gebend.
Gebäude: kräftig, mit tiefer Brust, gut ausgeprägter Rippenbogen.
Hinterhand: mächtig.
Gliedmaßen: lang, mit viel Knochensubstanz.
Aktion: lebendig, sanft; gute Gänge.

Rechts: Der edle Kopf und elegante Hals des Selle Français.

Schwedisches Warmblut

Das Schwedische Warmblut ist ein hervorragendes Allround-Reitpferd mit bemerkenswerten Qualitäten. Es ist nicht nur ein gutes Sport- und Turnierpferd, sondern auch eines, das mit seinem ausgeglichenen Temperament alle Reiter erfreut – vom Anfänger bis zum Olympiateilnehmer. Besonders geeignet ist das Pferd für Dressuraufgaben, und es gibt einige Schwedische Warmblüter, die in dieser Disziplin bekannt geworden sind: *Piaff, Junker, San Fernando, Werder* und *Widin,* aber auch der für die USA gerittene *Fellow Traveller.*

Die Warmblüter haben aber auch die Spitze im Military-Reiten erreicht, so zum Beispiel *Iluster,* der bei der Olympiade 1956 die Goldmedaille in der Einzelwertung gewann, oder *Sarajewo,* der sich bei der Olympiade 1972 in München Bronze holte.

Die Zucht begann im Königlichen Gestüt von Flyinge vor etwa 300 Jahren, und von Anfang an wurde sehr sorgfältig selektiert. Ursprünglich wurden spanische, orientalische und friesische Hengste importiert, um gute Pferde für den Königlichen Marstall und die Kavallerie zu bekommen. Seit einiger Zeit versucht man, die Vielseitigkeit des Pferdes noch zu verbessern, und es werden Araber, Hannoveraner, Trakehner und Vollbluthengste eingekreuzt – letztere von so großer Qualität wie der Halbbruder von *Nasrullah, Darbhanga.*

Das Gestüt in Flyinge ist immer noch Hauptzuchtort für die Warmblüter, und die Zuchtauswahl ist nach wie vor sehr hoch angesetzt – für die Gestütspferde ebenso wie für die Pferde von privaten Eigentümern. Seit 1874 gibt es ein staatliches Prämiensystem. Bevor die Hengste und Stuten für die Zucht zugelassen werden, müssen sie sich die Untersuchung durch einen Inspektor gefallen lassen, der jedes Jahr im Frühling durchs ganze Land reist und sich die geeigneten Pferde aussucht. Erstklassige Tiere kommen in Klasse A, die etwas weniger guten in Klasse B, und die anderen, deren Eigenschaften kaum schlechter sind, haben eben nur ›bestanden‹. Eine Höherqualifizierung ist durchaus möglich, wenn ein Tier hervorragende Nachkommen bringt oder sich selbst auf Turnieren bewährt. Entsprechend ist aber auch eine Degradierung möglich, und ein Hengst kann ohne weiteres wieder von der Zuchtliste gestrichen werden. Die Hengste werden übrigens nicht nur nach dem äußeren Erscheinungsbild und nach Gesundheit eingestuft, sondern müssen auch ihre Fähigkeiten unter Beweis stellen.

Die Zuchtherde in Flyinge wird in jedem Herbst aufgefrischt, wenn etwa 15 Junghengste aus demselben

Jahr von Privatzüchtern geliefert werden. Als Jährlinge werden sie nochmals getestet, die Nichtgeeigneten werden gelegt (kastriert) und bei einer Auktion verkauft. Die im Gestüt verbleibenden werden mit zweieinhalb Jahren wiederum geprüft und die besten von ihnen dann für den Vorführungstest trainiert. Die anderen werden ausgesondert. Auf diese Weise bleibt die Qualität der Zucht erhalten und wird sogar ständig verbessert.

Größe: möglichst nicht über 165 cm.
Farbe: alle Farben möglich.
Allgemeine Beschreibung: gute Reiteigenschaften, leichte Gänge, angenehmes Temperament. Große Gurtentiefe. Kurze, kräftige Beine.

Linke Seite: Die Zuchtauswahl des Schwedischen Warmbluts ist sehr streng und gewährleistet dadurch Qualität und gute Reiteigenschaften.

Oben: Wie andere europäische Warmblutpferde ist auch das Schwedische hervorragend für die Dressurarbeit geeignet.

Tennessee Walking Horse

Das Tennessee Walking Horse ist eine weitere typisch amerikanische Pferderasse, die als spezialisiertes Arbeitspferd entstand und heute vor allem zu Show-Zwecken verwendet wird. Wie das Saddlebred wurde es entwickelt, um den Reiter auf seinen Inspektionsritten über die Plantagen im Süden der USA zu tragen. Es kann zwar nicht mit dem five-gaited-Saddlebred konkurrieren, hat aber wiederum zwei andere, ebenfalls einzigartige Gänge entwickelt, den »Flat walk« und den »Running walk«, letzterer bei anderen Rassen als Tölt bekannt. Auch der Galopp unterscheidet sich von dem anderer Pferde.

Die offizielle Beschreibung der Gänge liest sich wie folgt:

»Der ›Flat walk‹ und der berühmte ›Running walk‹ sind Viertaktgänge, bei denen man genau hören kann, wie das Pferd alle vier Beine hintereinander aufsetzt (links-vorn, dann rechts-hinten, rechts-vorn, links-hinten). Bei jeder Bewegung nickt das Pferd mit dem Kopf im Rhythmus des Auffußens. Die Hinterbeine fußen vor den Trittsiegeln der Vorderbeine auf. Die Bewegung sollte gerade und direkt sein, nicht schwingend, wiegend oder gar kreuzend. Der ›Flat walk‹ muß locker, vorwärtsschreitend und gerade sein, mit viel Schulterbewegung. Der ›Running walk‹ soll ebenfalls eine losgelassene Bewegung sein, wobei die Vorhand zieht und die Hinterhand schiebt und den Antrieb gibt. In der Geschwindigkeit darf kein bedeutender Unterschied auftreten zwischen ›Flat walk‹ und ›Running walk‹, doch darf der ›Running walk‹ nie zu schnell werden. Der schaukelnde Galopp ist eine hohe, rollende Bewegung mit ausgeprägtem Kopfnicken, angezogenem Kinn und in hoher Versammlung.«

Natürlich gibt diese Beschreibung, so richtig sie ist, nicht das Gefühl wieder, das einem diese Gänge vermitteln. Sie werden auch als ›fließende, sanfte, gleitende Gänge‹ bezeichnet, die den Reiter nicht durchschütteln. Diese Gangarten sind dem Pferd angeboren und können schon bei Fohlen beobachtet werden.

Beim »Running walk« läuft das Pferd durchschnittlich 9,5-13 km pro Stunde, aber bei Show-Veranstaltungen wird diese Zeit häufig überschritten, was das Pferd oft überanstrengt. Häufig kommt es dabei zu Verletzungen. Wie beim Saddlebred sind auch beim Walker die Schweifmuskeln operiert, damit der Schweif möglichst hoch getragen wird.

Außer diesen beiden zusätzlichen Gängen kann das Tennessee Walking Horse natürlich die drei Grundgangarten Schritt, Trab und Galopp. Durch seinen angenehmen, frommen Charakter und seine Vielseitigkeit ist es vor allem in den Vereinigten Staaten sehr beliebt. Die Verbindung von Sanftmut und Reitkomfort ist ideal für Reitanfänger sowie für nervöse,

Größe: zwischen 153 und 163 cm.
Farbe: Rappen und andere einfarbige Tiere werden bevorzugt, aber andere Farben sind erlaubt. So gibt es auch Schecken in vielen Variationen.
Kopf: manchmal zu groß und einfach. Ausdrucksvolle Augen mit besonders auffallenden, da geschwungenen Lidern.
Hals: kräftig und gebogen; etwas kürzer als beim Saddlebred.
Schultern: schräg. Widerrist nicht besonders deutlich ausgeprägt.
Gebäude: mächtig. Breite Brust und kräftige Hinterhand. Relativ langer Rükken.
Gliedmaßen: hart und trokken.

Oben: Das Tennessee Walking Horse hat einen ziemlich großen, geraden Kopf und ist etwas weniger elegant gebaut als sein Pendant, das American Standardbred. Sein sanfter Charakter und die ruhigen Gangarten machen das Pferd aber ständig beliebter, vor allem bei Reitanfängern.

ängstliche und etwas ältere Reiter. Andererseits wird das Pferd auch für Distanzritte und vor dem Wagen verwendet.
Das Tennessee Walking Horse und das Saddlebred haben sehr viel gemeinsam. Beide Rassen wurden gezüchtet für die Farmer der großen Plantagen im Süden der USA, und der Tennessee Walker hieß eine Zeitlang auch Plantation Walking Horse oder, da die Farmer ihre Plantagen immer Reihe für Reihe durchritten, »Turn Row Horse« (Pferd, das nach jeder Reihe – row – wendet).
Ausgewählte Beimischungen von Morgans, Vollblütern, Arabern und Standardbreds erbrachten die gewünschten Qualitäten des Saddlers wie des Walkers. Erst zu Beginn dieses Jahrhunderts wurden die beiden Rassen getrennt. Im Jahr 1910 wurde der Tennessee Walker als eigenständige Rasse anerkannt, und 1935 wurde die Tennessee Walking Horse Breeders' Association gegründet, die das Stammbuch führt. Dabei hat man festgestellt, daß die meisten Pferde von einem einzigen Hengst, *Black Allan*, abstammen, der 1886 geboren wurde und ein Produkt des Traberhengsts *Allendorf* aus einer Morgan-Stute, *Maggie Marshal*, war. So wurde *Black Allan*, oder offizieller: *Allen F-1*, zum Gründerhengst der Zucht des Tennessee Walking Horse.

Oben: Das amerikanische ›Plantation Walking Horse‹ wurde gezüchtet, um den Farmern und Pflanzern einen möglichst ruhigen Ritt durch ihre Plantagen zu gewährleisten. Da das Pferd seine Beine mehr aus den Knien bzw. Sprunggelenken bewegt statt aus den Schultern, sind die Gänge besonders sanft, und der Reiter spürt kaum eine Bewegung unter sich.

Trakehner

Der Trakehner (früher: Ostpreußisches Warmblut) ist wohl das eleganteste und edelste Warmblutpferd der Bundesrepublik Deutschland: ein qualifiziertes Reitpferd mit dem edlen Kopf eines Vollblüters und wunderschönen Gängen. Außerdem ist es bekannt für seine Intelligenz, seinen Arbeitswillen, Ausdauer und Stamina. Verglichen mit dem Hannoveraner ist der Trakehner leichter gebaut.
Wie zu erwarten, zeigte das Pferd immer schon großes Talent für Dressur, Military und Springreiten. So ist der Trakehner ein Pferd, das man überall im Pferdesport einsetzen kann. Es ist ein ebenso elegantes Reitpferd für den Amateurreiter wie ein ausdauerndes und genügsames Sportpferd, das höchsten Turnieransprüchen gerecht wird. Der Trakehner kann sehr temperamentvoll sein, ja gelegentlich sogar recht eigenwillig. Dies ist vor allem bei den Tieren zu beobachten, die ihre Ohren gern seitlich hängen lassen. Diese Schlappohren sind ein Merkmal für das Erbgut der eiszeitlichen Urpferde.
Wie so viele mitteleuropäische Zuchten war auch die des Trakehners sehr abwechslungsreich, und die Geschichte ihres Überlebens in der heutigen Bundesrepublik Deutschland liest sich recht aufregend.
Zu Beginn des 18. Jahrhunderts beschloß der Preußenkönig Friedrich Wilhelm I., ein Gestüt in Trakehnen im nordwestlichen Teil Ostpreußen zu gründen. Er setzte 600 Soldaten ein, die das Sumpfgebiet drainieren mußten. Die Arbeit war nach sechs Jahren fertig, und das unbrauchbare Land war nun drainiertes, bestes Weideland geworden, vermischt mit Kalk und Phosphor, was den Pferden das harte Knochengerüst gab.
Der König sorgte auch dafür, daß ausgewählte Tiere von anderen königlichen Ställen nach Trakehnen gebracht wurden, sowie einige Schweiken, die eigentlichen bodenständigen Pferde Ostpreußens.

Größe: zwischen 160 und 165 cm.
Farbe: alle einfarbigen.
Kopf: edel. Große, intelligente Augen, kleines Maul.
Hals: elegant und sich nach oben verjüngend.
Schultern: schräg.
Gebäude: mittellang, kräftig, schöner Rippenbogen.
Hinterhand: rund, bemuskelt.
Gliedmaßen: hart, mit kurzen Röhren und ausgezeichneten Hufen.
Aktion: gerade, frei und vorwärtsstrebend.

Dazu kamen vor allem Englische Vollblüter und einige Top-Araber, die er aus Polen einführte. So begründete er die Pferdezucht in Trakehnen; Gründungsjahr war 1732.
Auch der Sohn von Friedrich Wilhelm I., Friedrich der Große, hatte besonderes Interesse an diesen Pferden, doch nach seinem Tod 1786 wurde das Gestüt vom Staat übernommen, der vor allem Pferde für die Kavallerie züchtete.
Das Gestüt überlebte im Laufe der Zeit viele Kriege und erlitt dabei große Verluste. Bis zum Zweiten Weltkrieg wurden auch viele Trakehner außerhalb des Gestüts gezüchtet, und es gab insgesamt 15.000 private Züchter mit 25.000 Pferden.
Der Zweite Weltkrieg wirkte sich auf die Zucht verheerend aus. Als es dem Ende entgegenging und die Rote Armee den Zuchtstätten in Ostpreußen immer näher kam, nahmen die verzweifelten Züchter ihre Pferde, beluden sie und eventuell vorhandene Wagen mit ihrer Habe und ritten oder fuhren nach Westen in die heutige Bundesrepublik Deutschland.
Von den vielen Tausend Trakehnern kamen nur etwa 1.200 hier an. Sehr bald jedoch fand ein Wiederaufbau der Zucht unter der Schirmherrschaft des Trakehner Verbandes statt. Gezüchtet wird in vielen größeren und kleineren Orten (Hunnesrück, Rantzau, Zweibrücken). Trakehner haben viele andere Warmblutlinien beeinflußt und werden selbst in viele Länder exportiert.

Linke Seite: Der Trakehner ist das eleganteste und edelste Pferd aller Warmblutpferde Deutschlands.

Oben: Trakehner haben flache, raumgreifende Gänge, sind leistungswillig und ausdauernd.

Vorhergehende Seiten: Nach dem Zweiten Weltkrieg kamen etwa 1.200 Trakehner in die heutige Bundesrepublik, wo die Zucht wieder neu begonnen wurde.

Welsh Cob und Welsh Pony im Cob-Typ

Links: Die Galoppaktion des Cobs ist zwar recht aufsehenerregend, aber nicht immer gerade, sondern eher schlingernd.

Oben: Ein Jährlingshengst aus der Sektion C, dem Welsh Pony vom Cob-Typ. Dies ist die kleinere Ausgabe des Welsh Cob.

Oben: Ein Hengst der Sektion D – ein richtiger Welsh Cob also. Man hat der Zucht Vollblut zugeführt und hat somit hervorragende Hunter bekommen, die auch unwegsames Gelände meistern. Außerdem sind sie mit ihrer berühmten Trabaktion gute Showpferde.

Von den vier verschiedenen Typen des Welsh Pony – Welsh Mountain Pony, Welsh Pony, Welsh Pony im Cob-Typ und Welsh Cob – sind nur die beiden letzten wichtig genug, um sie hier als Familienponys zu erwähnen. Beide sind extrem kräftige, aktive Tiere, mächtige Springer, mutig, arbeitswillig und dabei von so angenehmem Charakter und Temperament, wie es alle britischen bodenständigen Ponys sind. Die Ponys der Sektion C werden neuerdings überholt von dem größten und kräftigsten Typ der Welsh-Zuchten, der Sektion D.

Sie entstammen sehr alten Rassen, die sich bis ins Mittelalter zurückverfolgen lassen. Die genaue Herkunft liegt allerdings im dunkeln, aber allem Anschein nach hat das Welsh Mountain Pony großen Einfluß gehabt. Die Sektion-D-Cobs sind schon seit Jahrhunderten Familienponys und gehören zum Leben von Wales dazu. Sie waren schon immer stark genug, um in der Landwirtschaft zu helfen, den Pflug zu ziehen, im Geschirr zu gehen, als Transporthelfer vor dem Wagen oder unter dem Sattel zu dienen, und sind heute beliebte Familienponys.

Vor dem Ersten Weltkrieg hatte Deutschland eine ganze Anzahl von Sektion-D-Cobs gekauft, und während des Krieges waren sie sowohl bei der britischen Armee wie bei der deutschen eingesetzt.

Die auffallendste Gangart des Cobs war schon immer der Trab, und noch heute betrachten manche Züchter den Galopp mit einiger Vorsicht. Seit 1918, als die Hengst-Lizenz eingeführt wurde, suchte man die Zuchttiere mit einer ganz einfachen Methode aus: Man ließ sie Trabrennen über lange Distanzen laufen. Dabei muß gesagt werden, daß der Cob keine sehr geraden Gänge hat, so spektakulär sie auch aussehen!

In der modernen Zucht hatten vor allem vier Hengste großen Einfluß auf die Sektion-D-Cobs, und einer oder gar mehrere von ihnen erscheinen in fast jedem Pedigree der meisten heutigen Pferde. Es waren die Hengste: *Trotting Comet,* geboren 1836, Vater: *Flyer. Cymro Llwyd,* ein Falbe, von einem Araber aus einer Welsh Traberstute. *Alonzo the Brave,* geboren 1866, hat Hackney-Herkunft. *True Briton,* 1830 geboren, hat einen Yorkshire Coach zum Vater und eine Araberstute zur Mutter, was jedoch nicht belegt ist. Die Einflüsse der Rassen mit hoher Knieaktion – wie Hackney und Yorkshire Coach Horse – waren mit Sicherheit sehr groß.

Die Sektion-C-Cobs haben in jüngster Zeit eine recht aufregende Geschichte. Nach dem Zweiten Weltkrieg lebten nur noch drei Hengste, aber die Zucht konnte glücklicherweise gerettet werden und erfreute sich im Lauf der Zeit großer Beliebtheit. Die Pferde sind kleiner als der Sektion-D-Cob und dadurch besonders von Kindern geschätzt.

Sektion-D-Cobs wurden mit Vollblütern gekreuzt. Das ergab hervorragende Hunter und hochqualifizierte Show-Pferde, die eine besondere Veranlagung für die Dressur zeigen.

Cobs werden in die verschiedensten Länder exportiert, auch nach Australien und Neuseeland, haben aber noch nicht die große Beliebtheit erreicht, die ihre kleinen Verwandten besitzen, die Welsh Mountain Ponys und die Welsh Ponys.

Größe Welsh Pony vom Cop-Typ (Sektion C): bis zu 137 cm. Welsh Cob (Sektion C): mindestens 145, durchschnittlich 145-153 cm (kein oberes Limit).
Farbe: jede einfarbige.
Kopf: charaktervoller Ponykopf. Ein grober Kopf oder Ramskopf sind total unerwünscht. Kühn blikkende, auffallende, weit auseinander gesetzte Augen. Relativ kleine Ohren.
Hals: von guter Länge und aufrecht getragen. Mit schöner Biegung bei Stuten, bei Zuchthengsten Neigung zu starkem Mähnenkamm.
Schultern: kräftig, schräg, aber ziemlich weit zurückgesetzt.
Gebäude: Rücken und Lendengegend muskulös und kräftig, sehr geschlossen. Tiefe Brust, tonnenförmiger Leib.
Hinterhand: ziemlich lang und kräftig. Spitze oder abfallende Kruppe unerwünscht. Gut angesetzter Schweif.
Gliedmaßen: Vorderbeine gerade, gleichmäßig, nicht zu eng am Ellbogen. Lange, kräftige Vorderbeine. Knie gut entwickelt. Fesseln lang und schräg, in Proportion zum Körper. Etwas seidiger Kötenbehang ist erlaubt, aber keine zu starke, grobe Behaarung an den Fesseln. Hinterbeine dürfen nicht zu sehr gebogen sein, Sprunggelenke in gleicher Linie wie Fesselgelenke, keinesfalls davor. Auch Unterschenkel kräftig und bemuskelt. Große, flache, trockene Gelenke; weder nach innen noch nach außen gedreht.
Hufe: gut geformt, in Proportion zu den Beinen. Hart.
Aktion: frei, gerade, vorwärtsstrebend. Die Knie müssen gut angezogen werden, und die ganze Vorhand von der Schulter bis in die Fesseln muß in Bewegung sein, zumindest im Trab. Sprunggelenke der Hinterhand werden tief unter den Körper gesetzt.

Württemberger Warmblut

Größe: höchstens 163 cm.
Farbe: Braune, Rappen, Füchse.
Allgemeine Beschreibung: ein kräftiges, kompaktes Reitpferd, manchmal etwas gedrungen. Viel Gurtentiefe und gute, saubere und korrekte Gliedmaßen.

Links: Der moderne Württemberger ist ein gutes Reit- und Fahrpferd.

Unten: Die Zucht wurde in starkem Maße von einem Anglo-Normänner-Hengst, *Faust,* beeinflußt, der der Vater vieler besonders harter Pferde mit ruhigem Charakter wurde.

Rechte Seite: Das Gestüt in Marbach wurde schon im 16. Jahrhundert gegründet.

Der Württemberger wurde ursprünglich als zähes, umgängliches Vielseitigkeitspferd gezüchtet, das sich gut in den Gebirgsregionen Württembergs bewegen konnte. Zu Beginn wurden bodenständige Stuten mit Araberhengsten aus dem Gestüt in Marbach gepaart, das im 16. Jahrhundert gegründet worden war. Später wurde eine Vielzahl verschiedener Blutlinien eingekreuzt wie Trakehner (bzw. damals noch Ostpreußisches Warmblut), Normänner, Nonius und Oldenburger. Für kurze Zeit wurde auch Kaltblut eingekreuzt, nämlich Suffolks und Clydesdales.
Obwohl die Zucht bereits vor fast 400 Jahren begann, wird sie erst seit etwa einem Jahrhundert systematisch betrieben. Das Gestütsbuch begann im Jahr 1895.
Nach dem Ende des Zweiten Weltkriegs änderte sich die Zucht vom Arbeitspferd zum Sportpferd, und mehr Qualität wurde eingeführt, vor allem durch Trakehnerblut (in dem ja auch Vollblut und Araberblut enthalten ist). Der einflußreichste Hengst der letzten Jahre war der Trakehner *Julmond,* der von 1960 bis 1965 in Marbach als Hauptbeschäler stand.
Der moderne Württemberger ist ein gutes, sensibles Pferd mit viel Rittigkeit, das aber auch gut im Geschirr geht. Es ist bekannt für seine Härte, seine gesunden Beine und Hufe sowie für sein gutes Temperament.

Pferdesport in allen Variationen

Die Autoren der folgenden Kapitel sind Leute, die die beschriebenen Sportarten auch selbst ausführen und nicht nur darüber schreiben. Sie möchten Ihnen den Weg zeigen, wie man zu Turnieren kommt, an ihnen teilnimmt und dabei Fortschritte macht. Die Bandbreite ist sehr groß; es werden die klassische Dressur ebenso beschrieben wie die erforderlichen Fähigkeiten beim Springreiten oder in der Military. Dazwischen liegen so interessante Themen wie »Reiten mit dem Damensattel«, »Show-Reiten«, »Jagdreiten«, »Western-Reiten« und natürlich das wieder so beliebt gewordene Fahren.

5

Military

Die Military oder Vielseitigkeitsprüfung ist ein sehr schwerer Leistungstest für Allround-Pferde und Allround-Reiter, da er die Disziplinen Dressur, Springen, Querfeldeinreiten und Hindernisrennen in sich vereint. Normalerweise handelt es sich dabei um ein Ereignis über drei Tage (Three-day-event), wobei am ersten Tag eine Dressurprüfung steht. Diese gehört meistens der Klasse S an und besteht aus 19 Lektionen, die in 7 1/2 Minuten zu absolvieren sind. Am zweiten Tag folgt die Geländeprüfung, die eine Geländestrecke von 6-8 km mit 25-35 festen Hindernissen umfaßt. Die Hindernisse sind bis zu 120 cm hoch und 350 cm weit, der Wassergraben ist sogar 4 m breit. Am selben Tag muß noch eine Rennbahnstrecke von 3600 m geritten werden. Auch hier sind Hindernisse zu bewältigen, allerdings nur etwa acht bis zehn, jeweils höchstens 1 m hoch. Mindestgeschwindigkeit dafür: 690 m/min. Der dritte und letzte Tag ist nach der großen Anstrengung des zweiten Tages für Pferd und Reiter am kräfteraubendsten: ein Parcoursspringen der Klasse L. Für ungewohnte Reiter werden auch Militarys über einen bzw. zwei Tage angeboten. Darüber ab Seite 141 mehr.

Das Militarypferd

Für die harten Anforderungen dieses Sports braucht man unbedingt das richtige Pferd, um erfolgreich zu sein. Es muß körperlich zäh genug sein und soviel Mut und Herz haben, daß es die Querfeldeinhindernisse ohne Schwierigkeiten bewältigen kann, dabei aber ruhig und gehorsam sein, um in der Dressur und im Parcoursspringen zu bestehen. Das Stockmaß für ein erwachsenes Pferd sollte mindestens 155 cm betragen. Auf der anderen Seite waren schon viele Pferde von geringerer Größe oder von gerade 155 cm recht erfolgreich, zum Beispiel das australische »Pony« *Our Solo* oder *Our Nobby* aus Großbritannien oder auch *Marcus Aurelius* aus Amerika. Größe ist also nicht alles!

Trotzdem ist das ideale Militarypferd ein fünf- oder sechsjähriges Vollblut oder sehr stark im Vollbluttyp stehendes Pferd von etwa 165 cm Größe, mit harten, flachen Knochen, korrektem Aufbau und Haltung, kräftiger Hinterhand, guten Füßen und Hufen. Das Pferd sollte eine große Gurtentiefe haben (ein Zeichen für Stamina!), ebenso schöne Bewegungen, um beim Dressurtest zu bestehen, und natürlich mit Größe und Form der verschiedenen Hindernisse zurechtkommen. Ein ruhiges Temperament ist immer gut, andererseits muß das Pferd genügend Feuer und Eigeninitiative besitzen, um sich auch einmal selbst aus einer schlechten Lage retten zu können.

Trainingsprogramm

Anfangsstadium. Wenn Sie sich ein Pferd gekauft haben mit dem Ziel, Militarys mit ihm zu reiten, ist es sehr wichtig, das Pferd erst einmal richtig zu trainieren (und sich selbst auch!). Einige Tips zur Erhaltung einer guten Kondition Ihres Pferdes wurden schon im Kapitel über die Stallhaltung gegeben. Am wichtigsten beim Pferd sind die Beine, und wenn Ihr Pferd in der Vergangenheit auch nur die leisesten Probleme mit seinen Sehnen hatte oder lange Zeit auf der Koppel gehalten wurde, so muß man schon einige Wochen mehr rechnen, um das Pferd wieder fit zu kriegen. Wo der Boden meistens sehr fest ist, ist es selten nötig, hart zu arbeiten, da sich Pferde ihrer Umgebung anpassen und in diesem Fall auch härtere, d.h. kräftigere Beine bekommen. Zuviel Arbeit in starkem Trab beispielsweise wäre dann nur von Nachteil.

Trainingsstunden. Als nächstes empfiehlt es sich, mit dem Pferd Ausritte zu machen und es auf flachem Gelände zu trainieren, es gehorsam und durchlässig zu machen. Diese Übungen müssen mindestens 14 Tage lang fortgesetzt werden, bevor auch nur ein einziger Sprung probiert wird. Das Militarypferd muß gehorsam und aufmerksam sein, um Sie sicher über die Querfeldeinstrecke zu bringen, und diese Übungen dienen dazu, dem Pferd beizubringen, wirklich nur das zu tun, was Sie von ihm verlangen. Die Dressurübungen können mit der Zeit ausgeweitet werden. Was die Military-Richter schätzen, ist eine gute Vorführung, bei der zwischen Pferd und Reiter alles stimmt. Natürlich freuen sie sich über eine brillante Leistung, doch schauen sie mehr danach, ob diese

USA

Leistung auch in allen Teilen korrekt ist und ob das Pferd in allen Bewegungen durchlässig und aktiv ist.

Vorbereitungen zum Springtraining.
Hierzu eignet sich fürs erste besonders die Arbeit mit den Cavaletti, um das Pferd so zu stärken, daß es später mit den verschiedensten großen Hindernissen zurechtkommt. Das Pferd muß in der Lage sein, seinen Schritt kürzer oder länger zu machen, und die Schritt- oder Trabarbeit über die Cavaletti ist dazu besonders gut geeignet. Jedes Pferd hat eine eigene Schrittlänge, der man zuerst die Lage der Cavaletti anpaßt, später veranlaßt man das Pferd dazu, auch über nicht passende Längen zu gehen.

Weiteres Fitneßtraining. Fordern Sie von Ihrem Pferd nicht zuviel! Es wird viel Schaden angerichtet, wenn dem Pferd zu früh zuviel abverlangt wird, ganz besonders beim Springen. Auch Cavalettiarbeit ist anstrengend für das Pferd, vor allem, wenn man ein oder zwei Cavaletti übereinanderstellt und damit schon richtige Hindernisse baut. In diesem Fall reichen zwei bis drei Trainingsstunden pro Woche. Man kann selbstverständlich zusätzlich bei den täglichen Ausritten ab und zu mal über einen Zaun, einen über dem Weg liegenden Ast oder Baum oder über ähnliche – mehr oder minder natürliche – Hindernisse springen.

Eine sehr gute Übung ist es, bei den Ausritten auch mal im Trab und Galopp kleinere Hügel hinauf- und hinabzureiten. Das hilft dem Pferd sehr, seine Balance zu finden. Außerdem muß es lernen, auch auf solchem Gelände seinen Reiter gut und sicher zu tragen.

Ausritte quer durchs Gelände. Nicht nur der Reiter muß Vertrauen in sein Pferd haben, sondern vor allem muß das Pferd Vertrauen zu seinem Reiter haben. Nur auf diese Weise wird erreicht, daß das Pferd wirklich alles tut, was der Reiter von ihm verlangt. Um dieses Vertrauen auf beiden Seiten zu erreichen, sind Ausritte quer durchs Gelände sehr wichtig. Wenn möglich, nimmt man auf solche Ausritte ein erfahrenes Pferd mit, das dem Stallgefährten durch seine Ruhe zeigt, daß es gar keinen Grund zur Aufregung gibt. Pferde lassen sich von Artgenossen anstecken. So kann man bei Ausritten immer wieder

Vorhergehende Seite: Feste Hindernisse müssen beherzt angeritten werden.

Oben: Zwar kann man bei der Querfeldeinstrecke am meisten Punkte machen, doch darf man auch beim Parcoursspringen am letzten Tag nicht unaufmerksam sein.

Rechts: Das Militarypferd darf vor Wasser keine Angst haben. Die Sprünge sind oft so angelegt, daß entweder ein Wassergraben übersprungen werden muß oder das Pferd mitten im Wasser landet. Hier zeigt es sich, ob das Pferd Vertrauen zu seinem Reiter hat; denn es kann ja nicht wissen, was sich unter der Wasseroberfläche verbirgt.

beobachten, daß die ganze Gruppe »verrückt spielt«, nur weil ein einziges nervöses Pferd dabei ist. Umgekehrt ist es jedoch möglich, durch ein ruhiges Pferd, das möglichst an der Spitze geritten wird, alle anderen Pferde zu beruhigen. Probieren Sie es einmal, bevor Sie von Ihrem – vielleicht noch zu jungen und unerfahrenen – Pferd zuviel verlangen! Andererseits muß sich auch Ihr Pferd daran gewöhnen, mit Ihnen allein im Gelände oder bei der Arbeit am Dressurplatz oder in der Halle zu sein. Das ruhige »Leitpferd« darf also nicht immer dabei sein.
Der Sinn solcher Querfeldeinritte liegt darin, das Pferd an die verschiedenen Geländeformen und eventuelle Hindernisse zu gewöhnen. Durch die Cavaletti-Arbeit ist das Pferd hoffentlich weich und durchlässig geworden und gibt nun auch bei größeren Sprüngen seinen Rücken her. Es muß aber auch lernen, sogenannte Niveauhindernisse (z. B. Wall mit Aufsprung oder Sprünge in die Tiefe) zu bewältigen und einfache Hindernisse in verschiedenen Winkeln zu nehmen, nicht immer nur aus der Geradeaus-Position. Junge, unerfahrene oder etwas trägere Pferde benötigen etwas mehr Zeit, um mit diesen Problemen fertig zu werden. Sie als Reiter müssen unbedingt die dazu notwendige Geduld aufbringen, sonst kann das Pferd kein Vertrauen aufbauen.

Allgemeine Pflege für Militarypferde

Füttern. Bei allem Training darf nicht vergessen werden, daß es für das Wohlergehen des Pferdes immer noch am wichtigsten ist, richtig gepflegt zu werden, und dies wiederum bedeutet in erster Linie, gut und richtig ernährt zu werden. Gerade für ein Military- oder zumindest angehendes Militarypferd ist es sehr schwer, die goldene (Futter-)Mitte zu finden. Das Pferd muß mit den großen Anforderungen im Gelände und beim Springen fertig werden, andererseits muß es sensibel bleiben, um auch in der Dressur zu glänzen.

Hufeisen und Beinschutz. Gleich nach dem richtigen Futter kommt das Verpassen der richtigen Eisen. Beine und Hufe sind bei jedem Pferd – und erst recht beim Militarypferd – am wichtigsten. Schon vorher schrieben wir: »Ohne Huf kein Pferd«. Der Schmied muß die Eisen im richtigen Winkel und in der passenden Größe anbringen. Wächst das Horn zu stark nach und wird nicht gekürzt, werden automatisch die Sehnen an der Rückseite der Beine zu stark gedehnt. Weisen Sie Ihren Schmied darauf hin.
Nur wenige Pferde gehen absolut gerade. Wenn Sie die Tritt- und Beinfehler Ihres Pferdes kennen, versuchen Sie Abhilfe zu schaffen. Tritt es mit den Hinterbeinen in seine eigenen Vorderbeine, so können Sie ihm Gummiglocken über die Hufe der Vorderbeine ziehen. Auch Streichkappen haben sich bewährt, wenn das Pferd dazu neigt, mit der Hufkante gegen das Nebenbein zu schlagen (streichen). Beim Springen sind diese beiden Hilfsmittel sowie Bandagen unerläßlich, um Beinverletzungen zu vermeiden.
Geschwindigkeitstraining. Ab und zu kann man in dem guten Zustand, in dem sich das Pferd jetzt befinden sollte, auch mal einen schnellen Jagdgalopp einlegen. Achten Sie dabei darauf, dies nicht zu knapp nach einer vollen Fütterung vom Pferd zu verlangen. Sie wollen auch nicht allzu sportlich sein, wenn Sie einen vollen Magen haben!
Querfeldeinritte können Sie bei Jagdritten ebenso üben wie bei richtigen Querfeldeintrainingsprogrammen. Lassen Sie Ihr Pferd die ihm genehme Geschwindigkeit wählen und versuchen Sie, es konstant dabei zu halten. Geht es Ihnen zu langsam – ärgern Sie sich nicht. So haben Sie wenigstens Zeit, sich den richtigen Absprung vor den Hindernissen zu suchen, und mit der Zeit und ein bißchen mehr Übung wird Ihr Pferd sicherer und schneller. Haben Sie dagegen ein sehr schnelles Pferd, so halten Sie es nicht unnötig zurück. Es ist besser, dem Pferd erst einmal freien Lauf zu lassen und es allmählich aufzunehmen, als von Anfang an mit ihm zu kämpfen. Bei zu schnell genommenen Hindernissen bleibt Ihnen allerdings meist nur noch die Hoffnung, wenigstens im Sattel zu bleiben!

Nötige Utensilien

Denken Sie immer daran, daß Vorsicht und Sicherheit das wichtigste Gebot sind, um Unfälle zu vermeiden. So brauchen Sie unbedingt einen gut passenden Military-Helm; mit der einfachen Reitkappe ist in diesem Sport nichts zu machen. Das Pferd trägt Vorderzeug, das den Sattel am Verrutschen hindert. Alle Gurte, Strippen, Zaumzeug, überhaupt alles, was reißen kann, muß vorher überprüft und gegebenenfalls in Ordnung gebracht werden. Von den nötigen Beinschützern für das Pferd war schon die Rede.

Military für einen Tag

Es gibt Reitställe, die veranstalten kleinere Militarys, die nur einen Tag dauern; vorwiegend wird dies in England praktiziert. Haben Sie Gelegenheit, an einer solchen Veranstaltung teilzunehmen, so probieren Sie es. Es ist eine gute Übung! Lassen Sie sich alles genau erklären, zahlen Sie das eventuell nötige Startgeld und nehmen Sie sich Zeit, die Strecke und den Parcours sehr genau anzusehen, damit Sie nicht in Aufregung geraten, wenn es dann losgeht.

Streckenbesichtigung. Man kann bei großen Prüfungen immer wieder beobachten, wie die Reiter die Strecke abgehen und genau die Zwischenräume zwischen den Hindernissen prüfen und abschätzen. Tun Sie dies auch! Und seien Sie ehrlich zu sich selbst: Wollen Sie dies als eine erste Prüfung für sich und Ihr Pferd ansehen? Oder wollen Sie gleich auf Sieg setzen und alles riskieren?

Wenn Sie sich entschieden haben, welche Zielwünsche Sie haben, so sehen Sie sich die Hindernisse genau an. Wie sind sie am besten zu überwinden? Sind Alternativsprünge angeboten? Es hat gar keinen Sinn, völlig unvorbereitet einen solchen Kurs zu bewältigen, der beim augenblicklichen Stand Ihrer eigenen Kondition und der Ihres Pferdes zuviel verlangt. Sehr gefährlich ist auch häufig zu weicher, matschiger Boden an den Absprungstellen vor den Hindernissen. Solche Sprünge müssen vorsichtig und wohl überlegt angeritten werden. Glücklicherweise sind die meisten Geländestrecken fair aufgebaut, und es liegt an einem selbst, ob und wie man sich einen solchen Ritt zutraut.

Worauf ist also zu achten? Erstens auf die Strecken, die vom Pferd sehr viel verlangen und es eventuell vorzeitig ermüden. Zweitens auf den Boden, auf die Absprungstellen. Weichen, aufgewühlten Boden im schnellen Galopp hinter sich zu bringen, ist die beste Methode, die Beine des Pferdes zu strapazieren. Oder ist der Boden sehr hart und wird – falls es regnet – rutschig? Sind Sprünge dabei, die vom Hellen ins Dunkle führen? Bedenken Sie, daß die Adaptation des Pferdeauges länger dauert als beim Menschen. Geben Sie dem Pferd Zeit, sich an die veränderten Lichtverhältnisse zu gewöhnen. Führt ein Sprung über oder sogar direkt ins Wasser? In Ihren Trainingsstunden sollten Sie auch dieses Problem gelöst haben, so daß das Pferd keine Angst vor dem aufspritzenden Wasser hat.

Bei Wällen und Niveauhindernissen muß man besonders darauf achten, daß keine Wurzeln oder

Unten: Ausrüstung des Pferdes und andere Utensilien.

1 Dressursattel
2 Satteldecke
3 Kandare
4 Gurte
5 Vielseitigkeitssattel
6 Einfaches Zaumzeug
7 Vorderzeug
8 Steigbügel und Strippen
9 Decken
10 Streichkappen
11 Gewichte
12 Stallhalfter und Seil
13 Kappzaum und Longe
14 Ausbinder
15 Pflegeset
16 Stollen und Schraubenschlüssel
17 Hufeisen
18 Wundpuder
19 Scheren und Schalen
20 Bandagen
21 Thermometer
22 Insektenspray
23 Futter und Wasser
24 Heunetz

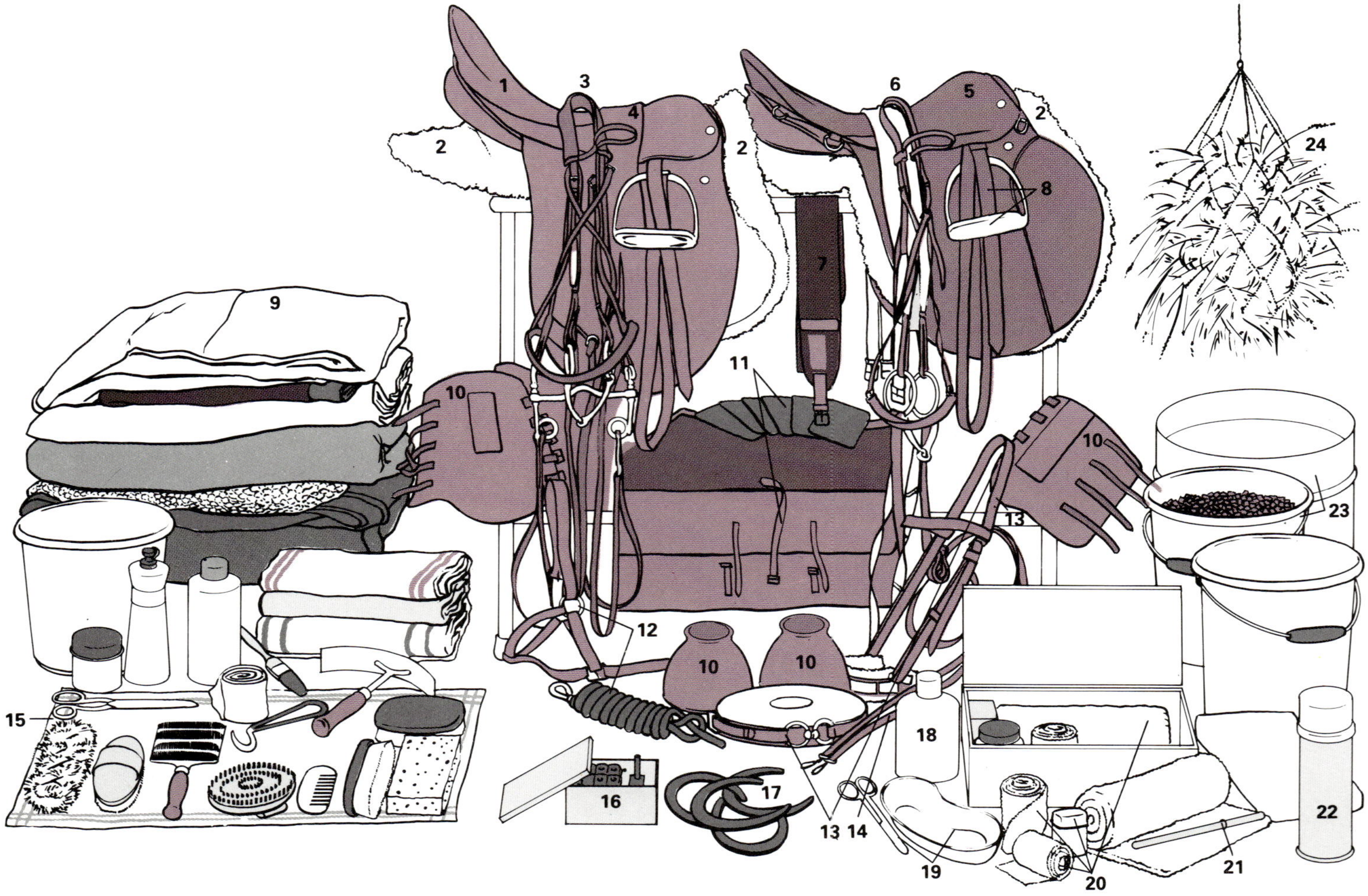

Steine auf dem Weg davor liegen. Diese Hindernisse müssen mit Schwung angeritten werden, sofort nach dem Auffußen muß schnell vorwärtsgeritten werden. Am besten legen Sie – vor allem beim Landen – Ihre Beine mehr nach vorn als sonst üblich, um einen besseren Halt zu bekommen. Werden diese Hindernisse zu langsam angeritten, nimmt das Pferd sie mit einem zu steilen Winkel – und Sie haben Mühe, im Sattel zu bleiben.
Als blutiger Anfänger sollten Sie sich nicht scheuen, das Gelände sogar zweimal abzulaufen. Schließlich geht nichts über Sicherheit!

Parcoursspringen. Das Springen im Parcours ist genauso wichtig wie im Gelände, und sie sollten den Parcours genauso sorgfältig abgehen. Lassen Sie dem Pferd Zeit, die einzelnen Hindernisse anzugehen, und reiten Sie lieber einen etwas größeren Bogen. Stellen Sie sich und Ihr Pferd sofort nach einem Sprung auf das nächste Hindernis ein. Bereiten Sie Ihr Pferd gut vor und machen Sie auf dem Abreiteplatz einige Probesprünge, ohne das Pferd zu überfordern. Lassen Sie es ruhig über kleinere Hindernisse gehen, als es gewöhnt ist. Ihr Pferd wird mit Sicherheit aufgeregt sein – durch die fremde Umgebung und die vielen Leute. Tragen Sie selbst nicht auch noch zu seiner Nervosität bei. Es reicht, wenn das Pferd im Parcours zeigt, was es alles kann, nicht schon auf dem Abreiteplatz. – Noch ein kleiner Hinweis: Reiten Sie nicht los, bevor die Glocke geht, und vergessen Sie nicht die Begrüßung der Richter und des Publikums!

Versorgung des Pferdes danach. Achten Sie schon während des Turniers auf die Gesundheit Ihres Pferdes. Vor allem während des anstrengenden Geländeritts ist es sicherlich ins Schwitzen geraten; passen Sie auf, daß es danach nicht im Zug steht und es ihm kalt wird. Andererseits verschaffen Sie ihm Kühlung, wenn die Außentemperatur sehr hoch ist, und geben Sie ihm zu trinken: oft, aber immer nur wenige Schlucke. Vor dem großen Ritt sollte das Pferd nicht mehr gefüttert und getränkt werden. Benutzen Sie Stollen, so lassen Sie sich Zeit, diese in die Hufeisen zu schrauben. Reinigen Sie die Löcher vorher und setzen Sie die vorher leicht eingefetteten Stollen ein. Müssen Sie sehr große Stollen verwenden, so lassen Sie das Pferd nicht zu lange Zeit darauf im Stall stehen. Die Stollen sind für ein Pferd genauso unbequem wie für uns zu hohe Absätze.
Veranlassen Sie, daß nach der Querfeldeinstrecke alles Notwendige vorhanden ist: Eimer, Wasser,

Unten: Ausrüstung für den Reiter.

1 Dunkles Jackett für Parcoursspringen und Dressur
2 Reithosen
3 Frack
4 Plastron
5 Hemd und Krawatte
6 Reitkappe
7 Zylinder
8 Militarykappe
9 Rückenschutz
10 Stiefel
11 Sporen
12 Handtücher
13 Getränke/Essen
14 Erste-Hilfe-Kasten
15 Nähkästchen (für lokkere Knöpfe etc.)
16 Peitsche (Schul- oder Dressurgerte)

(Für Anfänger genügt ein Tweed-Jackett für Springreiten und Dressur).

Oben links: Versuchen Sie, bei der Rennstrecke wie ein Jockey die Hindernisse anzureiten und zu überwinden, sonst gehen wertvolle Sekunden verloren.
Laufen Sie vorher den Kurs zweimal ab; davon mindestens einmal zu der Zeit, wann Ihre Prüfung sein wird. Achten Sie dabei auf den Sonnenstand und bedenken Sie die Reaktionen Ihres Pferdes.

Unten links: Niveauhindernisse sind bei Militarys häufig. Reiten Sie sie mit Schwung an, und ermuntern Sie ihr Pferd sofort nach dem Auffußen, eifrig vorwärtszugehen.

Schwämme, Schweißmesser, Schweißdecke usw. Sobald das Pferd sich beruhigt hat und wieder normal atmet, bekommt es etwas zu trinken, später dann auch etwas leichtes Futter – Heu und einige Pferdewürfel zur Belohnung. Sicher sind Sie genauso hungrig und durstig wie Ihr Pferd – doch zuerst muß das Tier versorgt werden!
Auch um die Beine des Pferdes müssen Sie sich kümmern. War der Kurs sehr hart, tut Kühlung gut; Sie können die Beine kalt abwaschen und zusätzlich noch kühle Bandagen anlegen. War der Grund zu weich, legt man Kaolin auf, das eventuell überdehnten Bändern guttut. Verletzungen müssen sofort gereinigt und mit Wundpuder oder -spray behandelt werden.

Sie machen Fortschritte!
Haben Sie an einigen Eintages-Militarys erfolgreich teilgenommen, so möchten Sie sicher noch mehr leisten. Wenn Sie sich also für größere Dinge vorbereiten, vergessen Sie dabei nicht, das einmal Gelernte immer zu wiederholen und nicht ständig nur Neues einzustudieren. Das Pferd braucht Abwechslung. Stundenlang dasselbe einzuüben, kann beim Pferd Langeweile auslösen. Kapiert hat es die Übung deshalb vielleicht doch noch nicht! Dann ist es besser, es an einem anderen Tag noch einmal zu probieren.
Steeplechase. Haben Sie beschlossen, an einer richtigen, also drei Tage dauernden Military teilzunehmen, sind noch viele Dinge zu berücksichtigen. Wie zu Anfang erwähnt, muß dabei auch eine Rennstrecke mit Hindernissen – Steeplechase – bewältigt werden. Diese Anforderung ist wieder ganz anders als beim Geländeritt oder beim Parcoursspringen. Das Pferd muß die hohe Geschwindigkeit auch beim Überspringen der Hindernisse, die allerdings nicht höher als 1 m sind, beibehalten. Versuchen Sie, vorher Hindernisrennen zu besuchen, und beobachten Sie vor allem die Haltung der Jockeys. Sie preschen in die Hinderisse hinein, haben aber immer eine feste Verbindung über die Zügel zum Pferdemaul. Natürlich wird von Ihnen nicht verlangt, genausoschnell wie die Jockeys zu reiten und auch nicht, die Steigbügel so kurz zu schnallen, wie diese das tun.
Wegestrecke. Die Wegestrecke ist nicht so fordernd. Wenn es der Zustand der Straße erlaubt, kann man hier einen ruhigen Trab oder gar Galopp einlegen; dann schafft man die Strecke in vier Minuten, und das ist genau die geforderte Zeit. Auf dem Kurs gibt es Kilometersteine, so daß man sich mit Hilfe seiner Armbanduhr, die man bei Militarys immer tragen muß, genau ausrechnen kann, ob man noch Zeit hat oder sich beeilen muß.
Gewichte. Es kann möglich sein, daß Sie als zu leichter Reiter Gewichte tragen müssen. Das Minimumgewicht beträgt mit Sattel 75 kg. Man benutzt sogenannte Bleidecken, in die Taschen für die Gewichte eingenäht sind. Diese Gewichte müssen so liegen, daß sie das Pferd nicht in der Bewegung stören und keinen Druck auf den Widerrist ausüben. Prüfen Sie das vor dem Ritt ebenso wie den festen Sitz des Sattelgurtes. Vielleicht haben Sie Gelegenheit, vorher zu Hause schon einmal zu üben, wie es sich mit einer solchen Bleidecke reitet.
Extra-Training für die Military-Prüfung. Wenn Sie für ein solch großes Ereignis trainieren, müssen Sie Ihr Pferd auch an schnelle Arbeit gewöhnen. Lassen Sie es häufig galoppieren und mindestens einmal pro Woche im ganz schnellen Jagdgalopp gehen, vor allem in den letzten zwei oder drei Wochen vor der Prüfung. Die Galoppstrecke sollte dabei nicht länger als 2 km sein, wobei man mit einem ruhigen Galopp anfängt und immer schneller wird. Allmählich das Pferd wieder aufnehmen und zum Schritt durchparieren. Es gibt viele Pferde, die häufiger so schnell galoppieren wollen. Kämpfen Sie nicht mit dem Pferd! Geben Sie ihm die Freiheit, so zu galoppieren, wie es will, doch versuchen Sie, es dabei immer in der Hand

zu haben und auf den Galopp noch selbst einzuwirken. Das Pferd darf Ihnen auf keinen Fall durchgehen.
Wie atmet das Pferd nach einem schnellen Galopp? Beruhigt sich sein Atem bald wieder? Die Zeit bis zur normalen Atmung darf zehn Minuten nicht überschreiten. Ist dem nicht so, ist das Pferd überfordert.
Zwischen den Trainingsstunden am Dressurplatz und im Springparcours sollten Sie zwei- bis dreimal pro Woche lange Ausritte mit Ihrem Pferd unternehmen, um es auf die Military vorzubereiten. Schritt, Trab und Galopp sollten sich dabei in vernünftigen Maßen abwechseln. Ein Gelegenheitssprung wird dabei gern mitgenommen.
Untersuchung durch den Tierarzt. Versuchen Sie bei anderen Teilnehmern herauszubekommen, wie man bei dieser Prüfung sein Pferd dem Tierarzt vorstellt. Daß es sauber und aufgetrenst ist, versteht sich von selbst. Oft wird aber auch verlangt, daß Mähne und Schweif geflochten sind. Bei der Inspektion steht der Reiter vor seinem Pferd und hält es am Trensenzaum fest. Dann läßt man das Pferd an der Hand im Schritt und im Trab gehen. Vergewissern Sie sich vor der Untersuchung, daß das Pferd nicht mehr steif ist von der Anreise. Lösen und lockern Sie es. Es sind schon viele Pferde von vornherein durch die Prüfung gefallen, weil sie nicht genügend gelöst waren.
Es geht los! Nach der tierärztlichen Untersuchung und dem Abgehen der Wegestrecke folgt meistens der Aufruf für alle Teilnehmer. Wenn Sie jetzt noch Fragen haben – vor allem bei Ihrem ersten Military-Auftritt –, fragen Sie sofort. Nachher ist es zu spät. Haben Sie die Karte bei sich? Haben Sie darauf die besten Absprungstellen vermerkt? Zählen Sie die Hindernisse noch einmal durch, damit Sie keines vergessen. Mancher Reiter mußte deswegen schon ausscheiden. Achten Sie bei allen Strecken auf eventuelle Wendungen oder Kurven. Es ist schnell passiert, daß man in der Aufregung zurückreitet statt nach vorn. Haben Sie die Armbanduhr dabei?

Oben: Das Springreiten muß genauso sorgfältig angegangen werden wie die Querfeldeinstrecke oder die Rennstrecke. Teilen Sie sich den Weg zwischen den Hindernissen gut ein und nerven Sie Ihr Pferd nicht mit zu kurzen, engen Kurven. Ihr Pferd wird sowieso recht nervös sein, wenn es das erste Mal in den Parcours kommt und die fremden Laute und Geräusche hört und die vielen unbekannten Menschen sieht. Doch mit der Zeit gewöhnt es sich daran, und Ihre Anforderungen an den Parcours werden auch immer größer.

69

Dressurprüfung. Hier ist eventuell mit mehr Publikum und einer gespannten Stimmung zu rechnen – Dinge, die Ihr Pferd aufregen können, so daß Sie Ihre Mühe haben werden, es ruhig zu halten, um die geforderten Figuren zu zeigen. Manchmal empfiehlt es sich, nach der Arbeit einen kurzen schnellen Galopp irgendwo (Abreiteplatz, Gelände usw.) einzulegen, damit sich die im Pferd angestaute Spannung löst. Daß Sie und Ihr Pferd in erstklassiger Aufmachung antreten, versteht sich von selbst!

Vorbereitungen für die Querfeldeinstrecke. Geben Sie Ihren Helfern – sofern Sie welche haben – genaue Anweisungen, was zu tun ist, vor allem auch nach Ihrer Rückkehr. Arbeiten Sie einen Futterplan aus und nehmen Sie sich genügend Zeit zur Vorbereitung und für das Wiegezeremoniell.

Nochmals der Hinweis, die Stoppuhr nicht zu vergessen. Reiten Sie während der Steeplechase ruhig, gerade und vorwärts gegen das erste Hindernis. Versuchen Sie, den Pausenplatz früher als vorgesehen zu erreichen, damit Sie und Ihr Pferd sich besser erholen können. Ist es sehr heiß, freut sich das Pferd über eine kalte Dusche, die es über Kehle, Kopf und Brust bekommt sowie an die Beine, jedoch nicht über den Rücken. Hier kann es schnell zu Muskelverspannungen kommen, wenn der Rücken zu schnell abgekühlt wird und zu lange kalt bleibt. Nehmen Sie während der Pause zur Erleichterung des Pferdes den Sattel ab, haben Sie aber immer die Uhr im Auge und muntern Sie das Pferd rechtzeitig wieder auf.

Letzter Tag. Bevor am letzten Tag die tierärztliche Untersuchung und danach das Parcoursspringen stattfinden, muß das Pferd gelöst werden. Es ist mit Sicherheit vom anstrengenden zweiten Tag etwas steif und hat wohl auch Muskelkater, so wie wir Menschen auch. Lockern Sie es mit leichten Übungen und kleineren Sprüngen auf.

Schauen Sie am Schluß nicht im Zorn zurück, sondern überlegen Sie sich genau, wo und wann Sie welche Fehler begangen haben. Mit diesem Wissen haben Sie das nächste Mal die große Chance, besser abzuschneiden.

Schlußwort

Auf welchem Niveau Sie auch immer an einem solchen Ereignis teilnehmen, die Hauptsache ist, daß es Ihnen Spaß macht. Die geforderten Allround-Fähigkeiten bei der Military sind für viele Reiter sehr verlockend, vielleicht auch für Sie. Dann versuchen Sie, häufiger an solchen Prüfungen teilzunehmen. Es gibt auch in Deutschland Möglichkeiten dazu, aber natürlich ist in Großbritannien das Angebot viel größer. Vielleicht bekommen Sie Zugang zum englischen Reitsportgeschehen, dann reiten Sie vielleicht dort einmal ein »three-day event« oder zur Einstimmung erst einmal ein »one-day event«.

Viel Glück!

Linke Seite: Das Springen ins Wasser hinein darf nie zu schnell geschehen, da bei dem glitschigen Untergrund das Pferd schnell aus dem Gleichgewicht geraten kann. Es ist vielleicht kein schlechter Rat, die Wassertemperatur vorher zu prüfen, damit man nicht überrascht ist, sollte man unfreiwillig im kühlen Naß landen.

Links: Bei Abwärtssprüngen muß sich der Reiter weit nach hinten setzen und das Pferd vorwärtsreiten. Das ist immer noch die beste Methode, das Gleichgewicht zu halten, auch wenn es inzwischen viele andere Meinungen gibt. Sprungkombinationen muß man sehr genau anreiten, während große oder breite Hindernisse mit mehr Schwung überwunden werden müssen.

Unten: Bei der Dressur ist es heute noch üblich, sich selbst und das Pferd herauszuputzen. Üben Sie auch das ruhige, gelassene Einreiten und lösen Sie Ihr Pferd vor der Dressurprüfung.

6

Springreiten

Was ist das für ein Sport: Springreiten? Durch die zunehmende Beliebtheit und häufigen Fernsehübertragungen wissen eigentlich die meisten Menschen die Antwort. Springreiten oder Parcoursspringen ist ein Reitsport, bei dem in einer vorgegebenen Bahn mehrere Hindernisse überwunden werden müssen. Diese sehen zwar sehr stabil und fest aus, in Wirklichkeit liegen die Stangen aber nur lose obenauf, so daß sie bei der leichtesten Berührung durch die Pferdebeine herunterfallen. Geschieht dies, bekommt der Reiter vier Fehlerpunkte, verweigert das Pferd das Hindernis, so werden drei Fehlerpunkte registriert. Haben beim ersten Umlauf mehrere Reiter den Parcours fehlerlos bestritten, kommt es zu einem zweiten Umlauf und dann gegebenenfalls noch zu einem Stechen, in dem alle bis dahin fehlerlos gerittenen Teilnehmer noch einmal über den dann verkleinerten Parcours reiten müssen – jetzt geht es nicht nur um fehlerlose Ritte, sondern auch um eine günstige Zeit.

Zum Springen geboren

Genau wie bei der Military ist es auch beim Springreiten wichtig, das richtige Pferd zu haben. Ein Springpferd ist ein Athlet und Schwerarbeiter, mehr noch als ein Rennpferd. Es muß über kräftige, aber nicht zu schnelle Bewegungen verfügen und über eine allgemein gute Konstitution. Weder allzu große noch allzu kleine Pferde sind für diesen Sport geeignet. Es gibt zwar gute Springpferde mit Riesengröße von über 180 cm, doch sind die normal großen Pferde (etwa 158-170 cm) immer noch die besten. Zu kleine Pferde können sich zwar im Gelände, beispielsweise bei Jagden, behaupten und dabei auch über Hindernisse springen, haben aber im eng begrenzten Parcours Schwierigkeiten. Ein Springpferd muß lange trainiert werden, man rechnet mit mindestens zwölf Monaten.

Ein zu großes Pferd hingegen hat zwar schöne raumgreifende Gänge, ist aber oft schwierig zu reiten und wird vor allem – was seine Körperkräfte betrifft – erst sehr spät reif. Ein solches Pferd kann erst im Alter von etwa acht Jahren eingesetzt werden. In der Zwischenzeit muß der Reiter viel Zeit aufwenden, um das Pferd auf seine Karriere vorzubereiten. Es haben sich zwar auf so manchem Parcours immer wieder große Pferde mit einem Stockmaß von mehr als 180 cm einen Namen gemacht, doch halten diese Pferde die hohen Anforderungen nicht auf lange Zeit aus. Die meisten bekommen sehr früh Bein- oder Rückenprobleme und neigen dazu – wie auch besonders große Menschen –, Bänder und Sehnen zu überdehnen. Im übrigen kommt es natürlich auch sehr auf das Temperament des Pferdes an, es muß mit dem des Reiters übereinstimmen.

Beim Kauf eines Springpferdes muß man auch auf andere Dinge achten. So ist von Pferden mit schlechter Aktion, Kopfschütteln, zu groben Gelenken, nach innen oder außen gedrehten Beinen bzw. Hufen ebenso abzuraten wie von Pferden, die zu dick bzw. zu dünn sind. Natürlich wächst ein Pferd mit den Anforderungen, die an es gestellt werden, aber gewisse Points muß es von vornherein mitbringen, etwa eine gute Schulterpartie, sonst kann es nie große, breite Hindernisse überwinden. Schauen Sie sich das Pferd, mit dessen Kauf Sie liebäugeln, von der Seite an und stellen Sie sich im Geist einen Sattel auf dem Pferderücken vor. Liegt der Sattel fast am Halsaufsatz, hat das Pferd keine Schulter. Teilen Sie bei der Beurteilung das Pferd in drei Teile: Vorhand, Mittelhand, Hinterhand. Wenn das Pferd schon im Stand nicht ausbalanciert wirkt, ist es das erst recht nicht in der Bewegung.

Frühes Training

Bevor man mit dem Springtraining beginnt, sollte das Pferd bereits gut geritten sein und sich eventuell auch schon auf einigen Veranstaltungen (Jagdritten oder Show-Veranstaltungen) bewährt haben. Das beste Alter liegt zwischen fünf und sechs Jahren, wenn das Pferd also kein Youngster mehr ist und schon einiges

von der Welt gesehen hat. Die meisten Springpferde erreichen ihre Topform im Alter von acht bis zehn Jahren und verfügen dann auch schon über eine nicht zu unterschätzende Routine bei Veranstaltungen.
Im ersten Jahr wird man mit dem Pferd vorwiegend auf flachem Gelände üben, das heißt vor allem auf dem Dressurplatz, aber auch bei Ausritten. Das Pferd muß schließlich als erstes lernen, die vom Reiter gegebenen sogenannten Hilfen – eigentlich Befehle – zu verstehen. Außerdem muß seine körperliche Verfassung gestärkt werden, es muß in guter Balance gehen, durchlässig sein, seinen Rücken hergeben, dabei aber auch Kraft und Antrieb entwickeln. Sehr wichtig ist auch, eine Vertrauensbasis zwischen Reiter und Pferd zu bilden; denn nur so wird das Pferd das tun, was der Reiter von ihm verlangt. So muß also nicht nur der Pferdekörper, sondern auch der -geist geschult werden.
Das Pferd soll frei und entspannt laufen; und man arbeitet vorwiegend im Trab. Diese Gangart ist am besten zu kontrollieren: Man kann einen langsameren Schultrab reiten oder – vorwiegend im Gelände – einen schnellen Trab, bei dem das Pferd genügend Dampf loswerden kann. Sehr wichtig ist, daß der Reiter immer wieder die Diagonale wechselt, damit weder er noch sein Pferd einseitig werden. Dazu bleibt man während einer Trabphase im Sattel sitzen, erhebt sich bei der nächsten leicht aus dem Sattel – und schon ist die Hand gewechselt. In der Bahn ist dieser Handwechsel üblich; aber auch im Gelände darf man nicht vergessen, alle paar hundert Meter zu wechseln.

Tägliche Arbeit mit dem Pferd

Die tägliche Arbeit muß für das Pferd abwechslungsreich sein. Man arbeitet vorwiegend im Schritt und Trab, später auch im Arbeitsgalopp. Zur Dressurarbeit gehören auch Zirkel, die zu Anfang einen Durchmesser von 20 m haben, später auf 5 m reduziert werden. Diese Übung ist für das Gleichgewicht sehr wichtig, auch lernt das Pferd dadurch, auf den Schenkel des Reiters zu gehorchen: Richtungwechsel, Biegung, schnelleres oder zurückgenommenes Tempo usw.
Man kann gleich vom ersten Tag an – im Abstand von 120 bis 300 cm – Stangen auf den Boden legen. Das Pferd wird schnell lernen, locker und im Gleichgewicht über die Stangen zu laufen, ohne sie zu berühren. Diese Übung ist gut, um die Aufmerksamkeit des Pferdes zu fördern, und eine Vorübung für die großen Sprünge, die das Pferd später leisten soll. Man kann sie mit der Zeit erweitern, indem man die zweite Stange etwas höher stellt (ca. 60 cm) oder – benutzt man Cavaletti – zwei davon übereinander aufbaut. Dieses Mini-Hindernis kann durchaus im leichten Galopp überwunden werden. Wird das Pferd dabei zu heftig, pariert man zum Trab durch und läßt es einige Runden in der Bahn gehen, bevor man es noch einmal versucht. Diese kleinen Sprünge mit der davorliegenden Stange veranlassen das Pferd, seine Schritte so einzurichten, daß der Absprung »paßt«. Außerdem lernt es, in einer guten Bascule zu springen, das bedeutet, daß die Kopf-Hals-Rückenlinie beim springenden, also gestreckten Pferd gewölbt wird (Bascule = etwa »Schaukelwaage«).
Verlangen Sie vom Pferd nicht jeden Tag dasselbe, sondern machen Sie die Trainingsstunden interessant und abwechslungsreich. Was die Sprünge betrifft, so müssen Sie immer im Auge behalten, daß das Pferd dadurch in Kondition und Technik gefördert werden soll. So sind auch viele natürliche Hindernisse, die Sie im Gelände finden (umgefallene Bäume, Äste, Eisenbahnschienen, niedrige Zäune usw.), sehr geeignet, um dem Pferd Abwechslung zu bieten und dabei den Gehorsam auf die Probe zu stellen. Auch sollten Sie sich nicht scheuen, das Pferd durch oder über Pfützen zu reiten, da es ja mit Wasser in Berührung kommen muß. Auch wenn das Wasser noch so hoch aufspritzt, darf das Pferd nicht scheuen, muß es doch später im Parcours manchen Wassergraben überwin-

Vorhergehende Seite: Beim Training des angehenden Springpferdes sollte man so früh wie möglich das Pferd auch an feste Hindernisse gewöhnen. Immer wieder wichtig ist auch das Springen über den Wassergraben.

Unten: Pferd und Reiter überwinden eine Zweierkombination, wobei sehr deutlich zu erkennen ist, wie der Reiter im ersten Teil gut und korrekt sitzt, im zweiten Teil einen Fehler begeht und das Pferd stört.

1 *Nach dem Überwinden des Hindernisses sitzt der Reiter sehr gut und bereitet sich und das Pferd schon auf das nächste Hindernis vor.*

2 *Das Auffußen ist eine große Belastung für die Vorderbeine des Pferdes; besonders für die Sehnen und Bänder unterhalb des Knies.*

3 *Während der Reiter eine feste Verbindung zum Pferdemaul beibehält, stimmt er das Pferd schon auf den nächsten Absprung ein.*

den. Versuchen Sie also, dem Pferd die unterschiedlichsten Hindernisse zu zeigen und ihm die Angst davor zu nehmen.
Wie oft in der Woche soll oder darf ein Pferd trainiert werden? Gehen Sie bei dieser Frage am besten von sich selbst aus und Sie finden automatisch den goldenen Mittelweg: Trainieren Sie täglich, doch überfordern Sie Ihr Pferd nicht. Einem schweren Arbeitstag mit eventuell neuen Übungen läßt man am besten einen einfacheren Tag folgen und wechselt so immer wieder ab.

Häufige Fehler des Reiters

Schon in dieser frühen Trainingsphase kann ich leider immer wieder feststellen, daß die Pferde im Maul unempfindlich geworden sind. Dies ist fast immer ein Fehler des Reiters, der das Pferd mit zu harter Hand zurückzuhalten sucht, statt Kreuz- und Schenkelhilfen einzusetzen. Diese Reiter tendieren dazu, ihr Pferd nicht zu reiten, sondern es »wie ein Auto zu fahren«. Ein Parcours ist immer so aufgebaut, daß die Zwischenräume zwischen den Hindernissen den Gängen eines durchschnittlich großen Pferdes angepaßt sind. Es liegt nun an Ihnen, diese Zwischenräume so einzuteilen, daß auch Ihr Pferd die Hindernisse gut und ohne Schwierigkeiten nehmen kann. Wie macht man das nun, ohne zu kräftig mit den Händen zu arbeiten? Ganz einfach, nehmen Sie sie weg! Pullende Pferde werden nicht geboren, sondern vom Reiter – vom pullenden Reiter – gemacht, bis auf wenige Ausnahmen. Versuchen Sie einmal, beide Zügel in eine Hand zu nehmen – Sie werden automatisch weniger ziehen. Reiten ohne Steigbügel ist eine sehr gute Gleichgewichtsübung, die vom Reiter einen korrekten Sitz fordert und seine Reit- und Springtechnik fördert. Jawohl, man kann auch ohne Steigbügel springen! Doch reiten Sie zuerst einige Zirkel im Schritt und dann im Trab.
Wenn möglich, bitten Sie jemanden, Ihr Pferd zu longieren, am besten mit Ihnen im Sattel. Nun versuchen Sie, ohne die Zügel anzufassen, das Pferd nicht nur im Schritt gehen zu lassen, sondern auch zu traben und zu galoppieren, und achten Sie darauf, wie Ihr Pferd nur auf Ihre Gewichts- und Schenkelhilfen reagiert. Auch hierbei können einige Sprünge eingebaut werden, bei denen das Pferd Kopf und Hals so recken und strecken kann, wie es das selbst will, ohne von Ihren Zügelzügen gestört zu werden.
Beim Springen liegt es am Reiter, die richtige Gangart und die nötige Richtung zu wählen und dabei im Pferd soviel Schwung zu erhalten, daß es jedes von ihm geforderte Hindernis überspringt. Arbeit des Pferdes wiederum ist es, den richtigen Absprung zu finden sowie den Sprung selbst zu meistern. Dabei darf das Pferd nicht durch das Reitergewicht gestört werden. Sitzt der Reiter zu weit vorn oder hat auch nur den Oberkörper zu weit vorn, wird das Pferd in der Bewegung seiner Vorhand gestört, macht Fehler oder verweigert den Sprung. Sitzt der Reiter zu weit hinten, wird das Pferd veranlaßt, seinen Kopf hochzunehmen, und macht dadurch automatisch einen Hohlrücken, um die Balance überhaupt halten zu können. Die Landung wird dann für Pferd und Reiter sehr schwierig, für das Pferd sogar schmerzhaft, vor allem, wenn der Reiter ihm bei der Landung noch ins Kreuz fällt. Aber auch wenn der Reiter sein Gewicht seitlich verlagert, rechts oder links, ist das Pferd in seinem Bewegungsablauf gestört.
Ein guter Springreiter knickt in der Taille leicht ein, beugt sich nach vorn und versucht, so natürlich wie möglich mit der Bewegung seines Pferdes mitzugehen.

Erster Auftritt

Haben Sie sich und Ihr Pferd nun einige Monate lang trainiert, ist es keine schlechte Idee, an einer kleinen Veranstaltung teilzunehmen, um zu sehen, wie Ihr Pferd dabei reagiert. Immer nur zu Hause arbeiten, bringt weder dem Reiter noch dem Pferd auf die Dauer viel. Beide brauchen die Herausforderung ei-

4 *Das Pferd setzt zum Sprung an, und der Reiter verlagert sein Gewicht zu sehr auf die rechte Seite, wodurch das Pferd irritiert ist.*

5 *Der Reiter sitzt noch immer nicht richtig. Sein Blick muß auf die Pferdeohren und darüber hinaus geradeaus gerichtet sein.*

6 *Der Reiter läßt dem Pferd viel Zügel, so daß es sich selbst ausbalancieren kann und das Hindernis ohne Schwierigkeiten nimmt.*

nes Wettkampfes und die dort herrschende Atmosphäre. Reisen kostet Geld und nimmt unter Umständen Ihr Pferd mehr mit als die Dressur- und Springarbeit zu Hause. Auch Ihre Energien haben Grenzen, und Sie müssen sich Ihre Kräfte gut einteilen. Sind Sie trotz allem zu einer Veranstaltung gefahren, so nehmen Sie sich Zeit, Ihr Pferd in Ruhe auszuladen und es auf den »Kampf« vorzubereiten. Befindet sich Ihr Pferd zum erstenmal bei einer solchen Veranstaltung, nehmen Sie es möglichst schnell aus dem Wagen, zäumen und satteln Sie es und reiten Sie es sofort, am besten mitten unter den anderen Pferden, und geben sie ihm Zeit, sich umzusehen und all die Neuigkeiten anzuschauen. Vermutlich wird sich Ihr Pferd in der ersten Zeit nicht so voll auf Sie konzentrieren, wie Sie es gewöhnt sind. Erwarten Sie dies auch nicht von ihm, sondern versuchen Sie, es zu beruhigen. Ist dies gelungen, können Sie absteigen, das Pferd in die Box bringen, die Ihnen hoffentlich während der Veranstaltung zur Verfügung steht, und dann machen Sie sich selbst für Ihren großen Auftritt fertig. Vorher schrauben Sie aber erst noch Stollen in die Hufeisen, falls dies vom Boden her erforderlich ist, und ziehen Sie dem Pferd Gummiglocken und eventuell andere nötige Utensilien an, z.B. Streichkappen.

Abgehen des Parcours

Wenn möglich, nehmen Sie auf Ihre Reise einen guten Helfer mit, der Ihnen auch das Pferd halten kann, wenn Sie etwas anderes zu tun haben, oder sich überhaupt um die Pflege Ihres Pferdes kümmert. Dann gehen Sie als erstes den Parcours ab und wägen die Hindernisse einzeln ab. Beachten Sie vor allem die Hindernisse, die vom Ausgang des Parcours wegführen; denn alle Pferde haben einen starken Drang nach Hause. Schwierigkeiten können auch Doppelsprünge oder gar Dreierkombinationen einem jungen Pferd bereiten. Stellen Sie sich darauf ein, daß Sie diese Hindernisse mit mehr Schwung angehen, und

Oben links: Kandare mit Unterlegtrense und Martingal – für den Anfänger zuviel. Solche Hilfsmittel gehören nur in erfahrene Hände wie die des Europameisters David Broome.

Oben: Die Reiterin sitzt zu weit hinten und hat keine Einwirkung auf das Pferd.

Mitte: Die Steigbügel sind zu lang, dadurch geraten die Beine zu weit nach hinten, während der Oberkörper zu weit nach vorn verlagert ist.

Unten: Die Reiterin sitzt wiederum zu weit hinten und dazu noch sehr unsicher. Sie zieht am Zügel und verursacht dem Pferd Schmerzen.

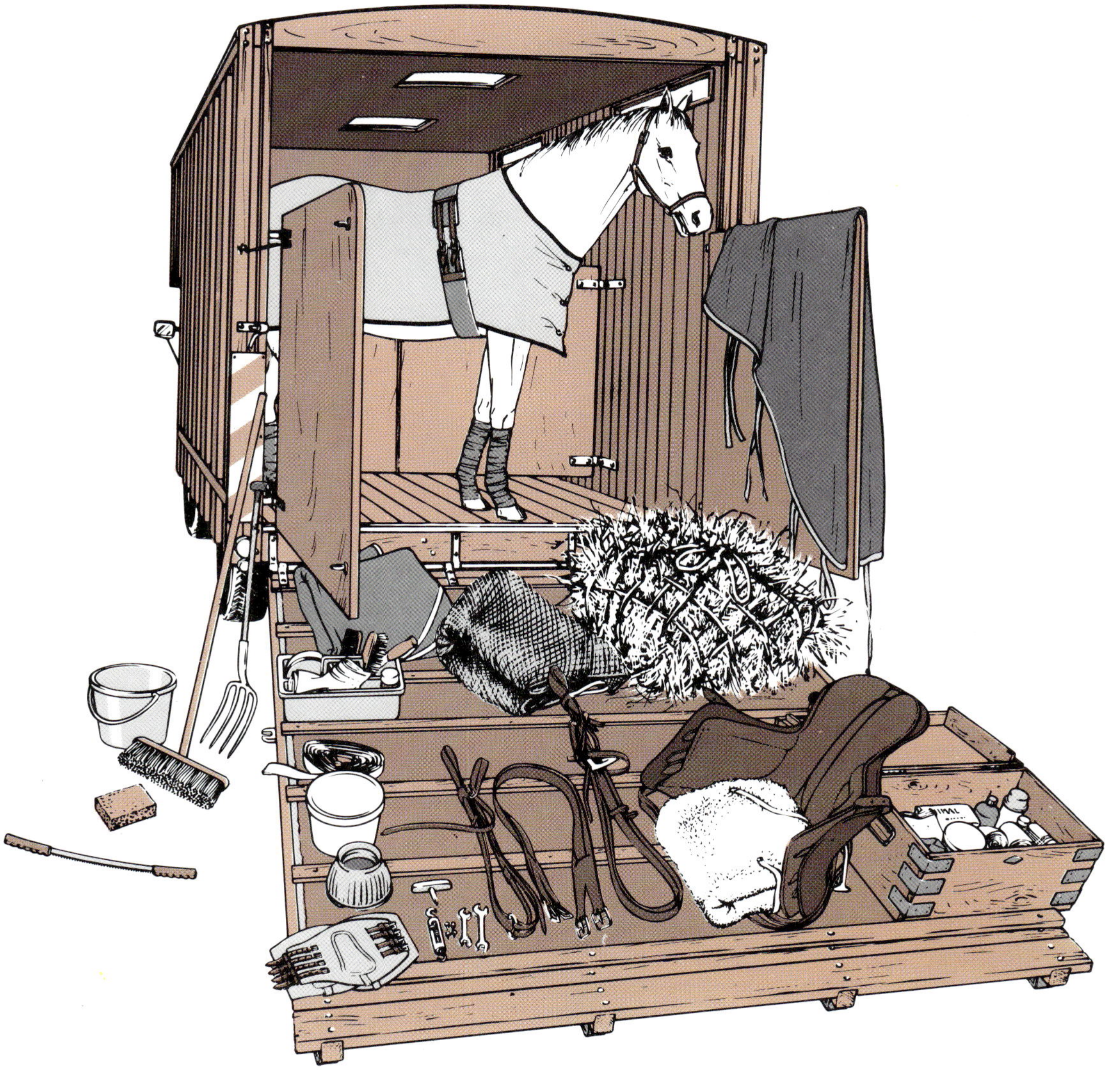

Links: Fertig zur Abfahrt zum Turnier. Es ist ratsam, als Reserve ein zweites Paar Trensen, Steigbügel und Gurte mitzunehmen. Wenn Sie wissen, daß Ihr Pferd nach der Reise immer sehr aufgeregt ist, longieren Sie es für ein paar Minuten, damit es vor dem großen Turnier etwas Dampf ablassen kann. So vergessen Sie also nicht, auch Kappzaum und Longe mitzunehmen.

reiten Sie Ihr Pferd mit mehr Power dorthin; aber beachten Sie dabei, daß der natürliche Schwung und Rhythmus nicht verlorengehen. Wenn der Parcours nicht auf ganz flachem Gelände aufgebaut ist, müssen Sie daran denken, etwas kräftiger zu reiten, wenn es bergauf geht, dagegen die Geschwindigkeit zurückzunehmen, wenn es bergab geht. Im ganzen muß aber auch hierbei der Schwung erhalten bleiben.
Wie schon gesagt, ist es die Arbeit des Reiters, alle im Parcours geforderten Leistungen vorher eingeübt und das Pferd auch mit Hindernissen vertraut gemacht zu haben. Das wird natürlich immer kritischer, je häufiger Sie an solchen Veranstaltungen teilnehmen; denn meistens steigen dann auch die Ansprüche, und die Hindernisse werden höher. Versuchen Sie trotzdem, Ihr Pferd immer so zu reiten, als ob nichts wäre: ruhig, gelassen, gerade und vorwärts. Ist Ihr Pferd noch ein Youngster, dann versuchen Sie, solche Wettkämpfe zur Routine werden zu lassen, bei der sich das Pferd weder aufregt noch ständig erschrickt, sondern sie als Abwechslung von der täglichen Arbeit betrachtet.

Weiteres Training

Was sind Ihre Überlegungen auf dem Nachhauseweg? Hatten Sie das Gefühl, Ihr Pferd war zu aufgedreht? Vielleicht hat die Gegenwart so vieler anderer Pferde es aufgeregt. Manches werden Sie wohl erst verstehen, wenn Sie häufiger an solchen Turnieren teilnehmen. Oft sind es auch die vielen Zuschauer, die das Pferd stören. Bauen Sie zu Hause noch mehr – und vor allem neue, fremdartige – Hindernisse auf und besuchen Sie mit Ihrem Pferd häufiger Veranstaltungen. Bald wird es sich an die dort herrschenden Umstände gewöhnt haben.
Die ersten kleinen Turniere werden Ihnen zeigen, ob Sie das Pferd in gewohnter Weise trainieren und auch gymnastizieren oder ob Sie etwas ändern müssen. Muß Ihr Pferd mit einem ganz bestimmten Hindernis vertrauter werden, versuchen Sie, dieses bei sich

Oben: Die Zeichnung zeigt den Aufbau eines typischen Springparcours. Der kleinste Kurs hat mindestens zehn Sprünge mit jeweils mindestens 18 m Zwischenraum. Jeder Sprung ist numeriert und hat rechts eine rote, links eine weiße Flagge. Die meisten Hindernisse sind Hochsprünge wie die Mauer (bis zu 180 cm) oder Hoch-Weit-Sprünge. Zweier- oder Dreierkombinationen stehen so dicht hintereinander, daß das Pferd nur zwei Galoppsprünge dazwischen machen kann.

Oben: Der erfahrene Springreiter gibt dem Pferd genügend Zügel, ohne die Verbindung zum Pferdemaul zu verlieren, beugt den Oberkörper nach vorn und behält trotzdem einen festen Sitz. Nur auf diese Weise ist es dem Reiter möglich, das Pferd vorwärtszutreiben und es auf das nächste Hindernis vorzubereiten.

Rechte Seite oben: Auf dem Abreiteplatz darf sich das Pferd nicht von anderen – ihm meistens fremden – Artgenossen ablenken lassen, sondern muß sich auf seinen Reiter und die von ihm geforderte Arbeit konzentrieren.

zu Hause aufzubauen und dem Pferd – in aller Ruhe – beizubringen, daß auch dieses Hindernis nichts Schreckliches birgt. Stangen, die vor das eigentliche Hindernis gelegt werden, helfen Reiter und Pferd, das Hindernis korrekt anzugehen. Ist die Lektion gelernt, können die Stangen wieder entfernt werden. Vermutlich wird sich herausstellen, daß Sie manchmal über Ihr Pferd nicht die nötige Kontrolle hatten, so wie Sie es von zu Hause gewöhnt sind. Dann empfiehlt es sich, vor der nächsten Prüfung verschiedene Gebisse auszuprobieren, auf die das Pferd vielleicht besser reagiert. Das doppelt gebrochene französische Mundstück hat sich sehr bewährt. Es wiegt nicht viel, wirkt etwas stärker als die einfachen Mundstücke (Wassertrense, Olivkopftrense), ist dabei aber nicht zu streng. Die meisten Pferde akzeptieren dieses Mundstück; außerdem hat es den Effekt, daß das Pferd gut durchs Genick läuft und damit im Gleichgewicht. Kandaren sind für Springpferde nicht geeignet, da ihre Wirkung viel zu stark ist und dem Pferd keine Möglichkeit gibt sich zu strecken. Die meisten Pferde wehren sich gegen dieses Gebiß, gehen nicht vorwärts und verweigern die Sprünge. Der ganze Schwung und die rhythmische Bewegung bleiben dabei auf der Strecke. Das richtige Zaumzeug ist ein Problem für sich, und die meisten Pferde haben viel zuviel Leder an sich. Merke: Je besser der Reiter, desto weniger Leder braucht das Pferd! Anfänger können allerdings ohne weiteres ein Martingal benutzen. Reagiert das Pferd auf streng einwirkende Mundstücke nicht oder nicht in gewünschtem Maße, muß noch einmal von vorn angefangen werden. Manchmal geht es mit der ganz normalen Wassertrense noch am besten! Versuchen Sie auch, herauszubekommen, aus welchen Gründen das Pferd das eine oder andere Gebiß nicht annimmt. Hat es Schmerzen im Maul? Hat es – eventuell störende – Wolfszähne? Hat das Pferd Angst vor einem bestimmten Gebiß? Oder ist es wirklich nur eine Laune, auf dieses Gebiß nicht zu reagieren? Ist das Martingal zu kurz verschnallt, wodurch der Kopf des Pferdes zwanghaft heruntergezogen wird? Benutzt der Reiter genügend Gewichts- und Schenkelhilfen? Ist das Pferd genügend trainiert? Überlegen Sie alles genau, und denken Sie dabei auch an die einfachsten, aber logischen Dinge, in denen vielleicht ein Fehler verborgen ist.

Besondere Pflege für ein Springpferd

Wie bei allen Pferden ist auch das Wohlergehen eines Springpferdes nicht nur von einer allgemein guten Kondition abhängig, sondern auch von dem Zustand seiner Hufe. So ist es selbstverständlich, daß die Hufe regelmäßig von einem versierten Schmied behandelt werden. Haben die Hufeisen Stollenlöcher, müssen diese sorgfältig mit geölter Baumwolle gefüllt werden, sobald die Stollen entfernt werden.

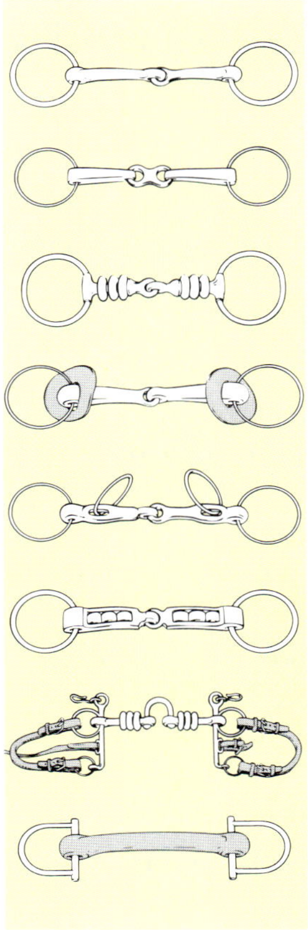

Kleine Stollen können sich nämlich durch die Löcher durcharbeiten und ins sogenannte »Leben« des Hufs geraten, wo sie einen Abszeß bilden können, der dem Pferd große Schmerzen bereitet. Durch die Baumwollfüllung bleiben die Löcher sauber.

Harter Boden ist gefährlicher als zu weicher, da er auf die Gelenke und Röhren – vor allem der Vorderbeine – Druck und Zug ausübt. Es ist deshalb zu empfehlen, die Beine während der Trainingsstunden mit festsitzenden, gefütterten, aber doch leichten Bandagen zu versehen. Nachts bekommt das Pferd dickere Bandagen, wobei die Watte vorher mit einer Lösung aus Essig und Wasser getränkt wurde.

Was die Futtermenge und -qualität betrifft, so ist dies natürlich von Pferd zu Pferd verschieden; im Prinzip muß man aber davon ausgehen, daß es sich bei einem Springpferd um einen Hochleistungssportler handelt. Sind Sie mit Ihrem Pferd auf Reisen, müssen Sie für den langen Arbeitstag ein Fütterungsprogramm ausarbeiten, so daß auch an solchen aufregenden Tagen die zu Hause üblichen Futterzeiten wenigstens annähernd eingehalten werden. Wie schon an anderen Stellen dieses Buches beschrieben, ist es nicht gut, einem Pferd vor einer großen Anstengung zuviel Futter zu geben; es ist aber auch nicht gut, das Pferd Hunger leiden zu lassen. Auch ein Springpferd freut sich, wenn es einmal im Jahr ein paar Wochen Urlaub auf der Weide machen kann.

Auf dem Weg nach oben

Nach allem Training und den vielen, oft qualvollen Bemühungen möchten Sie natürlich auch einmal einen Erfolg auf höherem Niveau sehen. Versuchen Sie es! Aber seien Sie sich im klaren darüber, daß der Weg dorthin steinig ist. Man kann nicht einfach ein paar Stufen überspringen, sondern muß Schritt für Schritt vorgehen. Es ist auch nicht allein damit getan, daß Sie Ihre ganze Freizeit Ihrem ehrgeizigen Ziel widmen, sondern Sie müssen auch mit erhöhten Kosten rechnen. Natürlich bringt ein wirklich gutes Pferd, das fast immer gewinnt, genügend Geld, daß für seinen Unterhalt gesorgt ist – doch meistens muß man mehrere Pferde haben, um überhaupt mitreden zu können.

Die Herausforderung bleibt

Ob Sie nun zu Ihrem eigenen Vergnügen reiten oder davon träumen, eines Tages die Farben ihres Landes während eines großen internationalen Turniers vertreten zu können – Pferde sind immer eine große Herausforderung, sie machen viel Freude mit all den dazugehörigen Ups and Downs. Und da der Mensch von Natur aus erfinderisch ist und für Wettbewerbe aufgeschlossen, wird es wohl – solange es Pferde und Reiter auf dieser Erde gibt – immer wieder neue Einfälle auf dem großen Feld der Wettbewerbe und Turniere geben.

Oben: Gebisse von oben nach unten: Das gebrochene Gummimundstück ist für junge Pferde gedacht. Die französische Unterlegtrense eignet sich für ein sensibles Maul. Das Rollenmundstück darf nur bei Pferden mit hartem Maul verwendet werden. Die einfache Wassertrense ist neben der Olivkopftrense die am meisten verwendete. Das Cornish- oder Scorrier-Mundstück wirkt ziemlich streng. Das Magennis-Mundstück wirkt auf die Zunge und gibt einem im Maul nicht mehr sensiblen Pferd wieder mehr Gefühl. Das Hannoversche Pelham gibt es als einteilige und als gebrochene Stange. Die sogenannte Zungenfreiheit in der Mitte verhindert, daß das Pferd seine Zunge über das Gebiß legt. Das einteilige Gummimundstück ist für sensible Pferdemäuler gedacht.

7

Dressur

Die Zahl der Dressurfreunde steigt ständig. Immer mehr Menschen nehmen die große Herausforderung an, mit ihren Pferden eine so enge Partnerschaft aufzubauen, wie sie für die Dressurreiterei nötig ist. Sie lieben es, die natürlichen Anlagen der Pferde durch Gymnastizieren zu fördern, um Adel, Rittigkeit und Kraft zu stärken.

Das Dressurpferd

Bei der Wahl eines Dressurpferdes müssen Sie vor allem auf den Charakter achten. Das Training eines Dressurpferdes dauert viele, viele Jahre lang. Während dieser Zeit dürfen Sie das Pferd nie als Sportgerät betrachten, sondern als gleichwertigen Partner, der zu respektieren ist. Nur eine harmonische Beziehung zueinander kann eine erfolgreiche Dressurarbeit erbringen, und deshalb ist es wichtig, den Partner – das Pferd – zu verstehen.

Ein Dressurpferd muß couragiert, energisch und interessiert seine Arbeit tun; ein kleiner Teufel darf ohne weiteres in ihm stecken, zumindest etwas Lausbubenhaftes, wodurch das Pferd sich selbst am besten präsentieren kann. Ein stures, faules, uninteressiertes Pferd ist genauso schlecht wie eines, das ständig in Panik gerät. Sie können einen guten Eindruck von »Ihrem« Pferd gewinnen, wenn Sie dessen Kopf genau studieren, vor allem Größe und Beweglichkeit von Augen und Ohren. Vorsicht bei zu kleinen Augen und bei unruhigen, nervösen Ohren! Reaktionen des Pferdes auf bestimmte Situationen zu beobachten, kann sogar noch nützlicher sein: Erschrickt das Pferd vor unbekannten Gegenständen, fremden Hindernissen oder sogar auf ein etwas strenges Kommando des Reiters?

Am wichtigsten aber ist eine gewisse athletische Körperverfassung. Die Pferde brauchen eine kräftige Hinterhand und viel Schulterfreiheit, um lange Schritte machen zu können. Außerdem müssen sie durchlässig, losgelassen und in voller Balance gehen, um allein schon das Training zu absolvieren. Gute Gänge, die das Pferd von Natur aus mitbringt, sind im Prinzip absolut nötig; andererseits hat mein eigenes Grand-Prix-Pferd solche Gänge nie besessen. Besonders als junges Pferd, aber auch später konnte es am losgelassenen Zügel in keinem vernünftigen Schritt gehen, geschweige denn im Galopp. Dieser war immer ein ungleichmäßiger Viertakt – aber das Pferd hatte Charakter und athletische Fähigkeiten.

Auch auf Größe, Gebäude und Haltung des Pferdes sollten Sie achten. Wenn diese Dinge stimmen, hat das Pferd nicht nur die Chance, ein gutes Dressurpferd zu werden, sondern ist aller Wahrscheinlichkeit nach auch gesund. Doch kommt es auf die Größe allein nicht an. Wichtiger sind nach wie vor Charakter und ein gewisser »Sportsgeist«. Dazu gehören ganz automatisch eine robuste Statur und fehlerlose Gliedmaßen.

Die große Beliebtheit der Dressurreiterei hat in Europa dazu geführt, Pferde speziell für diese Sportart zu züchten. So gibt es viele Hannoveraner, Trakehner, Holsteiner, Schwedische, Dänische und Holländische Warmblüter, aber auch Selle Français und viele andere, die ein besonderes Dressurtalent entwickelt haben. Mit Vollblütern ist das so eine Sache. Die wirklich guten, sportlichen werden meistens als potentielle Derby- oder Goldcup-Gewinner verkauft. Schließlich werden sie ja auch vorwiegend für das Renngeschäft gezüchtet, nicht für das Dressurviereck. Sie haben meistens zu große Schwierigkeiten, sich zu versammeln, haben oft auch die Angewohnheit, andere Pferde zu beißen oder nach ihnen zu schlagen, und besitzen einfach nicht die nötige Disziplin. Und doch zieht fast jeder Reiter einen Vollblüter allen anderen Pferden vor, wenn er nach seiner Lieblingspferderasse gefragt wird.

Das beste Pferdematerial für die Dressur ist in Europa zu finden. Die englischsprechenden Nationen züchten kaum Dressurpferde, doch gibt es dort viele Vollblüter oder züchterische Kreuzungen, die natürliche Dressurveranlagungen zeigen.

Erstes Training

Ein Dressurpferd wird in den ersten zwei Jahren genauso ausgebildet wie jedes andere Pferd, erst danach wird das Training speziell auf die Dressuranforderungen ausgerichtet.

H
L

1

2

3

4

Dann wird vor allem auf Erhaltung und Entwicklung der natürlichen Gänge Wert gelegt. Ich persönlich longiere meine Pferde zuerst mindestens sechs Wochen lang, damit sie ohne das Reitergewicht ihre Kräfte, Balance und auch die geistige Reife entwikkeln können. Ich halte sehr viel von Longierarbeit, vorausgesetzt sie wird gut gemacht; und meine jungen Pferde werden zwei- bis dreimal pro Woche longiert. Selbst meine fortgeschrittenen Pferde kommen noch einmal wöchentlich an die Longe.

Hat das Pferd den Reiter auf seinem Rücken akzeptiert und geht auf dem Trainingsplatz kontrolliert und ruhig, so ist der nächste Schritt, das Pferd in seinem Vorwärtsdrang zu unterstützen, es aber gleichzeitig an die Hilfen zu gewöhnen, damit es gehorsam reagiert. Dies wird erreicht durch Longierstunden, Ausritte – wenn möglich zusammen mit einem anderen Pferd – und gelegentlich weitere Dressurstunden auf dem Platz. Die Arbeit muß dem Pferd Spaß machen! Das bedeutet, daß das Pferd kräftig genug ist, die geforderte Arbeit zu leisten – körperliche Schmerzen oder Überanstrengung machen einem Pferd genauso zu schaffen wie uns Menschen –, und daß die Arbeit abwechslungsreich ist.

Hat das Pferd keinen natürlichen Vorwärtsdrang, wird ihm die Arbeit auch keinen Spaß machen, da es der ständigen lästigen Schenkelarbeit des Reiters sowie dessen Peitschenhieben ausgeliefert ist. Diesen Vorwärtsdrang kann der Reiter seinem Pferd vom ersten Tag an durch Führen angewöhnen. Ich veranlasse meine Pferde immer dazu, sehr aktiv neben mir zu laufen, wobei ich eine lange Gerte in der linken Hand trage, mit der ich das Pferd an der Hinterhand touchiere oder dies von einem Assistenten ausführen lasse. Niemals ziehe ich das Pferd am Seil nach vorn. Diese Arbeit wird an der Longe fortgesetzt, wo das Pferd veranlaßt wird, mit langen Tritten im Schritt wie im Trab zu gehen, bis sie kurz *vor* dem Punkt angelangt sind, in eiligen, kurzen Tritten davonzustürmen. Dazu muß der Longierzirkel mindestens 20 Meter im Durchmesser sein, und das Pferd muß begreifen können, daß es schnell vorwärtsgehen soll. Bei Vollblütern ist dies natürlich leicht zu erreichen, und man muß sie im Gegenteil beruhigen und zurückhalten. Aber bei Halbblütern ist das manchmal harte Arbeit, die man durch andere Arbeit – am Dressurplatz oder beim Ausritt – auflockern muß.

Zu Anfang sollten Sie so wenig Zügelkontakt wie

Oben: Bei fachmännischer Arbeit an der Longe (1) lernt das junge Pferd, Gleichgewicht und Gangarten zu entwickeln ohne die Last des Reitergewichts. Es muß dazu bewegt werden, sich lang zu machen (2), Kopf und Hals nach unten zu dehnen und die Hand des Reiters zu suchen. Dabei muß es Rücken und Hinterhand einsetzen. Die im Schritt gerittene 90°-Wendung (3) dient zur Gymnastisierung. Zu Beginn der Arbeit mit einem jungen Pferd kann der Reiter auch im Galopp (4) sitzen bleiben, sollte aber sofort in den leichten Sitz übergehen, sobald er Widerstand beim Pferd spürt.

Vorhergehende Seite: Auch der Grand-Prix-Reiter muß ständig an sich und seinem Pferd arbeiten.

fallen. Auch bei lockerem Zügel muß der Kontakt zum Pferdemaul beibehalten werden, und das Pferd muß auch in gestreckter Haltung seine Hinterhand aktivieren. Der Reiter soll das Gefühl haben, daß sich Widerrist und Rücken nach oben wölben – das Pferd ist wie ein Bogen gespannt. Dadurch werden die Muskeln trainiert und erhalten die nötige Spannkraft für Trab und Galopp.
Sobald Sie merken, daß Ihr Pferd ständig durchlässiger, ausgeglichen und kräftig wird, können Sie beginnen, Trab und Arbeitsgalopp auszusitzen. Sollten Sie jedoch merken, daß das Pferd steif wird oder einen hohlen Rücken macht, gehen Sie wieder in den leichten Sitz über. Der Pferderücken muß immer rund und losgelassen sein, und leider gibt es viele Reiter, die zu ungeduldig oder selbst nicht genügend geübt sind, um diese Notwendigkeit zu erkennen.
Danach können Sie allmählich mit Seitengängen anfangen. Ich selbst übe sehr häufig das Schenkelweichen, andere wiederum bevorzugen Wendungen auf der Vorhand. Sobald das Pferd voll am Gebiß steht, Ihre Hilfen beachtet, Handwechsel gehorsam ausübt, auch im Galopp ganz gerade geht, im Trab seine Tritte lang machen und sich gut biegen kann, können Sie daran denken, an einem kleinen Wettbewerb der leichtesten Stufe teilzunehmen.
Dazu sollten sie versuchen, zu Hause schwierigere Lektionen auszuüben, als Sie beim »Turnier« verlangt werden. Und denken Sie daran, daß »am Gebiß stehen« nicht nur heißt, daß das Pferd das Gebiß akzeptiert, sondern auch ständig die gerade, korrekte Kopfhaltung beibehält und dabei die Hinterhand aktiv und voll einsetzt.

Oben: Ein potentielles Dressurpferd kann man an seinem wachen, energischen Geist sowie an überdurchschnittlichen athletischen Fähigkeiten erkennen. Es sollte eine kraftvolle Hinterhand, viel Schulterfreiheit und einen durchlässigen, gymnastizierten, lockeren Körperbau aufweisen, in dem sämtliche Bewegungen koordiniert sind.

Nächste Seite unten: So sieht ein Dressurplatz aus, wenn es sich um Grand-Prix-Turniere handelt.

möglich haben, damit sich das Pferd in seinem Vorwärtsdrang nicht zurückgehalten fühlt; bei Ausritten hilft es, ein anderes Pferd mitzunehmen. Ist der Boden gut, kann man viel im starken Trab wie im Galopp gehen, um das Pferd zu ermutigen.
Beginnt das Pferd Muskeln zu bilden, geht es gut vorwärts, ohne zu stürmen – das wird etwa nach drei Monaten der Fall sein –, dann können Sie mit Dressurstunden anfangen. Diese führen zu folgenden sieben Zielen, die innerhalb der nächsten neun Monate erreicht werden sollten: Schwung, Rhythmus (und Gleichgewicht), Durchlässigkeit, Gerade-gerichtetsein, vollständige Annahme des Gebisses, Gehorsam und Entwicklung der Gangarten.

Weitere Arbeit mit dem Pferd

Wenn sich das Pferd ans Gebiß gewöhnt hat, kann man mehr im Zirkel arbeiten (Durchmesser mindestens 20 Meter) sowie Schlangenlinien und Seitenwechsel einüben, immer im Bestreben, das Pferd durchlässig zu machen.
Ich achte sehr darauf, daß das Pferd sich lang macht und in die Tiefe geht, damit es Hals und Kopf strekken kann. Dabei darf es aber nicht auf die Vorhand

Der erste Konkurrenzkampf

Für Ihren ersten Versuch wählen Sie am besten einen Reitstall aus, wo die Reitmöglichkeiten optimal sind, eine relativ ruhige Atmosphäre herrscht und auch der Boden gut ist. Denn gerade das ist für den Anfang sehr wichtig: zu weicher, eventuell sogar glitschiger oder – noch schlimmer – harter Boden ist für die Gänge Ihres Pferdes nicht von Vorteil. Im ersten Fall kann das Pferd schlecht im Takt gehen, harter Boden wiederum kann dem Pferd Schmerzen bereiten, so daß es seinen Rücken steif macht und nicht im geforderten losgelassenen Trab und Galopp geht.
Bereiten Sie sich auf die Prüfung vor! Der Ablauf muß auswendig gelernt werden, auch wenn am Tag der Prüfung Kommandos gegeben werden. Bedenken Sie, daß Sie ja die Lektionen nicht nur beherrschen müssen, sondern daß Sie sie auch *gut* beherrschen müssen, und zwar vom Startzeichen an.
Wenn Sie zu Hause üben, stellen Sie sich die einzelnen Lektionen erst im Geist vor, setzen Sie sich dann aufs Pferd und üben Sie, doch nicht immer wieder die gleichen Lektionen in der gleichen Reihenfolge; denn dann kommt Ihnen Ihr Pferd zuvor, da es schon alles auswendig kann.

Zu den Vorbereitungen gehört auch, alle Reitutensilien parat zu haben. Sie werden brauchen: Sattel, Zaumzeug (eventuell mit Kandare), Streichkappen, Stollen (wenn es sich um eine Grasbahn handelt), Longe und die gesamte Reiseausstattung. Sie selbst brauchen eine Reitkappe oder einen Reithut (Melone), Jackett, Reithosen, Krawatte mit Nadel, Stiefel, Handschuhe, Dressurgerte und – falls nötig – Sporen.

Achten Sie darauf, daß Sie pünktlich erscheinen. Ich selbst versuche immer, mindestens eine halbe Stunde vor meinem eigenen Start anwesend zu sein. Haben Sie ein junges Pferd, rate ich Ihnen sogar zu einer ganzen Stunde. Dann können Sie das Pferd vorher noch longieren und ihm im Schritt alles zeigen, was ihm an diesem neuen Platz fremd vorkommt. Arbeiten Sie etwa eine Viertelstunde, bevor Ihr Startzeichen kommt, ernsthaft mit dem Pferd, damit es weiß, worum es geht.

Bevor Sie in die Reitbahn einreiten, müssen Sie dem Pferd die Streichkappen abnehmen. Und dann holen Sie erst einmal tief Luft! Konzentrieren Sie sich darauf, während der Lektionen größtmögliche Kommunikation zwischen sich und Ihrem Pferd herzustellen, reiten sie mit positiven Gedanken und freuen Sie sich über die Ihnen gestellte Aufgabe. Versuchen Sie nicht, die Runde so schnell wie möglich hinter sich zu bringen, sondern reiten Sie ruhig, gleichmäßig ausgewogen und im Takt.

Prüfungen der Eingangsstufe

Die Prüfungsordnungen variieren ein wenig von Land zu Land. Die folgenden Lektionen sind jedoch

Vorbildliche Reithaltung: Schulter, Hüfte, Absatz sind eine Linie, der Blick ist nach vorn gerichtet, die Hände stehen aufrecht.

Beim Halten muß das Pferd völlig unbeweglich, aber aufmerksam stehen und mit den Beinen in einem Quadrat.

Beim Mittelschritt muß das Pferd energisch vorwärts gehen mit gleichmäßigen, raumgreifenden Schritten.

Im freien Schritt darf sich das Pferd nach vorn und unten dehnen und dabei so lange Schritte machen, wie es nur eben geht.

typisch für die Eingangsstufe, Klasse E (einfachste Dressurprüfung), die nur auf Trensenzäumung geritten wird.

Lektion 1. Reiten Sie nicht in die Bahn ein, bevor Ihr Pferd nicht ruhig ist und im Takt geht. Das kann unter Umständen bedeuten, daß Sie vor dem Bahneingang ein paar Zirkel reiten müssen, noch nachdem Ihr Startsignal schon ertönt ist. Reiten Sie dann in einem flüssigen, ausgeglichenen Trab ein. Je erfahrener das Pferd ist bzw. wird, desto flotter kann der Trab sein, doch bei einem sehr jungen Pferd sollten Sie nur so schnell reiten, wie sie das Pferd unter Kontrolle halten können. Geben Sie schon lange vor Punkt X die Hilfen zum Anhalten, damit das Pferd nicht zu prompt stoppt und die Hinterhand dreht. Es muß beim Halten am Zügel stehen und ganz gerade, so daß die Beine ein vollkommenes Viereck bilden. Klappt dies noch nicht ganz und ein Hinterbein steht etwas seitlich, so wird dies nur bei einem jungen Pferd nachgesehen. Sonst ist das der erste Fehler! Das Pferd muß absolut ruhig, aber aufmerksam stehen, während Sie die Richter begrüßen. Dazu nehmen Sie Zügel und Gerte in eine Hand, lassen die andere seitlich herabhängen bzw. nehmen den Hut kurz ab (wenn Sie ein Mann sind) und nicken mit dem Kopf. Nachdem Sie die Zügel wieder aufgenommen haben, reiten Sie ruhig und gleichmäßig an. Ihr Kopf ist dabei geradeaus gerichtet, Sie schauen genau zwischen die Pferdeohren, und Ihre Schenkel liegen dicht am Pferd.

Lektion 2. Bei C parieren Sie Ihr Pferd, damit es im Gleichgewicht in die erste enge Kurve gehen kann. Das Pferd muß leicht nach innen gebogen sein, Schwung und Rhythmus bleiben immer erhalten. Hier zeigt es sich, ob sie einen guten, losgelassenen Trab reiten können.

Lektion 3. Angenommen Sie reiten einen guten, schwungvollen Trab, dann müßte Ihnen die jetzt folgende einfache Schlangenlinie leichtfallen. Beim schwungvollen Trab kommt es weniger auf die Geschwindigkeit an, sondern auf die Energie, die in Ihrem Pferd steckt. Es ist einfach, das Pferd aufzufordern, schneller zu werden; doch wird es dann automatisch kürzere Tritte machen, sich anspannen und im Kreuz versteifen. Die vorwärtstreibenden Hilfen sollen aus dem Pferd längere Tritte – nicht schnellere – herausholen, bei denen das Pferd die Hinterhand aktiv untersetzt. Außerdem kommt es beim Schlangenlinienreiten darauf an, daß das Pferd immer richtig gebogen ist, das heißt, daß es sich bei jedem Richtungswechsel erneut nach innen biegt. Die ganze Lektion muß fließend geritten werden, wobei die einzelnen Bögen korrekt und in gleicher Größe ausgeritten werden.

Lektion 4. Bereiten sie sich und Ihr Pferd für den Wechsel in den Arbeitsgalopp vor. Das bedeutet: halbe Parade, Pferd nach innen biegen, korrekte, gleichzeitig erfolgende Galopphilfen mit Kreuz,

Beim versammelten Trab bleibt der Schwung der Hinterhand erhalten, wodurch das Pferd in der Vorhand freier und beweglicher wird.

Im Arbeitstrab kann das Pferd zeigen, ob es ausbalanciert ist. Die einzelnen Trabtritte müssen rhythmisch, gleichmäßig und elastisch sein.

Im Mitteltrab soll das Pferd couragiert nach vorn gehen, mit freien, raumgreifenden Tritten – nicht unbedingt schneller, aber mit mehr Spannung.

Im starken Trab wird die Hinterhand verstärkt eingesetzt, um soviel Schwung zu erhalten, daß es seine Schrittlänge bis zum größtmöglichen Punkt ausdehnen kann.

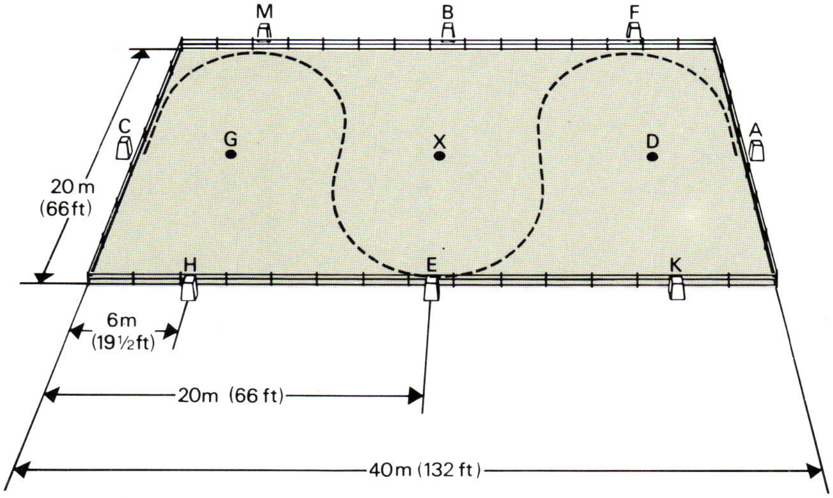

Schenkel und Zügel. Der Übergang muß klar und eindeutig, aber fließend sein. Danach wird im Zirkel geritten, immer mit klarer Biegung nach innen. Schwung, Takt und Rhythmus müssen erhalten bleiben, das Pferd soll seine Hinterhand aktiv einsetzen. Dies ist besonders für ein junges Pferd noch sehr schwer; in diesem Fall hilft es, die Hilfen für Schulterherein zu benutzen.

Lektion 5. Nach dem halben Zirkel (etwa 15 m Durchmesser) kehren Sie nun auf den Hufschlag zurück. Achten Sie auf die Hinterhand Ihres Pferdes. Kurz vor M geben Sie einige halbe Paraden, damit das Pferd nicht nur auf der Vorhand in den nächsten Halbzirkel geht. Nehmen sie die Biegung nicht zu knapp, Sie machen sich die Lektion dadurch selbst zu schwierig. Bei F reiten Sie wieder aus dem Halbzirkel auf den Hufschlag. Achten Sie dabei darauf, daß Ihr Pferd im richtigen Galopp geht. Ein Kontergalopp ist für ein junges Pferd Gift. Parieren Sie lieber durch und beginnen Sie erneut. Bei A gehen Sie in Trab über.

Lektionen 6-8 – können Wiederholungen der einen oder anderen bereits genannten Lektionen sein. Besonders wichtig sind die glatten Übergänge von einer Gangart zur anderen.

Lektion 9. Sie sind also wieder bei Punkt A und versuchen, einen guten Trab zu reiten. Nach einigen Trabtritten veranlassen Sie Ihr Pferd durch verstärkten Druck von Gesäß und Schenkeln, seine Tritte so lang wie möglich zu machen. Dabei darf das Pferd jedoch nicht schneller werden; denn Sie müssen es immer voll unter Kontrolle haben. Es hat überhaupt keinen Sinn, wenn Sie die vorwärtstreibenden Hilfen falsch anwenden und das Pferd mit schnellen, aber kurzen Tritten an Tempo gewinnt.

Lektion 10. Parieren Sie durch zu einem glatten, sauberen Übergang in den Schritt, sobald Sie bei M an die kurze Seite der Bahn gelangen. Auch im Schritt muß der leichte, aber feste Kontakt zum Pferdemaul über die Zügel erhalten bleiben. Sitzen Sie ruhig und locker; aber geben Sie mehr treibende Hilfen, wenn das Pferd im Schritt nicht gut vorwärtsgeht. Bei H

Unten: Der Kopf des Pferdes kann viel aussagen. Man achte vor allem auf Größe und Form von Ohren und Augen sowie deren Ausdrucksfähigkeit und Beweglichkeit.

Die Galopp-Pirouette erfordert eine hohe Versammlung, damit der Dreitakt trotz der Wendung erhalten bleibt.

Der fliegende Galoppwechsel à tempo muß genauso ruhig, gerade und fließend geritten werden wie andere Lektionen.

Bei der Traversale geht das Pferd seitwärts und geradeaus, wobei die äußeren Beine die inneren Beine kreuzen.

Die Piaffe ist ein auf der Stelle gerittener Trab, wobei die Diagonalbewegung klar erkennbar sein muß.

öffnen Sie ein wenig Ihre Zügelfaust und erlauben Sie dem Pferd eine kurze Dehnung des Halses nach vorn und unten. Dabei macht es möglichst lange Schritte. Lassen Sie sich aber nicht die Zügel aus der Hand ziehen. Kurz vor X nehmen Sie die Zügel wieder an – nicht mit einem Ruck, sondern mit Gefühl – und traben bei F an.

Lektion 11. Traben sie so ruhig wie möglich, damit Sie in der Mitte der kurzen Seite das Pferd auf die Mittellinie stellen können. Reiten Sie bis zur Mitte und parieren Sie zum Halt durch. Wieder muß das Pferd ruhig stehenbleiben. Grüßen Sie nochmals das Richterkollegium, loben Sie Ihr Pferd mit einem Klaps auf den Hals und verlassen Sie die Reitbahn mit hingegebenem Zügel.

Draußen wird Ihr Pferd noch einmal gelobt, aber niemals bestraft, vor allem nicht für einen Fehler, den Sie vermutlich mitverschuldet haben. Das Pferd würde diese verspätete Strafe überhaupt nicht verstehen.

Neue Lektionen. Nach dieser ersten Herausforderung werden Sie sicherlich besser wissen, was noch mehr trainiert werden muß. Vielleicht haben Sie Ihr selbstgestecktes Ziel nicht erreicht, so daß Sie und Ihr Pferd weiterhin hart arbeiten müssen, um eines Tages an einem neuen Wettbewerb teilnehmen zu können, wo die Anforderungen vielleicht schon etwas höher sind. Die neuen Lektionen müssen vorsichtig und allmählich eingeübt werden: Kontergalopp, Galoppwechsel, kleiner Zirkel im Trab und Galopp, doppelte Schlangenlinien und ähnliches.

Ich fange mit diesen Lektionen nie vor dem zweiten Trainingsjahr an. Auch versuche ich dann, das Pferd besser zu versammeln, es kürzer zu machen, so daß die Hinterhand immer mehr untertritt und die Tritte mehr Aktion bekommen.

Die meisten Dressurlektionen werden in versammelten Gängen geritten, da nur dann das Pferd wirklich an den Hilfen steht. Versammlung kann nur allmählich erreicht werden und verlangt ein im Gleichgewicht stehendes, durchlässiges, gehorsames Pferd, das Schwung und Elan besitzt. Versammlung erreicht man nicht durch starkes Ziehen an den Zügeln, sondern durch die richtigen Schenkelhilfen, die auf die Hinterhand des Pferdes einwirken. Mit einem versammelten Pferd kann man die Übergänge zu den verschiedenen Gangarten üben, aber auch verschiedene Geschwindigkeiten in ein und derselben Gangart. Auch Zirkel, Schlangenlinien und Schulter-herein können jetzt in stark verbesserter Versammlung geritten werden.

Im dritten oder vierten Trainingsjahr fängt man mit fliegenden Galoppwechseln (zu vier, drei oder gar zwei Tempi), Galopp-Pirouetten und Traversalen an. Die meisten einigermaßen talentierten Pferde schaffen zu dieser Zeit die an sie gestellten Anforderungen. Die Zerreißprobe folgt meistens erst auf schon sehr hohem Niveau. Pferde, die die schwierigsten Lektionen meistern können – fliegender Galoppwechsel à tempo, Passage und Piaffe –, müssen schon besonders talentiert und stark durchtrainierte Tiere sein, die außerdem über ein gutes Temperament verfügen.

Die schnellen Galoppwechsel erfordern ein rasches Reaktionsvermögen und ein gutes Timing vom Reiter sowie totale Durchlässigkeit des Pferdes. Der erhabene Trab – die Passage – raubt dem Pferd viel Kraft; eine gute Übereinstimmung zwischen Pferd und Reiter ist unbedingt nötig. Die Piaffe ist eine besonders schwere Lektion, da das Pferd dabei auf der Stelle traben muß – eine unnatürliche Bewegung, die das Pferd in seinem Vorwärtsdrang aufhält.

Wer einmal solch eine Dressurprüfung mitgemacht hat, kann vielleicht verstehen, warum es nicht sehr viele Grand-Prix-Pferde auf der Welt gibt; und selbst von denen nicht alle gleich gut sind.

8

Jagdreiten

Wie wir wissen, hat die Fuchsjagd ihren Ursprung in Großbritannien, aber schon im Mittelalter ritten Jäger im eurasischen Raum zusammen mit Hunden auf die Jagd. Auch existierte damals schon die Falkenjagd auf Enten und andere Vögel, Hasen und andere Kleintiere. Die Mutigsten jagten Bären, Löwen und Leoparden, die sie zu Tode hetzten. Dadurch wurden den Jägern unbekannte Gebiete ihres Landes erschlossen, und die Welt wurde größer.
Die frühen Jäger sahen in ihren Pferden jedoch nur ein Arbeits- und Gebrauchsgerät. In Höhlengemälden kann man fürchterliche Stürze über viel zu hohe Hindernisse sehen. Mutig waren sie schon, aber noch keine richtigen Pferdekenner oder gar Reiter. Vielleicht hat ihnen diese wilde Reiterei Spaß gemacht; aber was war das für ein Pferdeleben?
Daß Training für *alle* Pferde und Reiter sein muß, war schon immer bekannt. Doch leider hat der Jäger früherer Zeiten seine eigene Ausbildung und die des Pferdes total vernachlässigt, hetzte der Spur des Fuchses hinterher, hatte Spaß daran und meinte vielleicht, zuviel »Wissenschaft« ums Reiten herum könnte ihm den Spaß nur verderben.

Reiterliche Verantwortlichkeit
Im Jagdgelände muß der Reiter die volle Verantwortung für sein Pferd übernehmen. Es gibt zwar heute noch einige Reiter, die der Jagd wegen reiten, die meisten aber nehmen an solchen Veranstaltungen nur aus Spaß und Freude teil. Diese Reiter bringen nicht nur Sportsgeist mit, sondern auch ein großes Verständnis für Pferde. Natürlich kann auch ein unverständiger Reiter oder ein Anfänger einen Jagdtag überleben, doch wird er dabei mehr Glück als Verstand haben. Er merkt nicht, wie er sein Pferd behindert, und wundert sich nur, wenn dieses einen Sprung verweigert. Wieviel besser ist es doch, ein trainiertes Pferd zu reiten und selbst auch trainiert zu sein, so daß Pferd und Reiter eine Einheit bilden. Viele Reiter können der großen Versuchung und Herausforderung nicht widerstehen, so einem Jagdvergnügen nachzugehen. Dabei gibt es dafür weder Preise noch Medaillen!

Das Jagdpferd: der Hunter
Gute Jagdpferde kann man nicht an Größe und Aussehen erkennen. Auch Alter und Gebäude sind nicht sehr wichtig, aber ein wacher Geist, Mut und absolute Trittsicherheit. Stamina kann durch systematisches Fitneß-Training erreicht werden, während Geschwindigkeit und Springfähigkeiten von Haus aus vorhanden sein müssen. Auf jeden Fall muß das Pferd zumindest so weit ausgebildet sein, daß es dem Reiter gehorcht.
Die meisten Pferde lieben Jagdritte; die neuen Ausblicke und Gerüche, die langen Galoppaden und Sprünge, das Zusammensein mit anderen Pferden – das alles ist natürlich viel schöner, als tagelang im Stall eingesperrt sein, wo kaum etwas passiert. Ein trainiertes und sorgfältig gerittenes Pferd hat selbst Freude an einem Jagdtag und kehrt in guter, gesunder Verfassung nach Hause zurück. Ein ruhiges, phlegmatisches, aber auch ein abgezehrtes Pferd kann ebenfalls von einer Jagd profitieren, erhält es doch neue Lebenskräfte durch all die aufregenden Umstände. So ein Pferd kann dann manchmal Fähigkeiten entwickeln, die sein Reiter niemals von ihm erwartet hätte. Jedes gesunde, trainierte Pferd kann mit einem Minimum an Anstrengung ein Maximum an Leistung bringen. Dabei kommt es nicht auf den Pferdetyp oder die Rasse an; so ist ein Vollblüter beispielsweise gar nicht gut geeignet, da er meist nur auf kurze Strecken trainiert ist.
Ein ungehorsames Pferd, das ständig pullt und sich aufregt, nervt seinen Reiter und stört auch das gesamte Jagdfeld. So ist also »gutes Benehmen« ebenfalls sehr wichtig. Das Pferd muß alles springen, was der Reiter von ihm verlangt – ein vernünftiger Reiter natürlich! –, der auch genau die Schwächen und Grenzen seines Pferdes kennt. Geht die Jagd über offenes Gelände mit gutem Boden, etwa Grasboden wie in den englischen Midlands, so ist ein leichterer Pferdetyp einem Cob vorzuziehen, in diesem Fall kann sogar ein Vollblüter entgegengesetzt zum oben Gesagten guten Dienste leisten. Ein Cob ist dagegen leistungsfähiger, wenn das Gelände hügelig oder rauh ist.

Natürlich sind nicht alle Pferde für Jagdritte geeignet. Leider werden immer noch zu junge oder körperlich nicht genügend kräftige Pferde regelrecht verschlissen. Ein im höchsten Grade nervöses Pferd wird zur Gefahr seines Reiters, der anderen Jagdteilnehmer sowie für sich selbst. Wertvolle Military- oder Rennpferde dürfen nur mit äußerster Vorsicht bei Jagden geritten werden, da die Gefahr einer äußeren Verletzung sowie von Zerrungen oder gar Quetschungen immer besteht.
Der Reiter muß das Temperament, die körperliche wie seelische Verfassung sowie das Können seines Pferdes richtig einschätzen, um Unfälle zu vermeiden. Man tut gut daran, das Pferd zu scheren, da es mit dem dichten Winterfell zu schnell ins Schwitzen gerät und sich erkältet, wenn es irgendwo dampfend längere Zeit stehenbleiben muß. Hat das Pferd den ganzen Sommer über gearbeitet, müßte es eigentlich im Herbst fit genug sein. Vielleicht ist es nur nötig, das Pferd noch insoweit zu trainieren, daß man längere und häufigere Galoppaden verlangt.
Bei manchen Pferden ist es nötig, zusätzlich Vorderzeug, Martingal oder Ausbinder zu benutzen. Streichkappen oder andere Beinschützer hingegen sind zu vermeiden, da sie sowieso nur schmutzig und klebrig werden, sich lösen und damit große Gefahren bieten. Auch von Bandagen ist abzuraten.
Die Pferde lernen eine ganze Menge bei solchen Jagdritten, nämlich mit unterschiedlichen, schnell wechselnden Bodenverhältnissen zurechtzukommen, die Geschwindigkeit dementsprechend anzupassen, nicht nur hohe, sondern auch breite Hindernisse zu überspringen, ihr Gleichgewicht selbst auszubalancieren und sich nicht aufzuregen. Außerdem kräftigt und stärkt die Arbeit die Muskeln, das Pferd lernt, willig und mit Freude vorwärtszugehen. Auch lernt es, auf sich selbst aufzupassen, damit es nicht stürzt, und gibt so auch dem Reiter ein sicheres Gefühl.
Soll Ihr Pferd zum ersten Mal an einer Jagd teilnehmen, ist es empfehlenswert, vorher auf sogenannten Jungfuchsjagden zu üben, sofern Sie dafür vom Master die Genehmigung bekommen. Bei Jungfuchsjagden geht es längst nicht so aufregend zu, und das Pferd kann sich allmählich an die neuen Umstände gewöhnen. Ihr Pferd darf nicht nur zu Hause an den Hilfen stehen, es muß Ihnen auch im Gelände und bei Jagdritten gehorchen. Lassen Sie es auf keinen Fall zu, daß Ihr Pferd vor lauter Aufregung, den Anschluß zu verpassen, den anderen Pferden hinterherhetzt. So haben Sie keine Einwirkung mehr auf Ihr Pferd, wenn Sie beispielsweise umkehren oder ein Hindernis anders überspringen wollen als es die Mitreiter tun. Merke: Ein klebendes Pferd ist ein gefährliches Pferd! Ihr Pferd muß immer wieder aufs neue lernen, daß es nur Ihren Hilfen zu gehorchen hat. Ein sorgfältig geschultes Pferd kann sich auch viel besser entspannen und läßt sich leicht wieder beruhigen. Trotzdem bleibt zu überlegen, ob Sie für eine Jagd nicht ein etwas stärker wirkendes Gebiß wählen.

Vorhergehende Seite: Es gibt nichts Größeres als die Herausforderung eines Jagdtages.

Links: In Deutschland werden vorwiegend Schleppjagden mit zum größten Teil feststehenden Hindernissen geritten. Bei der Schleppjagd legt ein Vorreiter eine Riechspur an, die von einer kleinen Hundemeute verfolgt wird, der die Reiterschar folgt. Reitjagd auf lebendes Wild ist bei uns verboten.

Oben: Die französischen Jagdreiter sind für ihre Hornsignale bekannt. Es gibt verschiedene Signale, die beispielsweise den Beginn der Jagd, aufgespürtes Wild oder das Ende der Jagd angeben. In Frankreich geht die Jagd heute noch auf Wildschweine.

Und überhaupt ein Wort zu Sattel und Zaumzeug: Achten Sie darauf, daß alles in bester Ordnung ist, denn das Lederzeug wird sehr stark beansprucht.

Kleidung

Die offiziellen Jagdteilnehmer (Jagdherr, Master, Piköre, Huntsmen usw.) tragen rote Jacken, damit sie auch von weitem erkannt werden können. Diese Jakken sind relativ lang und schützen vor Kälte und Wind. Die Reiter tragen Reitkappen sowie lange Hetzpeitschen, mit denen sie die Hunde unter Kontrolle halten. Große Stulpenstiefel, die die Beine schützen, sind vorgeschrieben. Warme, strapazierfähige Handschuhe sind nicht nur als Schutz vor Kälte und Nässe notwendig, sondern auch, um die Zügel besser halten zu können; denn auch diese werden feucht und rutschen dann leicht durch die Zügelfaust. Sporen sind eigentlich nicht nötig, doch werden sie häufig getragen – natürlich mit stumpfen Enden! Unter der Jacke zieht man sich möglichst warm an: Hemd und Weste und natürlich eine feste Reithose. Die Jagdkrawatte mit Nadel vervollständigt das Bild eines Jagdreiters!

Die einfachen Teilnehmer können auch einen roten Rock tragen, meistens aber einen schwarzen oder grünen, je nach Vorschrift des Jagdherrn. Manche Reiter ziehen auch heute noch einen schwarzen Schwalbenschwanz an, was natürlich sehr elegant aussieht.

Damen kleiden sich in Dunkelblau, nicht in

Schwarz. Früher durften nur die offiziellen Teilnehmer eine Reitkappe mit Samtbezug tragen, das hat sich allerdings aus Sicherheitsgründen geändert. Eine Jagdpeitsche ist zwar manchmal lästig, leistet aber gute Dienste beim Öffnen von Zaungattern oder beim Wegdrücken von Ästen und Zweigen. Darf man dem Huntsman bzw. Oberpikör, das ist der Chef der Meute, dabei helfen, die Meute zusammenzuhalten, ist eine Peitsche sowieso unerläßlich. Manche Reiter nehmen eine ganz normale Reitgerte, vor allem wenn sie ein junges oder schwieriges Pferd haben, doch wird eine Gerte nicht als ganz korrekt angesehen, denn noch immer wird gerade bei der Jagdreiterei auf korrektes Aussehen und korrekte Kleidung Wert gelegt. Es ist ein großes gesellschaftliches Ereignis, und zwar nicht nur in England, sondern auch in anderen Ländern, vor allem in Frankreich und in der Bundesrepublik Deutschland.

Doch bei aller Korrektheit geht die Sicherheit vor. So muß die Kleidung – wie immer sie nun beschaffen sein mag – vor allem warm und strapazierfähig (und natürlich sauber) sein, und auch die Ausrüstung des Pferdes muß vor allem Sicherheit bieten.

Ein Jagdtag

Es gibt nichts Gesünderes als so einen Jagdtag! Er stärkt und kräftigt Energien und Muskeln und ist auch für die ältere Generation ein wahrer Labsal.

Kampfsportarten wie Steeplechase, Point-to-Points, Militarys und neuerdings »team chasing« haben alle ihren Ursprung im Jagdreiten, das auch einen großen Einfluß auf die Pferdezucht genommen hat, da schnelle, bewegliche, couragierte und ausdauernde Pferde benötigt werden.

Wenn Sie nicht hinter lebendem Wild jagen wollen, so kann Sie eine Schleppjagd mit Sicherheit auch zufriedenstellen, denn die Freude an langen Galoppaden und schönen Sprüngen bleibt erhalten. Bei der Schleppjagd wird eine Fährte gelegt, der die nach etwa einer Stunde startenden Hunde folgen. Das reitende Jagdfeld geht dann über einen vorherbestimmten Kurs mit Hindernissen, die zum Teil an den Seiten offen sind, so daß ungeübte Reiter auch außen herumreiten können. So eine Schleppjagd dauert meistens nur zwei Stunden und wird von vielen Reitern vorgezogen. Auch die Landbesitzer lieben diese auf begrenztem Feld stattfindenden Jagden mehr als die großen Hetzjagden, die oft über ihre Besitztümer gehen. Natürlich lassen sich dann oft Beschädigungen am Feld oder im Wald kaum vermeiden.

Im Prinzip kann man sagen, daß jeder geübte Reiter, der auch ein trainiertes Pferd hat, an einer Jagd teilnehmen kann. Doch sollte er sich vorher mit den noch immer recht strengen Sitten – was Kleidung und Verhalten betrifft – vertraut machen.

Jagdherr und Master sind für den Verlauf einer Jagd ebenso verantwortlich wie für die Erlaubnis, über fremde Felder und Grundstücke zu reiten. Deshalb muß den Anweisungen des Masters unbedingt Folge geleistet werden. Jagdherr ist der einladende Gastgeber und häufig auch gleichzeitig der Master. Ihm ist höchster Respekt zu zollen.

Der Huntsman oder Oberpikör ist für die Meute verantwortlich, die Feldpiköre unterstützen den Master. Diese Reiter darf man in ihrer Arbeit nicht stören oder behindern. Die Oberpiköre haben mit ihren Hunden genug zu tun und müssen sich voll auf diese konzentrieren. Jedem Huntsman ist jeder Hund be-

Ganz links: In Großbritannien beginnt die Jagdsaison am 1. November. Bei Jagdritten vor diesem Termin wird noch nicht sehr streng auf korrekte Kleidung geachtet. Hauptsache, sie ist in Ordnung und zweckmäßig. – Diese Zeit der Vorsaison eignet sich sehr gut, sich selbst und die Pferde mit den Hunden und den traditionell strengen Jagdsitten vertraut zu machen.

Oben: Ein Jagdreiter muß mit allen Hindernissen fertig werden, auch mit solchen Erdwällen wie hier gezeigt. Jagdritte sind eine gute Vorbereitung für Militarypferde, da sie eifrig vorwärtsgehen dürfen, dabei aber nicht allzu große Risiken eingehen.

Rechts: Der Huntsman ist für die Hundemeute verantwortlich. Er muß dieser Aufgabe nachgehen können, ohne dabei vom nachfolgenden Jagdfeld belästigt oder gar daran gehindert zu werden.

kannt, und er nennt jeden bei seinem Namen. Er gibt den Hunden Hornsignale, wenn der Fuchs gefunden oder davongelaufen ist, wenn die Hunde wieder zu den Reitern kommen sollen usw. Für alles gibt es spezielle Signale, und am Schluß ertönt das Halali. Der Oberpikör bekommt Hilfestellung von den Pikören, die die Meute mit der langen, kurzstieligen Peitsche beherrschen.

Der Master muß ein ausgezeichneter Reiter sein und das Jagdgebiet sehr genau kennen. Auch die Landbesitzer und Bauern, über deren Land geritten wird, sind ihm bekannt, und er hat sich vorher die Genehmigung geholt. Er ist für alles, was irgendwie schiefgehen könnte, verantwortlich, und ist bemüht, den Teilnehmern einen schönen Tag zu bereiten. Dabei geht er davon aus, daß alle Teilnehmer geübte Reiter sind und auch schwierige Situationen mit ihrem Pferd meistern können. Außerdem müssen alle Reiter faire Sportsleute sein, Konkurrenz- oder Wettbewerbsdenken darf nicht aufkommen. Vom Reiter wird ein faires und höfliches Verhalten verlangt. Das gilt nicht nur für die Reiter untereinander, sondern auch gegenüber Fußgängern, eventuellen Zuschauern und Autofahrern.

Freude am Reiten

Am besten ist es, zum Stelldichein zu reiten – das können durchaus 10 km sein! – oder vorher das Pferd genügend aufzuwärmen und andererseits ein bißchen »Dampf abzulassen«. Reiten Sie trotzdem ruhig und sauber in den Hof des Jagdherrn ein. Daß sie pünktlich zum Stelldichein erscheinen, ist eine Selbstverständlichkeit. Zahlen Sie Ihre Teilnehmergebühr, falls dies nicht schon geschehen ist, und zeigen Sie danach Ihrem Pferd in aller Ruhe alle die neuen aufregenden Dinge auf dem Hof. Lassen Sie es sich mit anderen Pferden und auch mit den Hunden anfreunden. Ein Pferd, das nach den Hunden ausschlägt, hat nichts bei einer Jagd zu suchen. Selbst ein Pferd, bei dem auch nur die geringste Gefahr besteht, daß es ausschlagen kann, muß durch eine rote Schleife am Schweif gekennzeichnet sein.

Melden Sie sich frühzeitig an; denn manchmal gibt es zuviele Teilnehmer, um das Jagdfeld noch einigermaßen zusammenhalten zu können.

Bevor es nun losgeht, versammelt der Reitherr die Teilnehmer um sich, das heißt er bittet zum Stelldichein. Es ertönen die ersten Hornsignale, der Reitherr begrüßt die Teilnehmer und gibt eventuell notwendige Anweisungen. Handelt es sich um eine Schleppjagd, ist inzwischen der Fährtenleger unterwegs. Egal welche Jagd Sie mitmachen, rauchen Sie bitte weder bei der Begrüßung noch während kurzer Pausen bei der Jagd. Der Geruch irritiert die Hunde – und auch den Fuchs!

Wenn Sie noch nicht so sicher im Jagdreiten sind, ist es keine Schande, sich einen guten Vorreiter auszusuchen, an den Sie sich anhängen können. Denken sie aber immer daran, daß Ihr Pferd auch in diesem Fall *Ihren* Anweisungen folgen muß. Und Sie müssen den Anweisungen des Masters Folge leisten, unbedingt! Er darf übrigens auch nicht überholt werden! Wie schon gesagt, ist das Jagdreiten eine sehr faire Angelegenheit, und Sie müssen sich unbedingt an die Regeln halten, sonst müssen Sie damit rechnen, Reitverbot zu erhalten.

Oben: Jagdritte in Kalifornien sind im Vergleich zu europäischen viel legerer, um nicht zu sagen hemdsärmelig.

Links: Das Rad der Geschichte dreht sich immer wieder zurück. Es gibt heute wieder eine ganze Menge von couragierten Reiterinnen, die im Damensattel reiten, ja sogar an Jagden teilnehmen und über Hürden springen.

Rechts: Ein junges Pferd muß erst mit den Hunden vertraut gemacht werden. Das Bild zeigt einen der größten Jagdreitställe Großbritanniens.

Für Ihr Pferd wird es am einfachsten sein, wenn Sie in der gleichen Weise reiten wie zu Hause auch.
Machen sie es nicht nervös, es hat schließlich einen langen und anstrengenden Tag vor sich. Wichtig ist auch, nicht wild durcheinander die Hindernisse zu bewältigen. Im allgemeinen ist es üblich, vor dem Hindernis eine Schlange zu bilden und hintereinander in der einmal eingenommenen Reihenfolge zu springen. Wird Ihr Pferd müde oder der Boden ist schwer oder rutschig, verlangen Sie keine unnötigen Sprünge. Meistens ist es möglich, außen herumzureiten. Tun Sie es, auch wenn es länger dauert. Beim Jagdreiten kommt es nicht auf Schnelligkeit und Wettbewerb an. Ein guter Jagdreiter ist kein superschneller Reiter, aber er ist immer dann zur Stelle, wenn er gerade gebraucht wird. Beobachten Sie auch die Hunde und kreuzen Sie nicht deren Weg! Reiten Sie immer auf Lücke, das heißt versetzt, so daß jeder Reiter genügend Platz nach vorn hat, um das Feld zu übersehen oder um bei einem eventuellen Sturz seines Vordermannes ausweichen zu können.
Nach dem Ende der Jagd wird zum Halali geblasen, jeder Reiter bekommt einen Bruch, das heißt einen Tannenzweig, die Hunde kriegen den Aufbruch (des Wildes) oder einen Ersatz, falls es sich um eine Schleppjagd handelte. Man sagt dazu, »die Hunde werden mit dem Curée genossen gemacht«, sie werden also für ihre gute Arbeit belohnt. Und auch Sie sollten jetzt Ihr Pferd loben, ihm kleine Schlucke leicht angewärmten Wassers zu trinken geben, es versorgen, wie schon in vorhergehenden Kapiteln beschrieben. Besonders wichtig dabei ist, daß Sie das Pferd und vor allem seine Beine nach eventuellen Verletzungen untersuchen.

Warum heute noch Jagdreiten?
Viele Leute – und nicht nur Gegner – sehen diesen Sport als veraltet und überholt an. Und trotzdem gibt es heute mehr Jagdreiter als zu irgendeiner anderen Zeit und mehr Hundemeuten als je zuvor. Gegner des Jagdreitens oder der Jagd überhaupt übersehen meistens, daß Jagen nicht unbedingt töten heißt. Ein guter Jäger ist mehr Heger als Jäger. Und auch die heutige Reitjagd entstammt diesem Denken; deshalb ist auch in vielen Ländern das Jagen auf lebendes Wild verboten.
An Jagdritten teilzunehmen, macht einfach Spaß, und den sollte sich jeder geübte Reiter gönnen. Er und sein Pferd können daraus nur profitieren und ihr Können verbessern und mehr Vertrauen zueinander gewinnen. Außerdem ist es auch für das Pferd eine große Abwechslung, besonders wenn Sie als Reiter sonst nicht viel Zeit für Ihr Pferd haben oder viel zu häufig nur in der Halle oder auf dem Reitplatz Ihre Lektionen einüben. So wichtig diese sind, so wichtig ist aber auch eine gelungene Abwechslung – und die kann die Teilnahme an einer disziplinierten Reitjagd bieten.

9

Western-Reiten

Ursprünglich waren die Reiter, die im Western- oder – wie man auch sagt – im amerikanischen Reitstil ritten, Arbeiter, nähmlich Cowboys. Diese waren geübte Reiter mit viel Pferdeverstand, die sich bei der Arbeit mit den Viehherden ganz auf ihre Pferde verließen. Ein Cowboy, der dies nicht tat und sein Pferd nicht selbsttätig arbeiten ließ, sondern es beherrschen wollte, war kein guter Viehhirt und kein guter Reiter. Und darin liegt das Prinzip der Western-Reiterei: Das Pferd arbeitet völlig selbständig. Der Reiter denkt nur, was jetzt zu tun ist, und schon tut es das Pferd.
Dies bedarf natürlich viel Übung und Vertrauen. Ein echter Cowboy erkannte und verstand die Anatomie eines Pferdes und wußte auch genau, die richtigen Hilfen einzusetzen, um Nerven und Muskeln des Pferdes zum Arbeiten zu bringen.

Was ist nun ein Westernpferd?
Fast alle Warmblüter könnten im Prinzip Westernpferde sein – aber eben nur durchschnittliche. Denn *das* Westernpferd ist das American Quarter Horse. Dieses Pferd hat den »Cow sense«, den sonst keine Pferderasse besitzt, und sie sind kräftig und ausdauernd.
Beim Westernreiten kommt es vor allem auf Geschwindigkeit und schnelles Reagieren an. Pferde zwischen 145 und 155 cm Stockmaß sind am besten geeignet. Sie brauchen eine gute Knochenstruktur mit kurzen Röhrbeinen und dicken Muskeln, vor allem an der Hinterhand.

Ausrüstung und ihr Ursprung
Der Sattel des Viehhirten ist komfortabel, funktionell und strapazierfähig. Er war nicht nur dafür da, den Reiter Stunden und Stunden zu tragen, ohne daß dieser schwitzt und sich wundreibt, sondern er war auch der Anker, an dessen anderem Ende so mancher Stier festgehalten wurde, an seinem Sattelknauf war Platz für Lassos, Wetterschutz und vieles mehr, und nachts diente er dem müden Cowboy als Kopfkissen.
Mit der Zeit gab es verschiedene, immer mehr spezialisierte Sättel. Der Lassowerfer muß in den Steigbügeln stehen, deshalb darf der Sattel nicht weich und nachgiebig sein. Der Cowboy sitzt tief eingebettet zwischen Vorder- und Hinterzwiesel in einer ganz sicheren Lage, aus der er so schnell nicht herausgeworfen wird. Die heutigen Show-Westernsättel sind kleiner und leichter.
Obwohl alle diese Eigenschaften ihren Sinn haben, sind sie doch rückläufig. Der Vielzweck- oder Ranchsattel setzt sich immer mehr durch, da er sehr angenehm ist und noch genügend spezialisiert für den Arbeitszweck.
Jeder Sattel – ob Cowboysattel oder ein anderer – muß dem Reiter genauso gut passen wie dem Pferd. Die normale Sitzfläche ist etwa 38-40 cm lang und 30-33 cm breit. Das übliche Gewicht eines Arbeitssattels beträgt 13-16 kg.
Ein zweiter Sattelgurt hält das hintere Ende des Sattels an seinem Platz, sollte es bei der Arbeit einmal sehr heftig zugehen.
Vorderzeug wird natürlich vorrangig dafür verwendet, den Sattel festzuhalten – etwa wenn das Pferd einen zu hohen Widerrist hat und der Sattel nach hinten zu rutschen droht –, aber es ist auch ein schöner Ausrüstungsgegenstand, an dem sich viel Silber anbringen läßt.
Junge Westernpferde werden auf Trense geritten; die ausgebildeten Pferde haben eine einfache, mild wirkende Stange mit Hebelanzügen, die nach hinten gebogen werden können. Das gut ausgebildete, im kalifornischen Stil gerittene Pferd trägt häufig ein Bosal, das die sanfteste Zügelführung darstellt, die man sich überhaupt vorstellen kann.

Die Arbeit des Westernpferdes
Dabei handelt es sich um Arbeit auf der Ranch, das heißt auf der Viehweide. Die Tage sind lang, die Arbeit hart, das Wetter heiß und trocken oder naß und kalt, und die Arbeit geht von der Morgen- bis zur Abenddämmerung. Häufig geht es nachts weiter, wenn die Pferde die Viehherde immer wieder umkreisen müssen, um sie zusammenzuhalten.
Westernpferde haben drei Gangarten: den Schritt, den Jog, eine Art Zockeltrab, und den Lope, eine

dem Galopp ähnliche Gangart. Der Schritt ist nicht sehr lebhaft, aber raumgreifend und ausdauernd. Die Hinterbeine treten weit vor die Trittsiegel der Vorderbeine.
Der Jog ist kein natürlicher Gang, sondern wird dem Pferd antrainiert. Er ist eine Diagonalbewegung wie der Trab, aber langsamer. Die Tritte kommen stetig und ausdauernd, und ein gutes Westernpferd kann stundenlang in dieser Gangart laufen. Sie wird bei der Arbeit an der Viehherde am meisten verwendet, da sie sich der Geschwindigkeit der wandernden Tiere am besten anpassen kann.
Der Lope ist wie der Galopp ein Dreitakt, sehr angenehm für den Reiter und wirkt für andere Pferde nicht so ansteckend wie der europäische Galopp.
Ein Westernpferd muß ohne Schwierigkeiten rückwärtsgehen können. Es hält ein Kalb oder auch einen ausgewachsenen Stier fest, indem es rückwärts tritt und damit das Lasso gespannt hält. Auch wenn das Pferd sich einer Gefahr gegenübersieht, wird es nicht nervös und beginnt, in Panik wegzurennen, sondern geht langsam zurück.

Show-Veranstaltungen im Westernstil
Es gibt viele Möglichkeiten, an denen Westernpferde ihre Fähigkeiten zeigen können. Allein das Zeigen ihrer drei Gangarten durch einfache Vorführung in der Arena ist sehenswert. Auch zeigen sie ihre Fertigkeit, dem Reiter bei seiner schweren Arbeit zu helfen oder bestimmte Arbeiten selbständig auszuführen wie zum Beispiel das Öffnen und Schließen von Zaungattern oder das Überwinden schwieriger Hindernisse wie Holzstöße oder Flüsse.
Sie können Punkte sammeln bei einer guten Vorführung fliegender Wechsel (bis zu achtmal hintereinander), oder eines »Slide stop« oder beim Rückwärtsrichten. Diese Grunddressur, zu der noch schnelle Pirouetten (Spins) kommen, heißt »Reining«.
»Barrel racing« (Rennen um drei Fässer) und »Pole bending« (Slalom um Pfähle) sind besonders beliebte Spiele, bei denen es um Schnelligkeit und eine rasche Auffassungsgabe geht. Trotzdem muß das Pferd so ruhig bleiben, daß es nach der Vorführung ohne Aufregung im Schritt die Arena verlassen kann.
Aber die eigentliche Arbeit ist die Arbeit am oder mit dem Rind. Hier kann das Pferd alles zeigen, was es kann. Es muß Ruhe und Geduld bewahren, sich langsam und locker dem Rind nähern und niemals den Gedanken des Reiters zuvorkommen. Aber sowie dieser auch nur daran denkt anzuhalten, muß das Pferd schon stehen. Dann fängt die Arbeit an: Das Pferd verfolgt das Rind, schneidet ihm den Weg ab, wobei es aus höchster Geschwindigkeit Wendungen vollbringen muß, und sondert auf diese Weise das Rind aus. Das alles muß das Pferd ganz allein, ohne Reiter oder mit Reiter, aber ohne dessen Befehle, bewältigen. Hauptattraktion ist, wenn das Pferd ein Rind genau in die Mitte der Arena bringen muß und es dort veranlaßt, sich selbst um 360° zu drehen, einmal rechts herum und dann noch links herum. Das Absondern eines Rindes – das sogenannte »Cutting« – ist die größte Arbeit. Dabei muß das Pferd mitten in die Rinderherde gehen, ohne diese nervös zu machen. Sobald es gesagt bekommt, welches Rind ausgesondert werden soll, sondert das Pferd das Rind aus der Herde aus und hindert es daran, zurückzuge-

Vorhergehende Seite: Ursprünglich mußte das Western-Pferd Arbeiten auf der Ranch leisten, zum Beispiel das hier gezeigte »Roping«.

Oben links: Der texanische Reitstil ist nach wie vor der beliebteste unter den Western-Reitstilen. Er entwikkelte sich aus der Arbeit des Cowboys, der allerdings über sein Pferd nur soviel wußte, daß ein Leben ohne diesen Kameraden undenkbar ist.

Oben: Die Zügel werden in einer Hand gehalten. Die Finger sind fest geschlossen, der Daumen liegt obenauf. Die meisten Reiter halten die Zügel in der linken Hand, um mit der rechten Hand arbeiten zu können.

hen. Ist eine Hilfestellung des Reiters zu erkennen, gibt es Fehlerpunkte. Das Pferd muß völlig selbständig arbeiten.

Texas-Reitstil

Es gibt in der Amerikanischen Reitweise zwei verschiedene Stile: den texanischen und den kalifornischen Stil. Der Texas-Stil wurde von den amerikanischen Cowboys entwickelt, die wenig über ihre Pferde wußten. Nur eines war ihnen klar: Ohne Pferde konnten sie sich ihr Leben nicht vorstellen. So machten sie alles mit ihrem Pferd gemeinsam. Die Partnerschaft ging so weit, daß sich einer auf den anderen verlassen konnte: Was der Reiter besser machte, war seine Aufgabe, was das Pferd besser machen konnte, übernahm es automatisch.

Das texanische Cowpony war ein kleines kompaktes Pferd mit viel Muskelmasse. Diese Cowponys waren das Resultat einer Kreuzung zwischen Vollblütern und spanischen Stuten und bildeten den Grundstock für die heutigen American Quarter Horses. Sie waren beweglich und schnell wie Katzen, kannten sich mit Rindern aus und kamen mit schmalster Kost zurecht.

Wenn die Cowboys bestimmte Arbeiten machen wollten, deuteten sie dies dem Pferd nur an, gaben dann den Zügel hin, und das Pferd übernahm die Arbeit. Das ist bis heute der beliebteste Stil der Western-Reiterei in den Vereinigten Staaten geblieben.

Die Sättel dieser Cowboys waren nicht besonders prächtig. Eine komfortable, dauerhafte und sichere Ausrüstung war wichtiger. Der Cowboy hatte nie Zeit, das Lederzeug zu pflegen, auch war es fast immer den Unbilden des Wetters ausgesetzt. Entsprechend einfach war auch das Zaumzeug. Das Gebiß ist eine einfache, ungebrochene Stange mit Hebelanzügen.

Im Texas-Stil werden die Zügel in einer Hand gehalten. Die Zügel liegen auf den Fingern, die Faust ist geschlossen, wobei die Zügel aber nicht krampfhaft festgehalten werden, sondern nur lose zwischen Daumen und Zeigefinger liegen. Die Hand steht gerade über dem Widerrist, der Handrücken zeigt nach oben. Die Zügelenden fallen an der Seite hinab, an der die Zügel gehalten werden. Hält der Reiter die Zügel in der linken Hand, so fallen die Zügelenden also lose auf der linken Seite des Pferdehalses herab. Der Reiter benutzt dann die rechte Hand überhaupt nicht zur Zügelführung, er hält sie locker auf dem Oberschenkel oder in die Hüfte gestemmt, sofern er sie nicht zum Arbeiten braucht. Steigt der Reiter ab, so läßt er einfach die Zügel an einer Seite bis auf den Boden fallen, dann bleibt das Pferd ohne weitere Aufforderung unbeweglich an dieser Stelle stehen – das Pferd ist »ground-tied«.

Das Pferd bewegt und hält sich natürlich und streckt Hals und Nacken weit nach vorn, beugt den Kopf zwar am Atlaswirbel, ist aber nie so versammelt wie in der europäischen Reiterei.

Das Pferd reagiert auf den Zügel (Neck-reining). Soll es nach links gehen, reicht ein kurzer Zügeldruck am Hals, und das Pferd bewegt sich nach links. Soll es schneller werden oder in einem engeren Zirkel gehen, so benutzt auch der Western-Reiter Schenkel- und Gewichtshilfen.

Das Wichtigste am Texas-Stil ist, daß das Pferd nicht

Oben links: Der kalifornische Reitstil wurde von den eingewanderten spanischen Ranchbesitzern eingeführt und ist um einiges feiner als der texanische. Das kalifornisch geschulte Pferd trägt sich selbst und hat keinerlei Anlehnung an die Hand des Reiters.

Oben: Auch in diesem Stil können die Zügel in einer Hand gehalten werden, und zwar vorwiegend wieder in der linken. Die Zügel werden so gehalten, daß die Hand aufrechtsteht mit dem kleinen Finger fast am Sattelknauf. Am Zusammenschluß der beiden Zügel ist der Romal, eine Peitsche, angebracht, der mindestens 40 cm lang sein muß.

durch ständiges Zügelziehen im Maul gestört wird. Es wird stets mit losen Zügeln geritten und geht in völliger Losgelassenheit und im Gleichgewicht. Trotzdem bewegt der Reiter die Zügelfaust: Er zieht die Zügel kurz an und läßt diese wieder los, zieht an, läßt los und treibt das Pferd mit Schenkelhilfen vorwärts.
So bekommt das Pferd die richtige Hals- und Kopfhaltung. Diese Zügelführung hat nichts mit der europäischen Reitweise zu tun und ist für das Pferd sehr angenehm. Wird ein Cowboypferd so am Zügel gezogen, wie das in Europa oft der Fall ist, würde es einfach stehenbleiben!

Kalifornischer Reitstil

Der kalifornische Reitstil entwickelte sich aus dem der spanischen Viehhirten, der Vaqueros, die natürlich mehr Pferdeverstand mitbrachten. Die Vaqueros wollten mehr als nur ein Arbeitspferd. Ihr Pferd sollte auffallen, glänzen, paradieren, stolzieren – und sie verbrachten viel Zeit damit, das alles den Pferden beizubringen. Auch bevorzugten sie ein leichteres Pferd, das mehr im Vollbluttyp steht, so sind heute noch die kalifornischen Pferde groß und leicht und haben einen edel gebogenen Hals.
Das im kalifornischen Stil gerittene Pferd wird mit der Hackamore trainiert. Das erste Bosal (der Nasenriemen aus Rohhaut) ist sehr schwer und groß, und das Pferd lernt dabei sehr schnell, daß es vom Reiter in die Pflicht genommen wird. Je mehr das Pferd gelernt hat, desto kleiner und leichter werden die verwendeten Bosals, und zum Schluß trägt das Pferd ein ganz dünnes Bosal zusammen mit einem Stangengebiß. Der Übergang vom schweren bis zum leichten Bosal kann ein Jahr dauern. Das Pferd ist »fertig«, wenn es auf die kleinste Zügelbewegung des Reiters reagiert.
Während der Ausbildung mit der Hackamore muß das Pferd seinen Kopf ganz senkrecht tragen, wobei der dritte Halswirbel höher steht als der erste (Atlas). Um dies erreichen zu können, setzt der Reiter sehr stark Schenkel- und Gewichtshilfen ein und lenkt das Pferd mit den sogenannten verwahrenden Zügelhilfen diagonal hinter dem Widerrist. Dadurch biegt sich das Pferd im Hals, macht seinen Rücken rund und tritt mit der Hinterhand tief unter den Körper.
Ganz korrekt ist es, wenn das Pferd seinen Schwerpunkt unter den des Reiters setzt und damit in hoher Selbstversammlung geht. Auf jeden Fall ist die Versammlung beim kalifornisch gerittenen Pferd viel größer als beim Texas-Pferd.
Hat das Pferd ausgelernt, braucht es keinerlei Zügelhilfen mehr; die Zügel sind lose, und das Gebiß bildet die Begrenzung, hinter der das Pferd seinen Kopf trägt.
Um diese Kopfhaltung zu erreichen, wird das Pferd in seiner Ausbildung stark überzäumt. Egal wo das

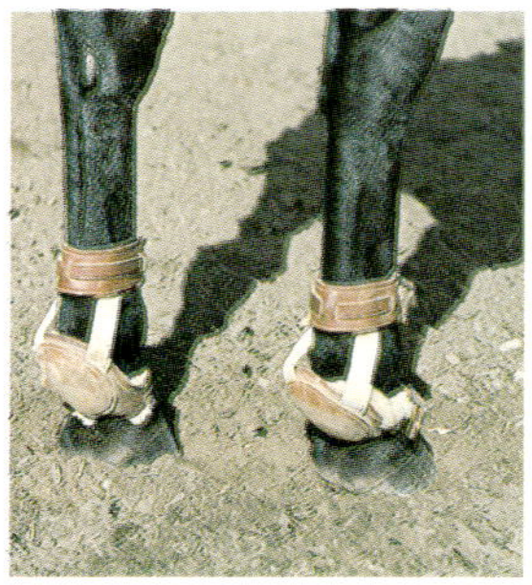

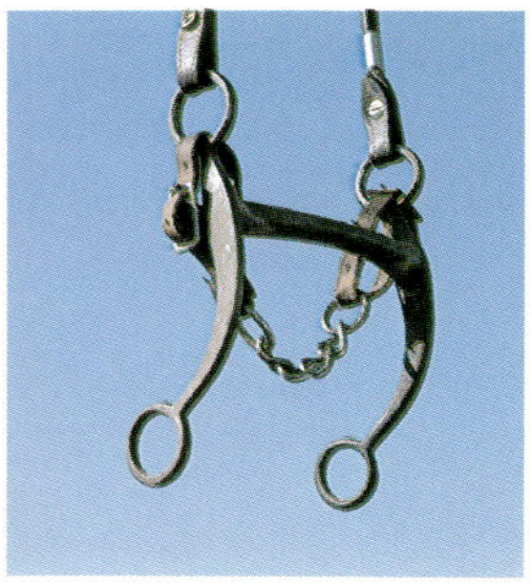

Ganz links: Diese Beinschützer sind beim ›Slide stop‹ – dem schnellen Durchparieren zum Halt – erforderlich, wenn das Pferd seine Hinterbeine tief unter den Körper stellt.

Links: Das leichte texanische Stangengebiß hat Hebelanzüge, die nach hinten gebogen werden können. Dadurch ist es dem Pferd möglich, trotz Gebiß zu fressen.

Links: Der ›Rollback‹ ist eine halbe Wendung, bei der sich das Pferd um das innere Hinterbein dreht. Die Bewegung muß fließend und elastisch sein, egal aus welcher Geschwindigkeit sie vom Pferd gefordert wird.

Unten: Der ›Spin‹, die volle Wendung um 360°, wird zuerst im langsamen Tempo geübt, am besten indem vier Viertelwendungen nacheinander geritten werden.

Gebiß steht, der Kopf des Pferdes muß dahinter stehen. Nur so lernt das Pferd, auf die leisesten Zügelhilfen zu reagieren.
Der kalifornische Reiter benutzt mit großer Vorliebe Sattelzeug mit viel Silber. Auch das Zaumzeug ist mit Silber geschmückt, und das Gebiß besteht sowieso immer aus Silber mit großen dekorativen Hebelanzügen. Die Zügel bestehen aus geflochtenem Leder und sind geschlossen. An der Verbindung der beiden Zügel schließt sich der Romal an, eine lange Lederpeitsche.
Auch der kalifornische Reiter trägt die Zügel in einer Hand. Die Finger der linken Hand umschließen die Zügel, so daß die Hand aufrecht steht mit dem kleinen Finger fast am Sattelknauf. Die Innenfläche weist zum Reiter, die Außenfläche zum Pferdekopf. Der Romal wird mit der rechten Hand ergriffen, etwa 40 cm lang, so daß er in der auf der Hüfte oder dem Oberschenkel ruhenden Hand liegen kann.
Steigt der Reiter ab, legt er die Zügel über den Hals des Pferdes und den Romal über den Sattel direkt hinter dem Sattelknauf, und zwar von rechts nach links. Ein den kalifornischen Stil bevorzugender Reiter wird sein Pferd niemals an den Boden »annageln«, wie dies der im texanischen Stil reitende Cowboy tut (s. dort: »ground-tied«). Statt dessen benutzt er häufig Fußfesseln, die er immer am Sattel hängen hat.

Slide stops

Dieser aufregende, harte und schnelle Stopp aus voller Geschwindigkeit entstand aus der Arbeit des Cowboys, vor allem beim Roping. Es ist eine für das Pferd unangenehme Übung und darf nicht zu häufig gefordert werden.
Der »Slide stop« wird nicht durch Zerren an den Zügeln erreicht. Die Bezeichnung kommt daher, daß das Pferd aus voller Geschwindigkeit so schnell bremsen muß, daß seine Hinterhand unter den Körper gleitet (to slide). Kopf und Hals des Pferdes sind dabei hoch erhoben, und die Vorderbeine steif nach vorn gestreckt. Die Wirbelsäule wird bis zum letzten Wirbel gebogen, so daß der Schweif bis zum Boden reicht.

Der »Slide stop« sollte aus dem Schritt heraus trainiert werden. Das Pferd muß sofort und vollständig stehenbleiben, sobald der Reiter es von ihm verlangt. Tut das Pferd auch nur einen einzigen Schritt nach vorn, muß der Reiter korrigieren. Die Regel sieht dann vor, daß der Reiter nochmals mit dem Training von vorn anfangen muß.
Auf Stil und Haltung wird dabei mehr geachtet als auf Schnelligkeit. Pro Trainingsstunde können ein oder zwei »Slide stops« versucht werden, aber es dauert Monate, bis das Pferd diese Übung auch aus voller Karriere leisten kann. Ist dies der Fall, sollte es

Unten: Der ›Slide stop‹ ist ein hartes Durchparieren zum Halt, meist aus vollem Galopp, muß aber zu Anfang mit geringerer Geschwindigkeit geübt werden. Der ›Slide stop‹ hat sich aus der Cowboyarbeit entwikkelt, wo er vor allem beim ›Roping‹ – beim Einfangen einzelner Rinder – erforderlich war.

Oben: Streichkappen und Beinschützer sind bei der harten Arbeit des Westernpferdes unbedingt erforderlich, um es vor Verletzungen zu schützen.

mit sogenannten Gleitplatten beschlagen werden und immer Beinschützer tragen, die speziell dafür entwickelt wurden.

Biegungen und Wendungen
Die beiden Lektionen lernt das Pferd beim Betreuen der Viehherden; sie führen zu den spektakulären »Spins«, den für Westernpferde so typischen vollständigen Drehungen um die eigene Achse.
Der »Rollback« ist eine 180°-Wendung um das innere Hinterbein des Pferdes. Soll das Pferd eine Wendung nach rechts machen, drückt der Reiter mit dem rechten Bein, damit das Pferd den rechten Hinterfuß vornimmt. Sobald das Pferd anhält, ist der rechte Hinterfuß in der Vorwärtsbewegung, dann folgt der linke, und schon muß es um das rechte Hinterbein gebogen sein. Noch hält der Reiter die Zügel lose, gibt dem Pferd jetzt aber einen kurzen Zug auf der rechten Seite. Außerdem dreht sich der Reiter ein wenig nach rechts und schaut in die gewünschte Richtung. Dann folgt der linke Reiterschenkel, der am Gurt liegt und das Pferd veranlaßt, auch die Vorhand zu drehen. Dazu setzt es den linken Vorderfuß vor den rechten und macht eine Drehung um 180°.
Wird diese Wendung im Jog, also im Trab verlangt, muß das Pferd sofort nach der Wendung wieder die gleiche Gangart anschlagen.
Biegungen um 90°oder Hinterhandwendungen werden in der gleichen Art geritten, nur aus dem Stand heraus. Bei einer Hinterhandwendung nach links veranlaßt der Reiter das Pferd, seinen linken Hinterfuß nach vorn zu nehmen. Dann gibt er Zügelhilfen, damit das Pferd auch die Vorhand nach links dreht. Sobald der Reiter auch mit dem rechten Schenkel Druck ausübt, biegt sich das Pferd wie gefordert.
Der Reiter sollte möglichst seinen Oberkörper in die gewünschte Richtung drehen und alle Hilfen sehr sorgfältig geben, damit die Wendung nicht über 90° hinausgeht.
Bei Dressurvorstellungen von Westernpferden (Reining) kann man Pferde sehen, die hintereinander Vierteldrehungen nach links, nach rechts, nach links, nach rechts absolvieren können. Zwischen den einzelnen Bewegungen ist immer nur eine ganz kurze Pause.
Wie bei allen Lektionen müssen auch Drehungen im langsamen Tempo geübt werden. Die Geschwindigkeit kommt erst dazu, wenn das Pferd die Übung fehlerlos beherrscht. Im übrigen kann man ein Westernpferd nicht zu einer Übung zwingen. Es macht sie gern von sich aus, muß aber dabei frei handeln können.
Dreht sich das Pferd nach rechts, muß es seinen rechten Fuß leicht nach vorn nehmen. Wieder ist dies die Folge auf die Schenkelhilfe des Reiters auf der rechten Seite. Nach kurzer Zügelhilfe dreht sich das Pferd nach rechts, der Reiter setzt links den Schenkel ein, und das Pferd nimmt auch die Vorhand nach rechts, indem es die Vorderbeine kreuzt. Diese Übung muß immer wieder wiederholt werden, bis sich das Pferd um volle 360° dreht.
Beim Westernreiten kommt es im Gegensatz zur europäischen Reitweise nicht darauf an, in wievielen Tritten das Pferd den Kreis vollbringt. Andererseits wird aber darauf geachtet, daß das Pferd bei der Übung unten bleibt und nicht anfängt zu springen.
Kann das Pferd die Übung im langsamen Tempo gut, beginnt man, sie mit mehr Tempo einzuüben. Man reitet im Trab (Jog) einige Zirkel, die immer kleiner werden, bis letzendlich das Pferd eine volle Drehung macht. Später kann dies auch im Galopp (Lope) geübt werden.
Der Reiter hält sein Pferd in der gewünschten Gangart, indem er mit dem äußersten Schenkel ständig Hilfen am Gurt gibt und die entsprechenden indirekten Zügelhilfen. Sobald der Reiter damit aufhört, bleibt das Pferd stehen oder geht zumindest in eine langsamere Gangart über.

Unten: Das im kalifornischen Stil trainierte Pferd wird gezwungen, in einer völlig überzäumten Genickhaltung zu arbeiten. Um diese Haltung zu erreichen, bei der der dritte Wirbel höher steht als der Atlaswirbel, werden häufig Schlaufzügel verwendet.

Ein Westernpferd beherrscht das Rückwärtsrichten ganz besonders gut und schnell. Um dies zu erreichen, muß der Reiter das Pferd veranlassen, mit der Hinterhand unterzutreten. Dazu müssen die Zügel leicht verkürzt, aber nicht krampfhaft nach hinten gezogen werden. Die Zügel müssen so lange verkürzt werden, bis das Pferd sein Gewicht verlagert hat; dann dürfen bzw. müssen die Zügel stehenbleiben. Danach übt der Reiter mit beiden Schenkeln zur selben Zeit leichten Druck aus und hebt den Körper leicht aus dem Sattel nach vorn, so daß das Pferd seinen Rücken rund machen kann.
Seitengänge sind die einzigen Übungen, bei denen der Reiter immer hinter der Bewegung des Pferdes bleibt. Will der Reiter nach rechts traversieren, muß er sein Körpergewicht nach links verlagern, mit dem linken Schenkel Druck ausüben und mit dem linken Zügel indirekte Hilfen geben. Dabei muß er aufpassen, daß er die Zügel nicht verkürzt, sonst würde das Pferd nicht traversieren, sondern rückwärts treten, im schlimmsten Fall sogar stehenbleiben.
Bei korrekter Ausführung einer Traversale kreuzt das Pferd Vorder- und Hinterbeine jeweils in die Richtung, in die es traversieren soll. Das heißt, daß das Pferd mit dem rechten Vorderbein und dem rechten Hinterbein jeweils vor das linke Bein treten muß, soll es nach links traversieren, und umgekehrt.
Ein Westernpferd wird kaum gehorchen, wenn der Reiter es zu etwas zwingen will oder die Kontrolle über das Pferd verliert. Ein Westernpferd möchte völlig frei und losgelassen und vor allem selbständig arbeiten. Wenn ein Reiter dies verstanden hat, wird er die größte Freude haben, die ihm ein Pferd schenken kann.

Oben: Ist das Rind mit dem Lasso gefangen, muß das Pferd sofort halten, um dem Rind ein Entkommen unmöglich zu machen.

Ganz links: Die kalifornische Reitweise erfordert sehr feines Lederzeug.

Links: Der funktionelle Arbeitssattel mit dem hohen Sattelknauf ist Teil der Ausrüstung eines texanischen Cowboys.

10

Distanzreiten

Distanzreiten ist wohl der älteste Pferdesport. Der erste Mann (oder war es eine Frau?), der sich auf den Pferderücken schwang, erlebte vermutlich keinen sehr schönen Ritt. Aber trotzdem setzte sich das Pferd durch, konnte man mit ihm doch Dinge viel schneller und über längere Distanzen transportieren, als es der zu Fuß gehende Mensch bis dahin konnte.
Seit Jahrhunderten wird immer wieder mehr oder minder Wahres von unglaublich langen Armeemärschen oder Völkerwanderungen erzählt, die hoch zu Roß stattfanden; und so mancher Arzt schuldet seinem Pferd wohl viel Dank, weil es ihn schnell und sicher zu einem kranken Patienten gebracht hat. Bis heute ist die Bewunderung geblieben für die mutigen Pferde, die über viele Meilen auf unwegsamen Gebirgspfaden, auf Schlachtfeldern oder in ausgedörrten Wüstengegenden Meldungen und Nachrichten übermittelten.
Bekannt geworden ist Tschiffley und sein 10000-Meilen-Ritt quer durch Amerika mit seinen treuen Pferden *Mancha* und *Gato*.
Der heutige Sport hat in diesen Begebenheiten seine Grundlagen gefunden. Und zusammen mit etwas Wettbewerbsgeist ist ein schöner Sport daraus geworden, der nicht mit unnötigem Streß verbunden ist. Selbst nach einem langen Ritt müßten Reiter und Pferd in der Lage sein, noch weiterzureiten. Dazu ist natürlich ein korrekter Körperbau des Pferdes nötig; denn es kann immer nur so gut sein wie sein schwächster Körperteil. So haben Steeplechaser selten eine schmale Brust oder schwache Fesseln.
In Amerika nehmen die Arabischen Vollblüter den ersten Platz bei den nationalen Distanz- oder Dauerritten ein, was allerdings auch einfach dadurch zu erklären ist, daß dort überdurchschnittlich viele Araber mitmachen. Viele Züchter des arabischen Pferdes konzentrieren sich darauf, die natürlichen Anlagen von Stamina und Ausdauer zu fördern. In Großbritannien stehen die eher kleinen Pferde an der Spitze, mit etwa 152-155 cm Stockmaß. Das sind meistens bodenständige Ponys mit Vollblut oder Araberblut in ihren Adern; oder auch reine Vollblüter bzw. Araber, und in letzter Zeit werden Morgan Horses, Appaloosas, Quarter Horses, aber auch Trakehner und Haflinger sehr erfolgreich.
Wie soll nun ein Distanzreitpferd aussehen? Besonders achten muß man auf die Skelettstruktur und das Gebäude des Pferdes. Da muß viel Platz sein für Herz und Lungen, damit sie sich bei großen Anstrengungen bis zum äußersten ausdehnen können. Sehr wichtig sind natürlich auch die Gliedmaßen: gut proportionierte Beine mit kräftigen, flachen Gelenken sowie kurze Röhrbeine mit starken, trockenen Sehnen sind unbedingt erforderlich. Die Fesseln müssen den richtigen Winkel haben, das heißt sie dürfen nicht zu steil stehen (Stoß- und Druckempfindlichkeit), aber auch nicht zu stark gebogen (weiche, schwache Fesselung), und müssen in eisenharte Hufe übergehen, die in Größe und Form der Körpergröße entsprechen müssen. Die Hinterhand ist wie bei jedem Pferd die Antriebsmaschine. Beim Distanzreitpferd muß sie kräftig und gut behost sein, um einen Reiter über 80-160 km tragen zu können.
Am Kopf sind vor allem die Augen zu beachten. Sind sie groß, so zeugt das von einem ausgeglichenen, sanftmütigen Charakter. Kleine Ohren zeigen Intelligenz und Vitalität; eine breite Stirn bietet Platz für das Gehirn; große Nüstern und viel Platz zwischen den Kiefern garantiert genügend Luftzufuhr; gesunde Zähne braucht das Pferd, um die (sehr teure) hochkonzentrierte Nahrung zu kauen.

Was ist das: Distanzreiten?
In Amerika und Australien gibt es den Sport schon seit über dreißig Jahren und ist dort sehr beliebt. Die Teilnehmer sind in verschiedenen Vereinen organisiert, die sehr strengen Gesetzen unterliegen, wobei vor allem das Wohlergehen des Pferdes berücksichtigt ist.
Natürlich stiegen mit der Zeit die Ansprüche, aber auch das tierärztliche Wissen hat sich verbessert, somit verlängerten sich auch die Distanzen und erhöhten sich die Geschwindigkeiten. In beiden Ländern gibt es Wettbewerbe für jeden Anspruch bis hin zur Top-Klasse von 160 km an einem Tag (Tevis in Kalifornien und Quilty in Australien). In Südafrika gibt

19

es auch einen sehr aktiven Club, der einmal jährlich einen 160-km-Ritt veranstaltet. Großbritannien freundete sich mit diesem Sport in den späten Vierziger Jahren dieses Jahrhunderts an. Inzwischen gibt es Distanzritte in Frankreich, Italien, Spanien, Portugal, Belgien, in der Schweiz und auch in der Bundesrepublik Deutschland. Jedes Land hat seine eigene Vereinigung mit strengen Regeln, die auf den amerikanischen Regeln beruhen. Die European Long Distance Riding Association (ELDRA) organisiert Ritte in jedem Land und veranstaltet auch einen jährlichen Wettbewerb. Die FEI (Fédération Equestre Internationale = Internationale reiterliche Vereinigung) strebt die Einführung von internationalen Distanzritten mit Wettbewerscharakter an. 1977 wurde in der Bundesrepublik Deutschland ein Distanzreiterverein gegründet, der mit der FN (Fédération Equestre Nationale) zusammenarbeitet und solche Ritte organisiert. An Distanzritten kann jedes gut trainierte Pferd oder Pony teilnehmen. Die Möglichkeiten sind:

Vorhergehende Seite: Das Distanzreitpferd bietet komfortablen Sitz, hat einen gutmütigen Charakter und eine gesunde und stabile Konstitution und gute Kondition.

Oben: Hübsch und leistungsfähig zugleich: Ein kleines Pferd mit genügend Kraft und Lebendigkeit, einem ruhigen Temperament, einer guten Gesundheit und eisenharten Kondition. So wünscht man sich ein Distanzreitpferd.

Links: Distanzritte gab es zuerst in den Vereinigten Staaten und in Australien, erobern aber zur Zeit die Beliebtheitsskalen der Reitsportanhänger in Großbritannien sowie auf dem europäischen Festland. Fast in allen Ländern Europas werden heute Distanzritte der verschiedensten Schwierigkeitsgrade veranstaltet.

Trainings- und Vergnügungsritte. Diese haben keinen Wettbewerbscharakter, die Strecke ist 24-40 km lang und ist für Reiter gedacht, die sich und ihr Pferd erst einmal testen wollen. Andererseits werden solche Ritte auch häufig von sehr fortgeschrittenen Reitern unternommen, die sie als Übungsritte betrachten.

Die meisten Vereine haben ihre eigenen Regeln für Ritte über 40-160 km aufgestellt. Die längeren Ritte werden oft in zwei- oder drei-Tages-Etappen eingeteilt.

Wettbewerbreiten. Hierbei wird eine bestimmte Zeit vorgegeben, und auch die Kilometerzahl ist bekannt. Es geht über einen markierten Kurs, und am Ende kommt es vor allem auf die tierärztliche Kontrolle an. Folgende Fragen werden geklärt: Wie ist die Kondition des Pferdes? Puls und Atmung? Ist es überanstrengt? Schwitzt es stark? etc.

Ausdauerritte. Hier wird nach Zeit geritten. Die Mindestentfernung beträgt 80 km; längere Ritte werden häufig auf zwei Tage verteilt. Dabei stellt man immer wieder fest, daß entgegen der üblichen Meinung eines Laien die kürzeren Distanzen für das Pferd viel anstrengender sind. Es ist nämlich die Ge-

Oben: Auch die zähesten Reiter und Pferde brauchen ab und zu eine Pause und eine kleine Erfrischung. Am besten bestellt man sich dazu einige Helfer an vorher verabredete Orte zu bestimmten Zeiten. Sie sollten nicht nur Erfrischungen für die Reiter mitbringen, sondern selbstverständlich auch an die Pferde denken.

schwindigkeit, nicht die Dauer eines Rittes, die dem Pferd Schwierigkeiten macht. Bei kürzeren Distanzen ist die Geschwindigkeit häufig viel zu hoch, vor allem wenn es über gutes Gelände geht. Hat ein Reiter aber 160 km vor sich, so teilt er sich diese gut ein und spart seine Kräfte und die des Pferdes

Training und Vorbereitung

Training und Vorbereitung eines Distanzpferdes erfordern genauso viel Wissen, Beharrlichkeit und auch Opfer wie bei einem Spring-, Dressur- oder Militarypferd. Natürlich muß das Pferd außerordentlich fit sein, muß aber auch im natürlichen Gleichgewicht gehen, gute Gänge haben und den Hilfen des Reiters gehorchen. Es muß in der Lage sein, auch über steiniges, rauhes oder über weiches, matschiges Gelände relativ schnell zu gehen. Das gleiche gilt für hügeliges Gelände, natürliche Hindernisse, tiefe Flüsse oder Farmland, auf dem gerade gearbeitet wird (große Maschinen!). Pferd und Reiter sollten möglichst immer eine Einheit bilden und fähig sein, abwechselnd vorn, hinten, in der Mitte der Gruppe oder ganz allein zu gehen. Das Pferd darf sich zu Beginn des Rittes nicht aufregen, denn dann sind Pferd und Reiter nach den ersten 10 km erledigt.

Dressurarbeit kann dazu dienen, die Schritte zu verlängern oder zu verkürzen, das Gleichgewicht beim Gangwechsel zu erhalten; während der Reiter darauf achten muß, daß er bei längeren Trab- oder Galopp-Passagen immer wieder die Hand wechselt. Seitengänge und Schenkelweichen müssen eingeübt werden; sie können später sehr dienlich sein, wenn es darum geht, Zaungatter in Sekundenschnelle zu öffnen.

Die Trainingsanforderungen werden allmählich gesteigert. Zu Anfang arbeitet man wie mit einem Hunter. Lange Tage mit langsamer Arbeit wechseln ab mit kürzeren, aber schnellen Arbeitszeiten, wenn möglich kann man an Point-to-Points teilnehmen. Jeder Tag ohne Training – egal aus welchen Gründen – ist ein verlorener Tag im Hinblick auf die Teilnahme an einem oder mehreren Distanzritten. Am besten ist es, man baut sich ein festes Programm auf. Übungs-, Futter- und Pflegezeiten, und bringt diese in Zusammenklang mit seinem eigenen Leben!

Ein Durchschnittsprogramm sollte folgendermaßen aussehen:

Tägliches Training: 1/2 Stunde Longieren, anschließend 11/2 Stunden Ausritt.

Ein Tag – längerer Ritt, 3-4 Stunden.

Ein Tag – etwa 3-Stunden-Ritt mit kurzer Pause dazwischen.

Ein Tag – sehr schnelle Arbeit mit Galoppaden bis zu 2,5 km.

Ein Ruhetag.

Die täglichen Ausritte sollten immer andere Ziele haben, sonst werden sie für Pferd und Reiter bald langweilig. Man kann auf ruhigem Gelände ohne weiteres ein bißchen Dressurarbeit einbauen: Schlangenlinien, Seitengänge, Slalomreiten zwischen Bäumen, Öffnen von Gattern und Toren usw.

Bei all diesen Vorbereitungen muß das Pferd beobachtet werden. Schwitzt es sehr? Sind Puls und Atmung den Anforderungen gewachsen? Beruhigt sich der Atem nach der Arbeit wieder? Wie lange dauert es? Ist Zeit vorhanden, kann man auch an anderen sportlichen Veranstaltungen teilnehmen: Jagdreiten, Military, Springen, aber auch Fahren. Das alles unterstützt die Fitneß und Vielseitigkeit des Pferdes.

Schwimmen ist eine wunderbare Abwechslung und kann ins Fitneßprogramm eingeplant werden, vor allem wenn der Boden, auf dem das Pferd vorwiegend geritten wird, naß und schwer ist oder besonders hart. Dazu darf man aber nicht jeden Teich oder Fluß nehmen, dem man unterwegs begegnet, wenn man nicht weiß, wie der Untergrund ist. Auch kann die Strömung zu stark sein, oder die Uferstellen zum Hineingehen und Herauskommen sind für ein Pferd nicht geeignet. Ein Glückspilz ist jeder Reiter, der in der Nähe des Meeres mit einem schönen Sandstrand wohnt. Das Salzwasser tut den Pferdebeinen ungemein wohl! Heutzutage gibt es schon einige Schwimmbäder extra für Pferde. Man hat diese vor allem für Rennpferde eingerichtet. Wenn Sie zu diesen Bädern Zugang bekommen, sollten Sie es ausnutzen. Vor allem weil das Pferd unter guter Aufsicht ist und die »Bademeister« ein genaues Trainingsprogramm für Ihr Pferd über mehrere Wochen ausarbeiten. Auch helfen sie dem Pferd, wenn ihm das Schwimmen ungewohnt ist, und trocknen es hinterher mit Infrarotlampen. Eine herrliche Erfrischung für das Pferd! Herz, Lungen und Muskeln haben ein Maximum an Training erhalten, und überanstrengte Sehnen und Beine konnten sich ausruhen.

Hufbeschlag. Bei den vielen langen Ritten sind auch viele Besuche beim Schmied nötig. Er muß ein Meister seines Faches sein und auf Ihre Wünsche eingehen. Ein Distanzpferd braucht unbedingt einen korrekten Hufbeschlag, und nicht nur, wenn die Eisen unregelmäßig abgetragen sind. Natürlich ist ein Pferd mit gutem Hufbeschlag weit im Vorteil gegenüber einem Pferd, das abgetragene Eisen trägt oder – noch schlimmer – die Eisen zu verlieren droht. Ein guter Hufschmied erkennt auch, ob die Hufwand in Ordnung ist. Wenn nicht, kann man mit anderem oder zusätzlichem Futter mehr helfen als mit Huf-Kosmetik. Muß viel auf Straßen geritten werden, ist es ratsam, Stollen zu benutzen, doch nur an den Hinterbeinen. Nutzt ein Pferd eine Stelle des Hufeisens immer wieder besonders stark ab – lange bevor der Rest des Eisens abgetragen ist –, so kann man mit eingeschweißten Titan- und Borverbindungen nachhelfen. Hat ein Pferd dünne Sohlen oder ist druckempfindlich, kann eine Einlage zwischen Huf und Eisen Abhilfe schaffen. Überhaupt ist dazu zu raten, wenn das hauptsächlich begangene Gelände sehr hart und

Oben: Bei Distanzritten herrscht im allgemeinen eine große Kameradschaft, doch kommt es vor, daß man manchmal mit seinem Pferd ganz allein auf weiter Flur ist. Reiter und Pferd müssen auch auf diese Situation eingestellt sein. Auch ist es unbedingt erforderlich, daß ein Pferd am Anfang, also an der Tête, einer Gruppe genauso gut geht wie am Schluß, ohne sich aufzuregen und den anderen Pferden entweder davonzujagen oder nachzurennen.

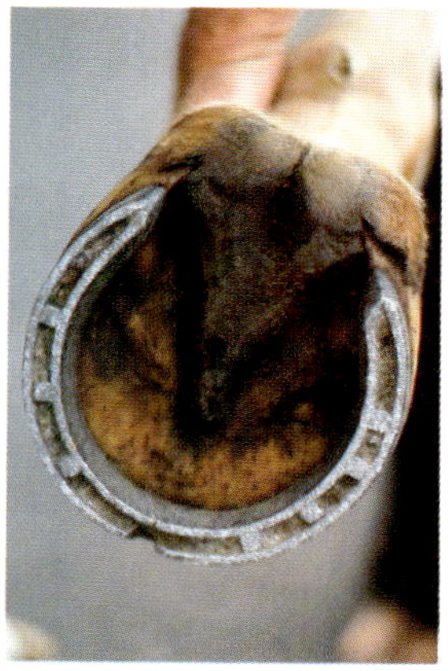

Oben: So sieht ein gut gewachsener und ebenso gut beschlagener Huf aus. Der Strahl ist klar ausgebildet, sauber und gesund. Die Hufform ist gleichmäßig und zeigt keinerlei krankhafte Veränderungen. »Ohne Huf kein Pferd« heißt es schließlich auch bei Distanzritten, bei denen an die Pferdebeine große Anforderungen gestellt werden.

steinig ist. Dagegen ist davon abzuraten, wenn es sich um weichen Untergrund, Heidesand oder großes Kopfsteinpflaster handelt. Denn durch die Einlage kann das Eisen nicht so befestigt werden wie üblich, und die Gefahr des Verlierens bei obengenannten Böden ist groß.

Futter. Ein Distanzpferd braucht für die tägliche Arbeit eine hochwertig proteinhaltige Nahrung, damit die Muskelfasern immer wieder neu aufgebaut werden. Eine Woche vor einem langen Ritt reduziert man die proteinhaltige Nahrung und gibt mehr Kohlenhydrate, also ein energiereicheres Futter. Vier Fütterungszeiten pro Tag sind besser als nur drei; Wasser sollte immer erreichbar sein, aber so, daß der Verbrauch überwacht werden kann. Zusatzfutter (s. Kapitel »Füttern und Tränken« auf Seite 24) muß individuell gegeben werden – hier hilft nur die Regel »Versuch und Irrtum«; eventuell kann der Tierarzt Rat geben. Täglich einen Teelöffel voll Salz ins Futter mischen, ist empfehlenswert, auch kann ein Salzleckstein dem Pferd nützlich sein. Nach einem langen, harten Training – vor allem an heißen Tagen – kann man Traubenzucker in lauwarmem Wasser auflösen und dem Pferd geben. Das hält das Pferd vom Nachschwitzen ab. Danach bringt man es für eine halbe Stunde auf die Weide, wenn die Möglichkeit dazu vorhanden ist, damit es sich die nötigen Mineralien und Spurenelemente aus Kräutern und Gräsern holen kann. Außerdem darf es sich ein wenig entspannen und sich auf dem Gras wälzen.

Vor einem Distanzritt bekommt das Pferd eine späte Abendfütterung, nur ein symbolisches Frühstück, und auch das Heu wird schon am frühen Morgen entfernt. Während des Rittes darf das Pferd zwischendurch etwas Gras fressen, oder man gibt einige saftige Beeren sowie kleinere Mahlzeiten an den vorgeschriebenen Haltepunkten. Nach dem Wettbewerb kann ein gesundes Pferd sofort etwas zu fressen bekommen, sobald es sich abgekühlt hat; überanstrengte Pferde benötigen etwas mehr Zeit, ehe sie ihren Appetit wiedergewinnen.

Sattel und Zaumzeug

Für das Pferd ist wohl der amerikanische Westernsattel oder der australische Viehhirtensattel am besten; schließlich hat er sich seit Jahren während harter Arbeit bewährt. Er hat eine breite Sitzfläche, wodurch das Reitergewicht gut verteilt ist, und eine tiefe Kammer. Die Gurte sind strapazierfähig und halten den Sattel an seinem Platz, ohne daß er ins Rutschen gerät oder ständig auf und ab wippt – die Hauptgründe, warum ein Pferd wunde Stellen am Rücken bekommt. Auch passen diese Sättel allen Pferden, doch sind sie meistens zu schwer (13-16 kg). Die Amerikaner haben inzwischen eine leichtere Variante des Sattels extra für Distanzritte entwickelt, doch haben sie sich bis heute in Europa nicht durchsetzen können. Auch Australien hat einen sehr guten Sattel mit allen Vorteilen des amerikanischen Westernsattels, ohne so schwer zu sein. Es versteht sich von selbst, daß die Bügel und Strippen von bester Qualität sein müssen. Es muß nicht immer Leder sein – wenn es um Gurte und Strippen geht –, es gibt auch gute Nylon-, Baumwoll- und andere Materialien. Man muß selbst ausprobieren, was dem Pferd am besten zusagt. Das gilt auch für die verschiedenen Materialien von Satteldecken.

Auch beim Zaumzeug und vor allem bei den Gebissen kann man nichts Allgemeines sagen; die Verwendung hängt vom Pferd ab. Gebißlose Trensen haben Vorteile, da das Pferd unterwegs damit besser fressen und trinken kann und sich nicht das Maul verletzen kann, was übrigens Strafpunkte einbringt. Es gibt inzwischen recht gute Nylon- und Baumwolltrensen, die sich besonders dann bewähren, wenn bei jedem Wetter draußen geritten wird und die Ausrüstung sehr strapaziert wird.

Vorbereitungen für den Reiter

Wollen Sie Freude an solchen Distanzritten haben, müssen Sie unbedingt fit sein. So müssen Sie also nicht nur Ihr Pferd trainieren und es außerdem pflegen und den Stall ausmisten usw., sondern Sie müssen auch täglich etwas für Ihre eigenen Muskeln tun. Wiegen Sie zuviel, versuchen Sie abzunehmen, einerseits Ihrer eigenen Gesundheit zuliebe, andererseits im Gedanken an das Pferd, das dieses Gewicht tragen muß. Ihre Diät kann sich übrigens an die Ihres Pferdes anlehnen: Während des Trainings hochwertig proteinhaltige Nahrung und kurz vor dem Wettbewerb Kohlenhydrate, um Energie zu gewinnen. Versuchen Sie, schon zwölf Stunden vor dem Ritt nur noch das Nötigste zu trinken – es gibt unterwegs vielleicht nur wenige Stellen, wo Sie sich mal erleichtern

Unten: Das Training eines Distanzreitpferdes muß auch das Toröffnen und -schließen miteinbeziehen. Diese Lektion darf in der Praxis nicht mehr als 30 Sekunden dauern, da sonst nicht nur wertvolle Zeit verlorengeht, sondern auch die Mitreiter nervös werden.

Rechts: Beim Distanzreiten spielt eine korrekte oder gar feine Kleidung keine Rolle. Sie muß den Anforderungen und vor allem den herrschenden Wetterverhältnissen angepaßt sein.

können! Meistens ist dies nur an den Haltepunkten möglich. Ihre Helfer sollten Sie unterwegs mit Essen und Trinken versorgen; Salztabletten sind bei sehr heißer Witterung zu empfehlen.
Suchen Sie sich Ihre Kleidung sehr sorgfältig aus und richten Sie sich vor allem nach dem Wetter. Bequem und strapazierfähig muß die Kleidung sein. Reitkappen sind obligatorisch.
Last but not least, wie sind Sie seelisch auf den Ritt eingestellt? Versuchen Sie, den über lange Zeit aufgebauten Streß und die Aufregung vor dem großen Tag abzubauen und die Energien in Ausdauer und Kraft zu stecken.

Die Helfer im Hintergrund

Bei allen Distanzritten ab 65 km sind helfende Hände unbedingt nötig: Die Pferde brauchen Wasser, falls es unterwegs keine natürliche Quelle gibt; vielleicht ist an der Ausrüstung etwas kaputtgegangen und muß ersetzt werden; ein Hufeisen muß erneuert werden. Man bestellt sich die Helfer an die im voraus bestimmten Haltepunkte, rüstet sie mit einer guten Karte aus und gibt ihnen auch sonst wichtige Hinweise. Und vor allem schuldet man ihnen Dank! Denn sie warten oft lange Zeit auf die Reiter, sind bei Wind und Wetter unterwegs und helfen auch noch am Ende des Rittes beim Versorgen der Pferde.

Reit-Strategie

Solche Wettbewerbe müssen genau vorgeplant werden. Die exakte Kilometerzahl muß errechnet werden, wo Halt gemacht werden darf bzw. muß, weil der Tierarzt seine Untersuchungen vornimmt, und wohin man sich die Helfer bestellen kann mit den nötigen Utensilien und vor allem Wasser. Dazu ist häufig stundenlanges Kartenlesen nötig, da man sich auch einen Überblick verschaffen muß über die Art des Geländes, Begehbarkeit von Straßen und eventuellen natürlichen Wasserquellen. Der Reiter trägt die Karte mit der eingezeichneten Route am besten am Handgelenk über der Uhr, so daß er immer eine gute Kontrolle über seine verbrauchte bzw. noch zur Verfügung stehende Zeit hat. Achten Sie vor allem darauf, die letzten Kilometer langsam zu reiten, damit das Pferd kühl und relaxed ins Ziel gelangt. Ist dies nicht der Fall, können bei der tierärztlichen Untersuchung unter Umständen wertvolle Punkte verlorengehen.

Distanzritte

Distanzritte werden unter durchaus taktischen Gesichtspunkten sowie unter Einschätzung der anderen Teilnehmer geritten. Es ist fast genauso wichtig zu wissen, wie gut die anderen reiten, wie auch die richtige Einstellung zu seinem eigenen Können zu haben. Ziel ist es zwar, den Ritt in möglichst kurzer Zeit zu bewältigen, aber nicht auf Kosten eines lahmenden oder total überforderten Pferdes.
Sie müssen also Ihr Pferd sehr gut kennen und auch ein bißchen wissen über die amerikanischen *Vet Gate Rides*. Dabei handelt es sich auch um einen Distanzritt mit Zeitmessung, aber statt der halbstündigen Pausen alle 32-40 km gibt es tierärztliche Untersuchungen an bestimmten Stellen, die nur 19-24 km weit auseinander liegen. Sie als Reiter sind eigentlich der einzige, der wirklich weiß, in welcher Geschwindigkeit das Pferd nicht überfordert ist, und so können Sie es einrichten, daß Sie an die Haltepunkte mit einem einigermaßen frischen Pferd kommen. Ist dies nicht der Fall, so wird das Pferd vom weiteren Verlauf ausgeschlossen und hat die erforderlichen Standards nicht erreicht. Ist es nicht ganz so schlimm, kann weitergeritten werden, und es gibt nach kurzer Zeit eine weitere Untersuchung, die natürlich wieder Zeit kostet. Um diese einzuholen, müßte eigentlich wieder schnell geritten werden... Aber die These lautet: »Das auch am Schluß noch fitteste Pferd hat gewonnen!«
Aus dieser Beschreibung sehen Sie schon, daß Distanzritte dem Durchschnittsreiter mehr zu bieten haben als andere Disziplinen des Reitsports, die immer professioneller werden. Bei Distanzritten ist das Wohlergehen des Pferdes das Wichtigste. Was den Reiter betrifft, so kann jeder mitmachen, ob er nun einfach nur auf einem gesunden, gutgepflegten Pferd einen längeren Ausritt machen möchte oder ob er anderen Reitdisziplinen anhängt (zum Beispiel als Fitneßtraining für ein Militarypferd oder als Mittel gegen Langeweile für ein Dressurpferd etc.) oder ob er den Ehrgeiz hat, immer und überall gern der Erste und der Schnellste zu sein.

11

Show-Veranstaltungen

Wer noch nie an einer solchen Veranstaltung teilgenommen hat, kann mit Sicherheit nicht verstehen, warum so viele Menschen soviel Zeit und Geld dafür opfern, Stunden und Stunden bei jedem Wetter auf dem Reitplatz verbringen – alles nur, um eine vielbegehrte Rosette zu erwerben. Aber für Teilnehmer und Eingeweihte ist es immer wieder ein großes Ereignis.

Pferdeschau-Veranstaltungen macht man nicht wegen des Geldes mit. Sie sind vor allem für Züchter wichtig, die sich einen Überblick über das »Waren«-angebot verschaffen und ihre eigene Ware anbieten wollen, aber auch für Amateurreiter, die auch mal zeigen wollen, was sie und ihre Pferde können.

Die Pferde werden an der Hand und unter dem Sattel gezeigt. Alle Rassen und Typen und jede Altersgruppe darf mitmachen vom Shetlandpony bis hin zum schweren Shire-Kaltblut. Bei der Beurteilung gibt es natürlich von den einzelnen Richtern verschieden bevorzugte Pferde. So kann jeder Teilnehmer mal ganz oben sein, beim nächsten Mal ganz unten.

Was ist ein Show-Pferd?

Was also müssen Sie beachten, wenn Sie sich ein Pferd kaufen wollen, mit dem Sie auf Pferdeschauen glänzen wollen? Als erstes müssen Sie bedenken, daß es zwei Klassen gibt, nämlich das Reitpferd und den Hunter. So müssen Sie nach Ihren Wünschen Ihr Pferd wählen. Ein Hunter, der eine Jagdsaison spielend übersteht, ein gutes Gebäude und ebenso gute Gänge hat und über ein großes Galoppiervermögen verfügt, dürfte gerade richtig sein, um ihn in der Hunter-Klasse vorzuführen. Oder wollen Sie lieber ein »normales« Reitpferd, ein Reitpony, ein bodenständiges Connemarapony oder gar einen Araber? Für jeden Pferdetyp gibt es eigene Gesellschaften mit ihren Bestimmungen, und Sie sollten dort Mitglied werden. Seien Sie sich auch im klaren darüber, daß Ihr Pferd vielleicht auf kleinen Pferdeschauen eine gute Figur macht, auf größeren jedoch absolut keinen Erfolg haben kann. So ist es besser, nicht viel Geld und Zeit für große Schauen zu investieren, wenn Sie die Chance haben, bei einer weniger bekannten Schau mit Erfolg – und Freude! – dabei zu sein. Reitpferde dürfen absolut keinen Fehler oder Mangel haben, bei der Hunter-Klasse wird schon mal über eine kleine Verletzung hinweggesehen, vorausgesetzt diese irritiert nicht die Aktion des Pferdes. Aber natürlich hat ein »sauberes« Pferd mehr Chancen.

Wenn Sie wirklich die Spitze dieses Geschäfts erreichen wollen, so machen Sie sich klar, daß dies nicht billig sein wird. Heutzutage muß ein Pferd alles sein: Hunter, Dressur-, Spring- und Militarypferd. Wie aber muß nun ein Show-Pferd aussehen?

Gutes Gebäude: Welcher Rasse Ihr Pferd auch immer angehört, es muß so aussehen, daß es die kritische Prüfung der Richter besteht, das heißt, es muß sich selbst gut präsentieren können. Dazu gehören: gute Vorhand mit schön aufgesetztem Hals und Kopf und schräger Schulter. Der Rücken darf nicht zu lang sein, der Brustkorb breit mit viel Platz für Herz und Lungen, aber nicht tonnenförmig gewölbt. Die Hinterhand ist gut entwickelt und trägt einen gut angesetzten vollen Schweif. Saubere Gliedmaßen und Hufe sind selbstverständlich, und das ganze Pferd muß in sich ausgewogen und wohlproportioniert sein. Nicht gern gesehen sind: kurze, dicke Hälse, gerade Schultern, lange dünne Vorderbeine, zu weiche Fesselung, vor allem an der Hinterhand.

Schöne Gänge. Das Pferd muß sich frei und gerade bewegen, an der Hand ebenso wie unter dem Sattel. Die Tritte müssen in allen Gangarten regelmäßig und klar ausgeprägt sein, ebenso muß die Hinterhand immer aktiv mitarbeiten. Trab und Galopp sind fließend und bequem zu reiten.

Bedenken Sie, daß in den meisten Klassen die Richter häufig den Wunsch äußern, das Pferd selbst zu reiten; so wird vom Pferd Gehorsam auch gegenüber einem fremden Reiter verlangt.

Es ist verlorene Zeit, ein Pferd in eine Klasse bringen zu wollen, in der es nicht erfolgreich sein kann; so hat ein leichtes Reitpferd nichts in der Hunter-Klasse zu suchen und umgekehrt. Treffen Sie Ihre Wahl entsprechend.

Vorbereitung für die Pferdeschau

Ein Pferd für eine Schau vorzubereiten, ist genauso viel Arbeit, wie ein Rennpferd für ein Derby vorzubereiten. Mit dem Unterschied, daß ein Show-Pferd für mehrere Monate seine Topform zeigen muß, ein Rennpferd dagegen immer nur sehr kurze Zeiten.
Es muß ein Bild von Gesundheit sein: weder dick noch ohne Kondition. Das Fell muß seidig glänzen. Um dies zu erreichen, kommt es sehr auf richtige Fütterung, Pflege und Training an. Die Fütterung ist ein Kapitel für sich; und um auf dem Reitplatz zu reüssieren, gibt man relativ viel Kraftfutter. Ist das Pferd nervös und schnell erregbar, muß man die Kraftfuttergaben jedoch eher herabsetzen. Damit das Pferd schön rund wird und ein gutes Fell bekommt, gibt man zwei- bis dreimal pro Woche gekochten Leinsamen in die Abendfütterung. Immer gut ist es, dem Pferd täglich vier Portionen zu geben statt nur drei; wobei die größte am Abend gegeben wird, damit es nachts Zeit zum Verdauen hat.
Das Exterieur eines Showpferdes muß bestechen, und das erhält es vor allem auch durch gutes Training. Achten Sie besonders auf die Hufe und nehmen Sie den besten Hufschmied, den es in ihrer Umgebung gibt – er kann sehr viel dafür tun, daß das Pferd gute Gänge hat.
Es ist wohl selbstverständlich, daß Sattel und Zaumzeug in Ordnung und sauber sein und der von Ihnen angestrebten Klasse entsprechen müssen. Erkundigen Sie sich genau, wann ihr großer Auftritt sein soll, damit Sie pünktlich und nicht abgehetzt erscheinen. Es ist immer besser, früher an Ort und Stelle zu sein und noch in Ruhe eine Tasse Kaffee zu trinken.
Die Praxis wird Ihnen zeigen, wie lange Zeit Ihr Pferd braucht, um für den Auftritt bereit zu sein. Und bedenken Sie, daß das »Benehmen« von Pferd *und* Reiter von den Richtern bewertet wird. Auf Pferdeschauen gibt es häufig viele Dinge, an die sich das Pferd erst gewöhnen muß (Heißluftballons, Auto- bzw. Oldtimer-Vorführungen, wehende Flaggen, schreiende Kinder usw.). Ein junges Pferd hat sicherlich einige Schwierigkeiten, bis es die fremden Geräusche und Gerüche akzeptiert.

Training

Der Erfolg Ihrer Mühe, die Sie sich zu Hause mit Ihrem Pferd gegeben haben, wird sich schon beim Einreiten in den Reitplatz zeigen. Leider versuchen immer noch zuviele Reiter, ihr Pferd durch künstliche Mittel herauszuputzen, doch ist das nur ein kläglicher Ersatz für ein gutes Training. Schauen Sie sich häufig Dressurvorstellungen an.
Auch wenn Ihr Pferd kein ausgebildetes Dressurpferd zu sein braucht, so ist doch das Grundtraining das gleiche. Das Pferd muß auf beiden Seiten gleich gut gehen, an den Hilfen stehen und sich selbst tragen. Mit einem ungehobelten Pferd, das keinerlei Erziehung genossen hat, besucht man keine Pferdeschau. Hat das Pferd ein gutes Gebäude, ist es meistens auch rittig; aber trotzdem kommt es auf Ihr eigenes reiterliches Können an, um dem Pferd bei der Vorstellung zu helfen. Leider sieht man relativ häufig ein erstklassiges Pferd, das von Minute zu Minute schlechter wird, weil es einen ungenügend ausgebildeten Reiter trägt. Nehmen Sie sich also ausreichend Zeit und geben Sie sich Mühe, nicht nur Ihr Pferd, sondern auch sich selbst auszubilden, und stecken Sie Ihr selbst gewähltes Ziel nicht vorzeitig auf.
Bevor Sie Ihr Pferd unter dem Sattel vorführen, muß es den Richtern an der Hand vorgestellt werden, junge Pferde stellt man sowieso nur an der Hand vor. So ist diese Vorstellung genauso wichtig wie Ihre Reitkunst. Das Pferd muß bei der Begrüßung ganz gerade stehen, und beim Führen frei und eifrig an Ihrer Seite gehen. Beim Antraben soll das Pferd in eini-

Vorhergehende Seite: So sieht ein perfektes Show-Pferd aus: gutes, kräftiges Gebäude, Energie und Ausdauer – ein Klassepferd auch für einen Jagdtag!

Rechts: Falls Ihr Pferd nicht einer bodenständigen Rasse angehört oder ein Arabischer Vollblüter ist, ist es Pflicht, die Mähne zu flechten. Um sich dies zu erleichtern, verzieht man von Zeit zu Zeit die Mähne von Hand, d.h. man entfernt einzelne Haare von der Unterseite, indem man sie über einen Kamm rollt und auszieht.

Linke Seite oben: So wird ein Pferd zur Richterbeurteilung aufgestellt. Wichtig ist, daß alle vier Beine zu sehen sind.

Linke Seite links: Die Aufmachung eines Show-Hunters muß nicht übertrieben sein, sondern zweckmäßig. Der Reiter trägt am besten ein strapazierfähiges Tweedjackett, Hemd, Schlips und Hut.

Linke Seite rechts: Das Lederzeug eines Show-Pferds kann etwas edler sein als das eines Hunters; aber der Reiter kann in beiden Fällen gleich angezogen sein.

Zuerst wird die Mähne angefeuchtet und nach rechts gebürstet.

Wenn man weiß, wieviel Zöpfe man flechten will, teilt man die Mähne mit dem Kamm entsprechend ein.

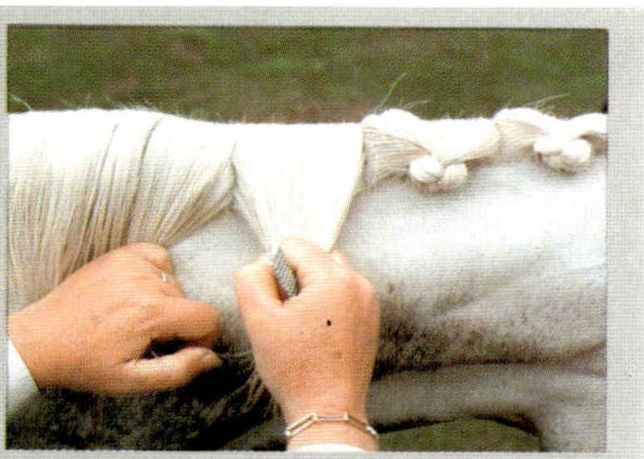

Hat das Pferd einen kurzen Hals, kann man ihn mit vielen Zöpfen optisch »verlängern«.

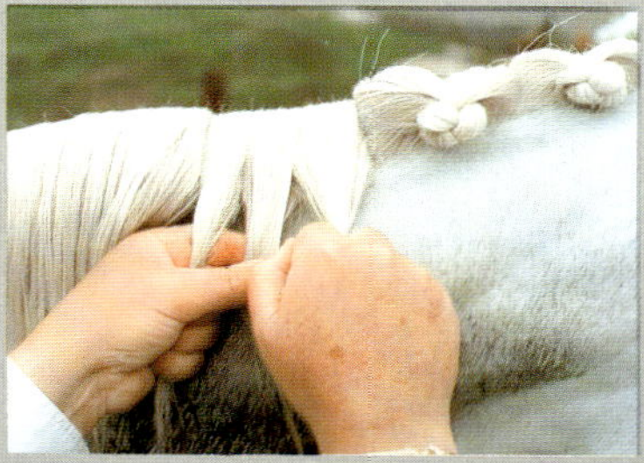

Jede abgetrennte Haarsträhne teilt man durch drei.

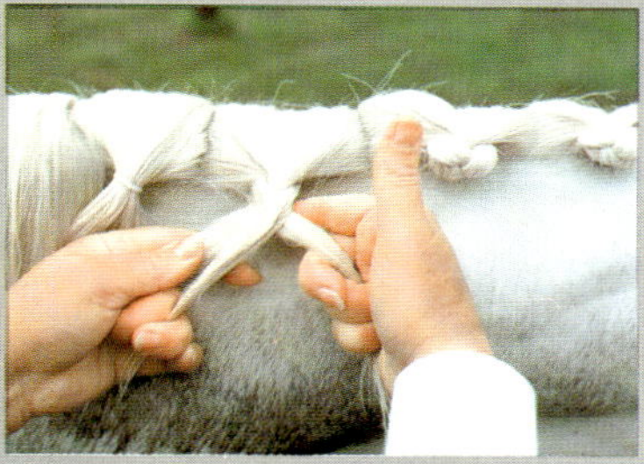

Man beginnt am Mähnenkamm und flicht die Zöpfe sehr fest, damit sie auch wirklich gut aussehen.

Das Zopfende bindet man mit einem Faden zu, der dieselbe Farbe hat wie das Mähnenhaar.

Danach wird jeder Zopf wie gezeigt hochgerollt.

Mit einer stumpfen Zopfnadel wird von unten nach oben durch den Zopf gestochen und dann noch einmal in entgegengesetzter Richtung.

Dieses Zopf-Annähen ist zwar etwas mühsam, auch läßt sich der Zopf so nur schlecht wieder lösen, doch sieht die Mähne am schönsten aus.

gem Abstand zu Ihnen in freien, lockeren Tritten zu den Richtern hingeführt werden. Das Pferd darf dabei nicht gezogen werden, sondern muß freiwillig vorwärts gehen. Üben Sie das zu Hause; Sie können wichtige Punkte durch eine gute Vorstellung gewinnen.

Auf dem Reitplatz

Wenn Sie einreiten, so tun Sie das mit genügend Abstand zum Vordermann. Lassen Sie Ihr Pferd in einem guten, ausdrucksvollen Schritt gehen, so daß die Richter von Anfang an beeindruckt sind. Wenn die Reiter vor Ihnen ein dichtes Knäuel bilden, suchen Sie weiter vorn nach einer Lücke und reiten Sie dorthin. Produzieren Sie sich nicht ständig zu dicht vor den Augen der Richter, aus dieser Distanz ist keine Beurteilung möglich. Wird Trab angeordnet, bringen Sie Ihr Pferd sofort in den richtigen Takt und reiten Sie die Ecken aus. Meistens wird im Arbeitstrab geritten, also fallen Sie nicht aus der Rolle und reiten Sie weder langsamen noch starken Trab. Das gleiche gilt für den Galopp, der allerdings bei den Pferden der Hunter-Klasse freier und flotter sein kann als bei der Reitpferdklasse. Geben Sie die Galopphilfe nicht zu plötzlich und veranlassen Sie Ihr Pferd, seine Galoppsprünge so lang wie möglich zu machen, so daß es seine ganze Antriebskraft zeigen kann.
Wird wieder Schritt angesagt, reiten Sie vom äußeren Hufschlag in die Mitte des Platzes. Meistens erfolgt dann eine Einzelprüfung durch den Richter.
Werden Sie dazu aufgerufen, behalten Sie Ihre Ruhe und reiten Sie so, daß immer genügend Platz zu den anderen Pferden ist.
Dieses Einzelreiten trifft nur bei der Reitpferdeklasse

zu (davon weiter unten); was die Hunter-Klasse betrifft, so wird jetzt der Richter darum bitten, das Pferd selbst reiten zu dürfen. So vergewissern Sie sich vorher schon, daß die von Ihnen benutzten Steigbügelriemen kürzer und länger geschnallt werden können und daß die Steigbügel selbst groß und schwer genug sind. Schließlich sind nicht alle erwachsenen Reiter gleich groß. Viele Richter erhalten von bereitstehenden Grooms Aufsteighilfen, so gewöhnen Sie vorher schon Ihr Pferd auch daran. Es muß in jedem Fall still stehen, ob mit Hilfe der Steigbügel aufgestiegen wird oder auf andere Weise. Hat der Richter das Pferd geritten, danken Sie ihm (oder ihr!) und gehen Sie wieder an Ihren Platz in der Reihe. Jetzt ist es gut, wenn Sie einen Helfer haben, der dem Pferd den Sattel abnimmt und es für die Vorführung an der Hand vorbereitet. Daß auch dieser Assistent adrett und sauber in Jackett, Reithosen und Stiefeln gekleidet ist, versteht sich von selbst. Er hat außerdem eine Pflegebox, wie auf Seite 31 beschrieben, dabei sowie eine Pferdedecke, sofern diese vom Wetter her erforderlich ist und das Pferd vielleicht eine Weile stehen muß, um auf seinen zweiten Auftritt zu warten.

Ist die Reihe an Ihnen, so lassen Sie den Richter nicht warten, sondern betreten Sie flott und sicher den Reitplatz zur Beurteilung des Pferdes. Dann lassen Sie sich von Ihrem Assistenten helfen, das Pferd neu zu satteln, steigen Sie auf und reihen Sie sich wieder ein. Nachdem die Vorstellung an der Hand beendet ist, wird der Richter um einen kleinen Zirkel im Schritt bitten, um die endgültige Plazierung festzulegen.

Diese letzte Schritt-Runde ist wichtig! Das Pferd muß gut an den Hilfen stehen und den bestmöglichen Eindruck machen. Dann werden die Gewinner aufgerufen. Wenn Sie das Glück haben, einer davon zu sein, reiten Sie an den Ihnen zugewiesenen Platz und nehmen Sie die begehrte Rosette entgegen. Danach folgt die – hoffentlich – vielbeklatschte Ehrenrunde im Galopp.

Mit Sicherheit werden Sie manchmal das Gefühl haben, besser zu sein als die anderen und einen besseren Platz verdient zu haben. Doch machen Sie sich nichts daraus. Jeder Richter hat seine eigene Meinung, und wenn Ihr Pferd diesmal nicht gewonnen hat, so wird das beim nächsten Mal geschehen. Außerdem müssen Sie immer ganz kritisch sich selbst und den Künsten Ihres Pferdes gegenüber sein; und wenn Sie das Gefühl haben, manches hätte besser laufen können, so üben Sie weiter, so daß Sie das nächste Mal eine deutliche Besserung verspüren.

Einzelvorstellung

Hier können Sie wirklich zeigen, was Sie und Ihr Pferd können, da der Richter im Gegensatz zur Vorstellung in der Gruppe nun seine ganze Aufmerksamkeit nur Ihnen widmet.

Warten Sie in Ruhe ab, bis Sie an der Reihe sind, und

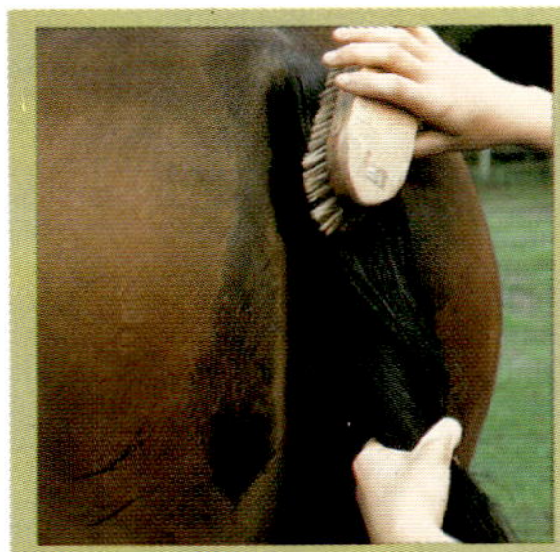

Zuerst wird der Schweifansatz mit einer Waschbürste angefeuchtet.

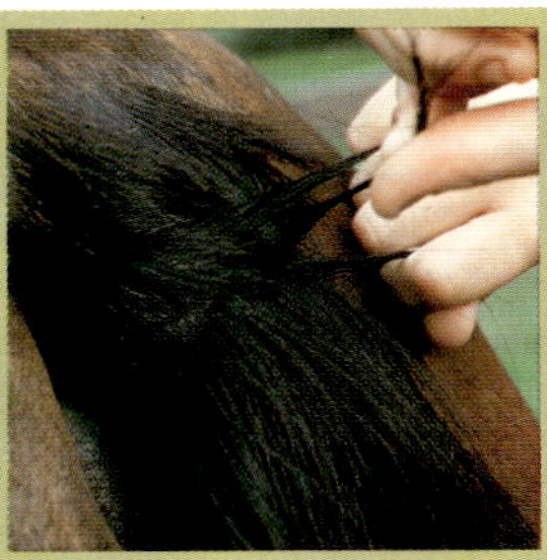

Dann nimmt man von jeder Seite des Schweifes je zwei dünne Strähnen,

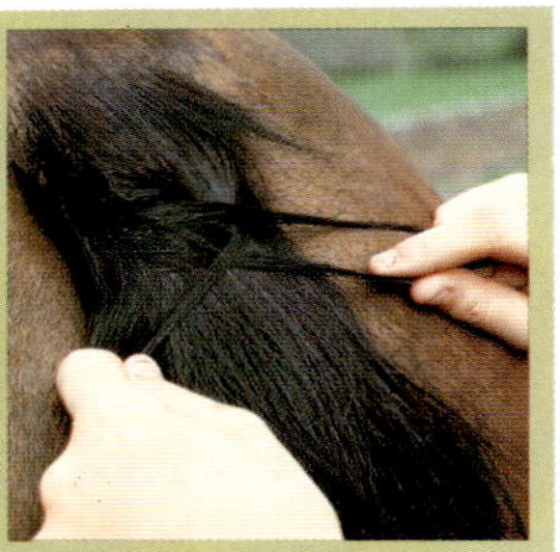

allmählich nimmt man einige Haare mehr dazu, so daß drei Strähnen entstehen.

Bei weiteren Flechten des Zopfes nimmt man immer wieder ein paar Haare auch von den Seiten oder gar von der Unterseite des Schweifes dazu.

Aber immer nur wenige Haare in einer Strähne verwenden, da sonst der Zopf zu dick wird.

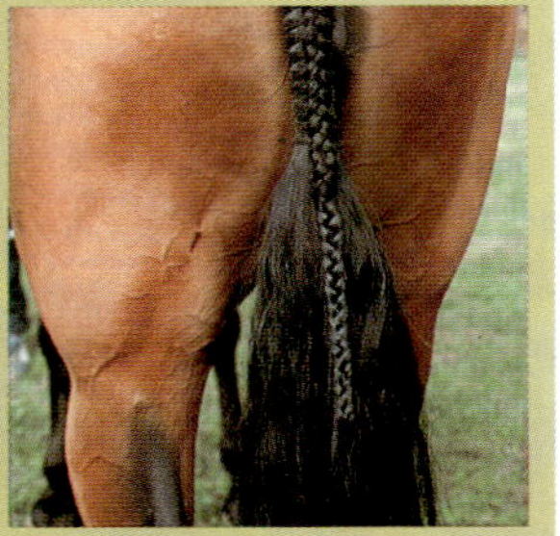

Am Ende der Schweifrübe wird der Zopf kurz angenäht (s. Mähnenzopf), und ein kurzer Zopf wird weitergeflochten, der über dem Langhaar liegt.

Oben: So macht man einen Schweifzopf.

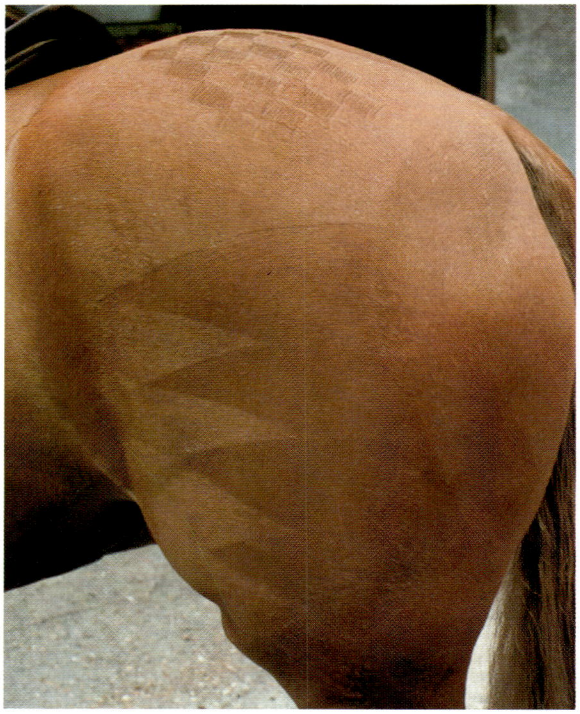

Links: Mit einem feuchten Tuch kann man auf der Kruppe des Pferdes verschiedene Muster anbringen, zum Beispiel Schachbrettmuster oder Haifischzähne, die vor allem bei Huntern zu sehen sind.

Oben: Ein korrekt herausgeputztes Show-Paar, wobei die Bekleidung der Reiterin absolut nicht übertrieben ist. Reitpferde und -ponys können etwas schmaleres Zaumzeug tragen als Hunter und Cobs. Wichtig ist vor allem, daß alles Lederzeug in Ordnung ist und gut paßt.

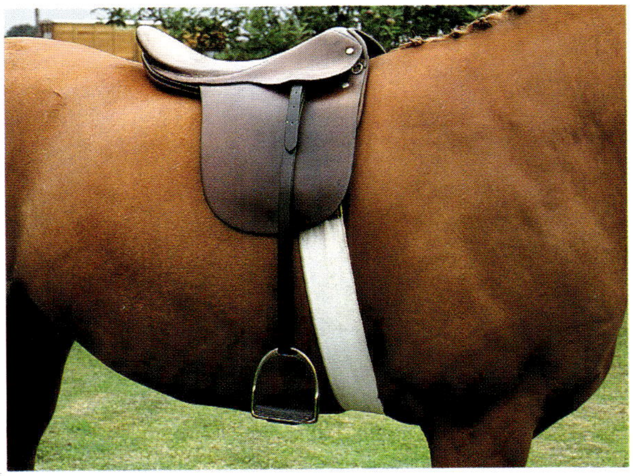

Rechts: Dieser gerade Sattel ist für Show-Veranstaltungen am günstigsten, da er dem Pferd viel Schulterfreiheit läßt. Häufig werden neuerdings Dressursättel verwendet, doch können diese mit ihren dicken, aufgepolsterten Pauschen das Pferd in der Schulterbewegung stören.

reiten Sie dann ruhig an den vorher bestimmten Punkt, wo »Ihre Show« anfängt. Und nun versuchen Sie nicht, übermäßig ehrgeizig zu sein, und probieren Sie keine Lektionen aus, die Sie mit Ihrem Pferd noch gar nicht einstudiert haben. Jede Gesellschaft hat ihre eigenen Direktiven und sagt Ihnen genau, was Ihre Vorstellung beinhalten kann, und nun liegt es an Ihnen, daraus das Beste zu machen. So versuchen Sie nicht, Ihr Pferd rückwärts zu richten, wenn Sie nicht genau wissen, daß Ihr Pferd diese Lektion gut beherrscht. Und vor allem reiten Sie nicht zu lange – das macht nicht nur die Richter nervös, sondern auch die anderen Reiter. Haben Sie Ihre Vorstellung beendet, grüßen Sie den/die Richter und reihen Sie sich wieder ein. Grundübungen sind: Trab und Galopp mit Seitenwechsel und guten Übergängen von einer Gangart in die andere. Viele Pferde kennen das schon und kommen ihren Reitern zuvor.

Ausrüstung

Ihre eigene äußere Erscheinung und die Ihres Pferdes sind sehr wichtig bei Show-Veranstaltungen. Die Mähne Ihres Pferdes wird zu einem Zopf geflochten, der Schweif wird Haar für Haar einzeln verlesen und eventuell auch zum Zopf geflochten. Ausnahmen sind bodenständige Ponyrassen und reingezogene Araber.

Das Zopfflechten sollten Sie zu Hause üben, so daß es Sie vor der Show nicht zu lange aufhält und Ihnen auch gelingt. Ein säuberlich per Hand verlesener Schweif macht das Flechten sehr viel einfacher. Die an den Ohren überstehenden langen Haare können abgeschnitten werden, aber niemals die Tasthaare am Maul. Leider ist dies häufig immer noch Brauch, und viele Reiter wissen nicht, daß diese Haare für die Pferde sehr wichtig sind.

Auf der Kruppe Ihres Pferdes können Sie ein Muster anbringen, wie auf der gegenüberliegenden Seite gezeigt. Schachbrettmuster niemals auf einen Hunter! Vor der Show werden die Hufe eingeölt, und um Maul und Nüstern einen frischen Glanz zu geben, kann man etwas Babyöl einmassieren. Das ist Geschmackssache!

Sattel- und Zaumzeug müssen korrekt sitzen und auch zu der angemeldeten Klasse passen. Hunter, Arbeitsponys und junge Pferde dürfen einfaches Zaumzeug mit Wassertrense tragen, bei den anderen Reitpferden ist Kandarenzäumung vorgeschrieben. Manche Reiter bevorzugen Pelhams, weil die Pferde damit besser gehen. Farbige Stirnriemen sehen bei Reitpferden und -ponys hübsch aus, passen aber zu keinem Hunter!

Die Paßform des Zaumzeugs ist außerordentlich wichtig. Versuchen Sie schon während des Trainings herauszubekommen, welches Zaumzeug Ihrem Pferd am besten paßt und mit welchem es sich am wohlsten fühlt. Hunter und Cobs dürfen relativ breite Lederriemen am Zaumzeug haben, bei den anderen Klassen müssen sie feiner sein.

Den richtigen Sattel zu finden, kann sich als schwierig erweisen. Sie sollten aber keine Mühen scheuen. Der Sattel muß nicht nur dem Pferd gut passen, sondern muß auch für Sie angenehm sein und Ihnen ein sicheres Gefühl geben. Außerdem sollte das Vorderblatt möglichst gerade geschnitten sein, um der Pferdeschulter genügend Bewegungsfreiheit zu lassen. Deshalb sind Dressursättel nicht sehr geeignet, da sie sehr dicke Pauschen haben und die Schulterfreiheit nicht gewährleisten. Trotzdem sieht man sie immer häufiger.

Zusammenfassung

Die Teilnahme an den immer beliebter werdenden Pferdeschauen kann sehr großen Spaß machen – und natürlich steckt sehr viel Arbeit dahinter. Wenn Sie diese Arbeit nicht scheuen und ein hübsches Pferd oder Pony haben, versuchen Sie es!

12

Damensattel

Das Reiten im Damensattel erinnert an frühere Zeiten, als man noch mehr auf weibliche Eleganz Wert legte. Und doch ist es kein Anachronismus, wenn heute immer mehr Frauen entdecken, daß diese Art des Reitens nicht nur relativ leicht zu erlernen, sondern auch sicher ist. Sollten Sie zu diesen Frauen gehören, so kaufen Sie sich erst den Sattel, dann das Pferd. Der Sattel muß Ihnen perfekt passen; schlecht sitzende Damensättel sind der Grund für schlechtes Reiten in diesem Stil und natürlich auch der Grund für wunde Stellen am Pferderücken.

Die Wahl des Sattels

Es gibt zwar schon moderne Damensättel, doch ist nicht gewährleistet, daß diese richtig geformt sind, und Sie sollten in jedem Fall den Rat eines Fachmanns einholen. Die klassischen Damensättel wurden zwischen 1900 und 1940 produziert und tragen so klangvolle Namen wie Mayhew, Whippy, Champion and Wilton und Martin and Martin. Diese Sättel sind alle so konstruiert, daß sie das Reitergewicht vermehrt auf der rechten Seite tragen, und haben einen Sicherheitsbügel.

Stürzt die Reiterin auf der linken Seite, so kann sich ihr Fuß schnell aus dem Steigbügel lösen; fällt sie aber rechts hinab, könnte sich ihr Fuß im Steigbügel verfangen, hätte dieser nicht die Gewähr, sich sofort zu öffnen. Es hat lange gedauert, bis dieser Sicherheitsbügel erfunden worden ist.

Der Sattel selbst muß von vorn bis hinten ganz gerade sein, ebenso von einer Seite zur anderen. Auf oder besser in einem tiefen Sattel kann niemand ganz gerade sitzen, auch ist der leichte Sitz im Trab, Galopp oder gar beim Springen fast unmöglich. Der Sattel darf höchstens eine ganz kleine Neigung haben, die dem Gesäß der Reiterin angepaßt ist, sofern ihr ein solcher Sattel angenehmer ist als ein ganz gerader. Im Prinzip aber setzt der Sattel die Reiterin dorthin, wo sie sitzen muß und nicht wo sie sitzen will. Heute werden häufig Rehledersättel bevorzugt, da diese weniger glatt sind als Sättel aus anderem Leder.

Ideal ist es, wenn der Vorderzwiesel recht groß und an der Basis breiter als oben ist. Haben Sie jedoch sehr kurze Oberschenkel, werden Sie wohl einen Sattel mit geradem Vorderzwiesel bevorzugen. Dem oberen Horn werden Sie beim Kauf Ihr größtes Interesse widmen müssen; denn dieses ist fest mit dem Vorderzwiesel verankert und kann nicht wie das untere Horn verschoben werden. Dieses wird in den Sattel eingeschraubt, ein weiteres Schraubloch ist vorgesehen, so daß Sie das Horn nach Ihren Wünschen festschrauben können. Das Horn selbst besteht aus einem mit strapazierfähigem Leder überzogenen Metallteil, das sich ebenfalls nach Ihren Wünschen bzw. Körpermaßen verstellen läßt.

Das feststehende, obere Horn ist Teil des Sattels, und jede Änderung an ihm bedeutet eine größere Manipulation, da der Sattel vollkommen auseinandergenommen werden muß. Das ist natürlich eine teure Angelegenheit. Die Position dieses Horns bestimmt, ob Sie korrekt in der Mitte des Sattels sitzen, wobei Ihr rechter Oberschenkel parallel zur Wirbelsäule des Pferdes liegt. Da die Kniestärke bei jedem Menschen unterschiedlich ist, richtet sich danach der Sitz des oberen Horns. Haben Sie etwas runde Knie, wird das Horn mehr an der linken Seite befestigt sein als bei einer Reiterin mit sehr dünnen Knien. Versucht letztere in einem Sattel zu sitzen, an dem das Horn mehr links sitzt, wird sich ihr Knie so verschieben, daß es das Pferd an der Schulter stört. Für schlanke Damen kann auch eine Polsterung zwischen Horn und Knie angebracht werden, doch ist das auf die Dauer keine zufriedenstellende Lösung.

Die Länge des Sattels hängt von der Länge Ihres Oberschenkels ab, gemessen von der Kniekehle bis zur Sitzfläche. Hinter Ihnen sollten noch etwa 5 cm Sattelfläche frei bleiben. Im ganzen gesehen ist aber ein zu langer Sattel in jedem Fall besser als ein zu kurzer, da er das Reitergewicht besser auf dem Pferderücken verteilt und diesen nicht wundreibt.

Damensättel werden von der Basis des oberen Horns über die Mitte zum Ende des Hinterzwiesels gemessen. Als grobe Leitlinie kann man für eine 160 cm große Dame eine Sitzfläche von 40 cm rechnen, für jede 10 cm Körpergröße mehr rechnet man etwa 3 cm mehr Sattelfläche dazu.

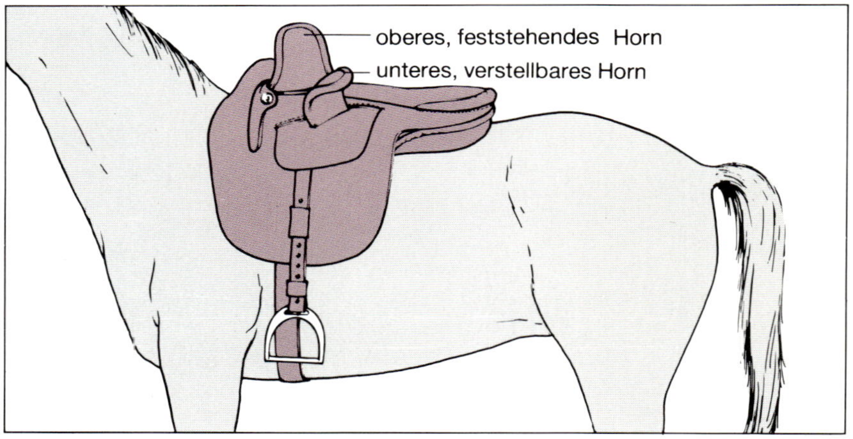

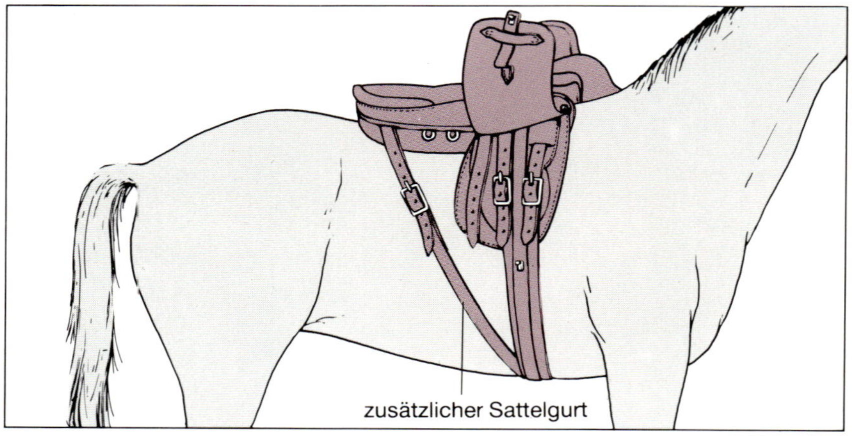

Oben: Ein gut gearbeiteter Damensattel mit flacher, stark gepolsterter Sitzfläche. Das obere, feststehende Horn hält den rechten Schenkel an seinem Platz. Das untere Horn ist beweglich und gibt dem linken Bein eine Stütze. Ein zusätzlicher Sattelgurt auf der rechten Seite verhindert das Verrutschen des Sattels.

Vorhergehende Seite: Springen im Damensattel ist durchaus möglich und auch ungefährlich, sofern die Reiterin nicht versucht, sich mit dem linken Bein krampfhaft festzuhalten. Hindernisse bis zu 120 cm werden überwunden, indem die Reiterin fest im Sattel sitzenbleibt und nur ihren Oberkörper nach vorn beugt.

Von der Möglichkeit, sich einen Damensattel auszuleihen, sollten vor allem junge Ladys Gebrauch machen, deren Wachstum noch nicht beendet ist. Aber auch dabei sollten alle obenerwähnten Bedingungen berücksichtigt werden, denn es ist herausgeworfenes Geld, einen Sattel auszuleihen, der nicht paßt. Damensättel behalten ihren Wert und sind eine gute Investition, da sie häufig hohe Liebhaberpreise erreichen, statt im Wert zu sinken.

Haben Sie einen Sattel gefunden, der Ihnen paßt, muß er natürlich noch so ausgepolstert werden, daß er auch Ihrem Pferd paßt. Die Polsterung ist meistens links stärker als rechts, aber ebenso stark auf der Rückseite wie am Sattelbaum vorn, da auf diese Stellen am meisten Druck ausgeübt wird. Sie sollten nicht vom Boden aus aufsteigen, da Sie dadurch den Sattel nach links ziehen.

Ein korrekt verpaßter Sattel ist auf der linken Seite höher als rechts, und die Sattelkammer liegt etwas rechts von der Wirbelsäule des Pferdes. Sitzt die Reiterin auf, zentriert sich der Sattel automatisch. Schlecht sitzende Sättel, vor allem diejenigen, die nach links rutschen, machen einen korrekten Sitz fast unmöglich, und der ständige Zug des Reitergewichts ist sehr schlecht für den Pferderücken.

Das Damenpferd

Fast jedes Pferd kann einen Damensattel tragen, doch ist bei Pferden mit breitem Widerrist oder eckigen Schultern die korrekte Anpassung schwierig. Aus diesem Grund eignen sich einige Araberpferde weniger, da ihre Schulter- und Widerristform den Sattel ins Rutschen bringt. Auch sollte man Pferden unter fünf Jahren keinen Damensattel auflegen – zumindest nicht für längere Zeit –, da er einen starken Druck auf die noch nicht vollentwickelte Rückenmuskulatur ausübt.

Pferde mit sehr gerader Schulter oder hoher Knieaktion machen einen Ritt im Damensitz (übrigens auch Seitsitz genannt) recht unangenehm. Nicht genügend geschulte Pferde, die vorwiegend auf der Vorhand gehen oder über die innere Schulter in die Ecken gehen, mögen Damensättel meistens nicht; aber ein gut geschultes, im Gleichgewicht gehendes Pferd gewöhnt sich meistens sehr schnell an das »fehlende« rechte Reiterbein. Manche Pferde gehen unter dem Damensattel sogar besser – und das sollte Ihnen eigentlich zu denken geben, was Ihren Sitz und die Zügelführung bei normaler Reithaltung betrifft!

Reiten im Seitsitz

Vor allem müssen Sie immer daran denken, gerade und genau in der Mitte zu sitzen. Ihr Gleichgewicht und Ihre Sicherheit erhalten sie über das rechte Bein. Versuchen Sie also nicht, sich mit dem linken Bein irgendwo festzuklammern.

Am besten sitzen Sie wie üblich auf, zentrieren Ihren Sitz, nehmen dann erst Ihr rechtes Bein nach vorn und legen es in das obere Horn hinein. Am besten halten Sie dabei Ihre Balance, indem Sie sich mit der rechten Hand am Hinterzwiesel festhalten. So entgehen sie der Gefahr, mit dem ganzen Körper nach links zu gehen.

Das linke Bein bleibt in normaler Reithaltung. Der Steigbügel ist so geschnallt, daß zwischen Oberschenkel und unterem Horn etwa 3 cm Platz bleibt. Ist der Steigbügel zu lang, kann Ihr linkes Bein in einer Gefahrensituation keinen Halt am Horn finden. Ist er zu kurz, liegt der Oberschenkel zu weit oben, und die linke Hüfte wird nach hinten gedrückt, so daß der ganze Körper in sich gedreht ist. Aber auch mit korrekt verschnalltem Steigbügel besteht die Versuchung, sich mit dem Knie am unteren Horn festzuklammern. Dies sollten Sie sich erst gar nicht angewöhnen.

Befindet sich Ihr rechtes Knie in der richtigen Lage, so muß etwa ein bis zwei Fingerbreit Platz sein zwischen dem oberen Horn und Ihrer Kniekehle. Die Oberschenkelmuskeln werden leicht nach innen gedreht, so daß Sie ganz gerade im Sattel sitzen. Den Unterschenkel lassen Sie ganz entspannt hängen, die Zehen zeigen leicht nach unten, die Wade lehnt sich an die Sattelpausche an. Dabei dürfen weder die Zehen noch die Wade angespannt sein, sonst kann das

Die Reiterin schwingt sich wie üblich in den Sattel und sucht einen festen Sitz, den beizubehalten sie bemüht sein soll. Sie kann sich dabei mit der rechten Hand am Hinterzwiesel festhalten.

Das rechte Bein wird über das obere, feststehende Horn geschwungen.

Die Reiterin muß während der ganzen Aufsteigphase fest in der Mitte des Sattels sitzenbleiben.

Zwischen dem oberen Horn und dem Knie der Reiterin müssen ein oder zwei Finger Platz haben.

Liegt der rechte Schenkel richtig, wird der Sitz gegebenenfalls noch einmal korrigiert.

So sitzt man richtig im Damensattel! Die Reiterin zeigt einen geraden Sitz, ihr linkes Bein liegt in der normalen Reitlage knapp hinter dem Gurt, die Zehenspitzen sind leicht nach innen gedreht.

Knie vom Horn weggedrückt werden. Ziehen Sie mit den Zehen das Knie herunter, dann sitzen Sie richtig. Und wenn Sie dann noch die Zehen leicht nach innen drehen können, haben sie die ideale Haltung.

Doch nun denken sie auch noch an Ihre Hüften und Schultern! Häufig fällt die linke Hüfte nach unten, vor allem wenn der Sattel nicht ganz gerade ist; dadurch wird Ihr ganzer Körper gedreht, Sie sitzen nicht mehr in der Mitte und verlieren unter Umständen auch Ihr rechtes Knie aus dem Horn. Da hilft es nicht, einfach die rechte Schulter nach hinten zu nehmen oder sich vorzustellen, man hätte einen Reißnagel unter dem linken Gesäßknochen, wie dies so manche Reitlehrer vorschlagen. Die normale Reaktion auf diesen Rat wäre nämlich, den Gesäßknochen anzuheben, wodurch die linke Hüfte einknickt und auch noch den Oberkörper nach links fallen läßt. Das einzig Richtige bei diesem Fehler ist, die Hüfte nach vorn zu bringen, nachdem sie zu weit nach hinten gefallen war.

Eine nützliche Übung, die Ihnen hilft, den Körper aufzurichten und das korrekte »Sitzgefühl« zu bekommen, ist, geradeaus zu schauen, die rechte Hand zu heben mit der Handfläche nach oben, und den Arm so zu strecken, bis er mit Ihren Schultern auf gleicher Höhe ist. Dann schwingen Sie Ihren Arm – ohne dabei die Beine zu bewegen – nach rechts, nehmen Körper und Kopf mit, bis Sie einen rechten Winkel zum Pferd bilden. Lassen Sie Ihren Arm fallen und entspannen Sie Ihren Körper. Sie werden einen leichten Zug durch den Brustkorb verspüren, und das rechte Bein lehnt sich nun in sicherer Haltung an das obere Horn.

Der korrekte Sitz ist gerade, aber entspannt. Der Rücken darf keinen Katzenbuckel bilden, sondern wird nach oben gestreckt; die Schultern werden leicht zurückgenommen, und der untere Teil des Brustkorbs ist leicht nach vorn gebeugt. Lassen Sie

Oben: Das richtige Aufsitzen im Damensattel.

Unten links: Der Sattel liegt nicht ganz gerade auf. Dadurch verlagert sich die linke Hüfte der Reiterin nach unten.

Unten rechts: So schief darf eine Reiterin nicht im Damensattel sitzen; denn dadurch wird ihr Gewicht völlig ungleichmäßig verteilt.

nicht die rechte Schulter fallen und lehnen Sie sich nicht nach rechts. Beides ist falsch. Lassen Sie sich von einem Helfer, der Sie von hinten beobachtet, sagen, wie Sie sitzen.
Die Hände werden waagerecht gehalten und so, daß die Verbindung zum Pferdemaul in der gleichen Weise aufrechterhalten wird, wie es das Pferd gewöhnt ist. Bei einem unerfahrenen Pferd werden Sie die Hände vermutlich nah am rechten Knie halten; bei einem Pferd, das den Damensattel gewöhnt ist, halten Sie die rechte Hand entspannt im Schoß. Mit Ausnahmen von Paraden darf die rechte Hand nicht nach hinten/unten gezogen werden, vor allem nicht mit einem harten Ruck.
Der fehlende rechte Schenkel wird durch eine Gerte ersetzt, die lang und kräftig genug sein muß, um wirklich Ihre Schenkelhilfen ersetzen zu können. Dünne Dressurgerten eignen sich deshalb weniger. Die Gerte wird eingesetzt, um einerseits das Pferd zu strafen, wenn dies nötig ist, aber auch um dem Pferd den erforderlichen seitlichen Druck zu geben, wenn Sie die Hand wechseln wollen.

Ausbildung des Pferdes
Sie werden sehr bald bemerken, daß es besser ist, wenn sie zu Anfang auf der rechten Hand reiten. Dabei kann das Pferd im besseren Gleichgewicht die Ecken ausreiten, und auch Sie fühlen sich wohler. Manchmal werden Sie – gerade zu Anfang – auch auf der linken Seite ab und zu die Gerte einsetzen müssen, um die Schenkeleinwirkung zu unterstützen. Die meisten Pferde gewöhnen sich aber schnell an das veränderte Gefühl des linken Reiterschenkels. Sobald Sie sicherer geworden sind, werden Sie auch Ihre Gesäß- und Gewichtshilfen wie gewohnt einsetzen können.
Viele Anfängerinnen finden es schwierig, das Pferd im Rechtsgalopp zu halten. Das geschieht meistens, wenn die linke Hüfte nach unten fällt, weil der linke Fuß zur Hilfengebung zu weit hinter den Gurt gerät. Dadurch entsteht eine Gewichtsverlagerung, die das Pferd veranlaßt, in den Linksgalopp zu wechseln, vor allem wenn gleichzeitig die linke Reiterhand nach hinten gezogen wird. Sie halten das Pferd im gewünschten Galopp, indem Sie die innere Hand etwas anheben und die Schultern leicht in die Richtung drehen, in die sich das Pferd biegen soll, also immer nach innen. Im Trab verstärken Sie Ihre Gewichtshilfe auf dem inneren Gesäßknochen, wenn das Pferd in der Diagonale innen hinten/außen vorn geht. Dieser Druck sagt dem Pferd, daß es mit seinem inneren Hinterbein fest auftreten soll, um den Schwung zu kriegen, damit es mit dem äußeren Hinterbein in den Galopp wechseln kann.
Sie selbst müssen mit Rücken und Taille locker mit der Pferdebewegung mitgehen, vor allem im Trab, sonst werden Sie übel hin- und hergeworfen. Im Trab können Sie auch in einen leichten Sitz übergehen, indem Sie Ihr Gewicht etwas nach vorn auf den rechten Schenkel verlagern und dann wieder in den Sattel zurückgleiten. Versuchen Sie nicht, mit dem linken Bein im Steigbügel aufzustehen. Dadurch würden Sie rechts zu sehr nach oben gehen, und der Sattel käme ins Rutschen.
Reiten im Seitsitz ist eine sehr elegante Angelegenheit. Denken sie also immer daran, daß eine lässige Haltung im normalen Sitz manchmal zu akzeptieren ist, aber niemals im Damensattel.

Springen im Seitsitz
Auch beim Springen übernimmt der Schenkel die Hauptarbeit. Klammern Sie sich niemals mit dem linken Fuß fest. Hier liegt die größte Gefahr eines Sturzes. Denn durch die Bewegung des linken Fußes wird die linke Hüfte nach hinten geschoben, die rechte nach vorn, und schon haben Sie mit dem rechten Knie keinen Halt mehr.
In diesem Sitz können Sie Hindernisse von einer Höhe bis zu 120 cm überwinden, und sie haben bald ein sicheres Gefühl dabei. Sie brauchen nur Ihre Hüften leicht nach vorn zu nehmen, und damit auch Ihre Hände. Lassen Sie Ihre Hände nicht auf die Pferdeschulter fallen, noch versuchen Sie, aus dem Sattel aufzustehen. Das Resultat wäre ein harter Stoß bei der Landung, den Sie bis in den Nacken spüren.

Das Pferd muß ganz still stehen. Dann löst die Reiterin die Schlaufe, mit der der lange Rock an den Stiefeln befestigt ist.

Der Rock wird über den linken Arm geschwungen, damit er beim Absteigen nicht stört.

Der Absprung erfolgt ruhig und gleitend, und

zur Sicherheit hält sich die Reiterin am oberen Horn fest.

Oben: Und so sieht der korrekte Absprung vom Damensattel aus.

Rechts: Zwei junge Damen im Damensattel: Ein Bild der Eleganz!

Das rechte Bein wird über das Horn gehoben und das linke Bein aus dem Steigbügel genommen.

Die Reiterin hat jetzt beide Beine frei und kann abspringen, hält aber weiterhin die Zügel fest in der Hand.

Steht die Reiterin auf festem Boden, läßt sie den Rock wieder los und

lobt ihr Pferd und gibt ihm auch einige Pferdewürfel.

Korrekte Kleidung

Das Reitkleid einer eleganten Reiterin besteht aus einem Jackett und einem dazu passenden langen Rock. Das Jackett ist mehr oder weniger ein übliches Reitjackett, das vorn weit genug geöffnet ist, daß es sich sauber über die Oberschenkel legt. Der Rock geht über das rechte Knie und die Wade, wo er mit einem Gummiband an den Zehen des rechten Fußes befestigt ist. Er wird links geknöpft und muß lang genug sein, den rechten Fuß in jeder Situation zu bedecken.
Auf Pferdeschauen trägt die Dame Stulpenstiefel, eine Weste und unter dem Rock noch eine passende Reithose. Ein stumpfer Sporn kann am linken Stiefelabsatz angebracht sein.
Bei Western-Shows trägt man einen nicht-flatternden Rock sowie Gaucho-Hosen darunter. Diese müssen rechts länger sein als links, so daß die Stiefelspitzen bedeckt sind. Dazu gehört ein langärmeliges Hemd mit Halstuch und ein Westernhut.

Versuchen Sie es doch mal!

Mit Ausnahme von Veranstaltungen der American Quarter Horse Association gibt es heute fast überall bei Show-Veranstaltungen, Jagden, Dressurvorstellungen und in verschiedenen Reitklubs die Möglichkeit, im Damensattel aufzutreten.
Eine Dame, die im Seitsitz an einer Jagd teilnimmt, wird bestimmt von den anderen Teilnehmern sehr bewundert. Viele Reiterinnen fühlen sich auch sicherer im Damensattel. Natürlich kann man stürzen, vor allem zu Beginn, wenn man noch viel lernen muß. Doch passiert es häufig, daß andere Reiter in brenzligen Situationen stürzen, die Reiterin im Damensattel die gleiche Situation aber meistert, sogar wenn das Pferd selbst stolpert oder gar stürzt. Andererseits kann man sich selbst schnell befreien, wenn man bemerkt, daß das Pferd zur linken Seite stürzt, so daß man nicht unter es zu liegen kommt.
Inzwischen gibt es schon eine internationale Side Saddle Association, die spezielle Veranstaltungen organisiert. An denen kann und darf eigentlich jedes Pferd teilnehmen, das an das Tragen eines Damensattels gewöhnt ist.
Auch gibt es schon Dressurturniere für Damen im Seitsitz. Die Mindestanforderung dabei ist, am richtigen Punkt antraben zu können und dabei eine gute Figur zu machen. Eine Gerte von nicht mehr als 1 m Länge darf zu Hilfe genommen werden.
Entgegen den Befürchtungen aller Pessimisten, die den Damensattel schon seit der Jahrhundertwende für tot halten, steigen immer mehr begeisterte Amazonen auf diesen Sattel um. Viele Reiterinnen entdecken wieder die Schönheit und Eleganz dieser Reitart, und so erlebt der Damensattel eine nie geahnte Renaissance.
Diese Art, ein Pferd zu reiten, bringt jeder Reiterin neue Erfahrungen und ist durchaus wert, einmal ausprobiert zu werden.

13

Fahrsport

Für die wachsende Zahl der Enthusiasten, die lieber hinter ihren Pferden sitzen als auf ihnen, gibt es seit etwa 60 Jahren eine Menge sportlicher Aktivitäten, die sich aus der Arbeit der Transportpferde entwickelt haben. Nach dem Ersten Weltkrieg war in den westlichen Ländern die Fahrkunst eines Kutschers fast in Vergessenheit geraten: Das Auto setzte sich immer mehr durch. Aber es gab immer noch einige Anhänger dieser Sportart, und in den letzten zehn Jahren stieg deren Zahl beträchtlich. Deshalb hat die FEI (Fédération Equestre Internationale) für den Fahrsport auf internationaler Ebene neue Regeln und Wettkampfmöglichkeiten geschaffen.

Voraussetzungen und Kosten

Die meisten Pferde und Ponys gehen auch vor dem Wagen gut. Die einzigen Ausnahmen sind eventuell Pferde, die vorwiegend Vollblüter- oder Araber-Blut in ihren Adern führen, da diese eher für den Galoppsport gezüchtet werden und nicht gern im Trab gehen. Fahrpferde müssen nicht über die besonders hoch angesetzten körperlichen Fähigkeiten verfügen wie Rennpferde oder Springpferde. Eine gute Aktion, verbunden mit einem ruhigen, aber mutigen Temperament ist für sie wichtiger. In Großbritannien dominieren Welsh Cobs, Welsh Mountain Ponys und Hackneys. Besonders beliebt sind aber auch Vorstellungen der kleinen, zähen Shetlands. Der Einfluß der Cleveland Bays ist immer noch sehr groß. Andere Fahrsportfreunde ziehen ungarische Pferde oder die holländischen Gelderländer vor. Polnische Pferde wären vermutlich sehr beliebt – wenn nur ihre Besitzer bessere Kaufleute wären! Lipizzaner setzen sich immer mehr in Großbritannien, Amerika und Süd-Afrika durch. Aber die wohl eindrucksvollsten Kutschpferde sind die tschechischen Kladruber. Und sollten die sowjetischen Fahrer irgendwann einmal die internationale Szene betreten, werden sie mit ihren Orlow-Trabern sicher große Erfolge haben.

Schon so mancher Cob und so manches Pony wurden vor dem Abdecker gerettet und bei Show-Veranstaltungen im Fahrsport groß herausgebracht. Eventuelle Kaufinteressenten sollten sich einmal auf diesem Markt umsehen! Für ein auf »normalem« Weg gekauftes Wagenpferd muß man schon zwischen 2000 und 3000 Mark bezahlen, für ein Pony auch etwa 2000 Mark. Das hängt ganz von den Wünschen und Vorstellungen von Käufer und Verkäufer ab.

Die wohl hübscheste Anspannung, bei der das Pferd am besten herausgebracht wird, ist mit Sicherheit ein Gig oder der zweirädrige Dogcart zusammen mit schwarzem Lederzeug und metallbeschlagenen Geschirren. Letzteres muß nicht unbedingt sein, um in einer Schauveranstaltung den Sieger zu machen, aber es ist sehr hilfreich. Allein die Anspannung wird Sie mindestens 3000 Mark kosten. Dabei sollten Sie in Großbritannien hergestellte Geschirre wählen, da diese die weltbesten – aber auch die teuersten – sind. Noch gibt es auch schöne alte Anspannungen mit viel Dekorationen und Metallbeschlägen, die viel besser sind als heute hergestellte. Aber kaufen sie keine Geschirre, die älter als 50 Jahre sind, da sie mit Sicherheit nicht mehr in bestem Zustand sind. Braunes Lederzeug ist bedeutend billiger und paßt zu einem Wagen mit Landanspannung.

Es gibt heute auch schon viele Anspannungen aus gewebter Ware. Diese sind natürlich um einiges billiger und leisten ihren Dienst beim Training oder bei Marathon-Wettbewerben; auch sind sie leichter zu reinigen und zu pflegen als Ledergeschirre. Geschirre müssen mindestens eine Handbreit sein (etwa 10 cm), vor allem das Vorderzeug, sofern dies benutzt wird. Ein Kumtgeschirr muß jedem Pferd einzeln angepaßt sein und muß etwa eineinhalb Zentimeter Spiel lassen. Dieses Geschirr ist bedeutend teurer als Vorderzeug. Es wird vor allem bei der Englischen Anspannung benutzt und ist sehr zu empfehlen, wenn schwere Lasten gezogen werden sollen. Paar- oder Tandem-Anspannungen sind fast doppelt so teuer wie Einzelanspannungen.

Einen zweirädigen Wagen für ein Pony können Sie für etwa 1.000 Mark bekommen, doch werden sie einen solchen Wagen nur als Übungswagen für Ihre täglichen Ausflüge rund ums Haus verwenden können. Mit Sicherheit werden Sie ihn nicht auf einem

Wettbewerb vorstellen. Für einen Wettbewerbswagen werden Sie wohl das Doppelte zahlen müssen, und wenn Sie einen Preis gewinnen möchten, wird das nur mit einem Wagen möglich sein, der Sie 3000 Mark und mehr kostet. Kaufen Sie in England ein, bekommen Sie zwar sehr gute Wagen, aber auch entsprechend teuer!

Haben Sie einen Wagenbauer an der Hand, so wird dieser Ihnen mit Sicherheit einen Wagen ganz nach ihren eigenen Wünschen und Bedürfnissen bauen oder – wenn Sie wollen – nach traditionellen Mustern. Viele Wagenbauer sind hervorragende Restaurateure, lassen sich diese schwierige Arbeit – und vor allem die zeitraubende Malerei am Wagen – aber auch gut bezahlen.

Governesscars, oder auf deutsch auch Tonne genannt, sind gute Wagen, deren ursprünglicher Zweck dazu diente, kleine Kinder auszufahren. Für Wettbewerbsaktivitäten sind sie weniger beliebt, da der Reiter höher sitzen sollte mit einer guten Sicht nach vorn. In dieser Hinsicht sind Dogcarts und Rallicarts besser geeignet, doch kommt ein schönes Pferd vor einem leichten Gig viel besser zur Wirkung. Da ein Gig leicht ist, kann das Pferd in voller Aktion traben, wohingegen es dazu häufig nicht fähig ist, wenn die zu ziehende Last schwer und der Boden weich ist. Sehr schön sind auch Tandems oder Zweispänner, doch benötigen Sie für einen Zweispänner einen Wagen mit vier Rädern, der ungefähr noch einmal halb soviel kostet wie ein zweirädriger.

Fast alle seriösen Wettkampffahrer benutzen heute moderne Stahl- und Aluminiumwagen, zumindest für Marathon-Wettbewerbe, und für einen solchen Wagen muß man mit etwa 15.000 Mark rechnen.

Für Kutschlampen können Sie noch mit zusätzlichen 250 Mark pro Stück rechnen, dazu kommen Fahrpeitschen und viele andere Dinge. Besorgen Sie sich vor dem Kauf Preislisten verschiedener Hersteller, da es durchaus Preisunterschiede gibt. Und rechnen sie auch damit, daß Sie eventuell ein oder gar zwei Ersatzpferde benötigen, falls Sie wirklich an Wettkämpfen teilnehmen wollen. Eine solche Teilnahme ist schnell gefährdet, wenn ein Pferd überraschend krank wird.

Vorhergehende Seite: Vielseitigkeitsprüfungen im Fahren ist ein aufregendes Erlebnis im Pferdesport.

Oben: Für den Reiter sieht eine Fahrdressurprüfung sehr einfach aus, doch das Gegenteil ist der Fall, müssen doch vier Pferde zur gleichen Zeit die gleiche Arbeit leisten. Die Bewegungen müssen genauso präzis ablaufen wie beim Dressurreiten. Im Gegensatz zur Reitdressur hat der Fahrer allerdings die Möglichkeit, mit seiner Stimme auf die Pferde einzuwirken. Auch darf der mitfahrende Groom den Fahrer an die nächste Lektion erinnern, sofern er dies diskret tut.

FEI-Fahrwettbewerbe

Internationale Fahrwettbewerbe gehören zu den aufregendsten Erlebnissen im modernen Wagensport. Freude und Interesse an diesem Sport gingen von Europa aus, Großbritannien war schnell von dem Fieber angesteckt, und jetzt erfreut sich der Sport auch in Amerika, ja sogar in Australien und Süd-Afrika großer Beliebtheit. Die Wettbewerbe basieren auf den Prinzipien für reiterliche Wettbewerbe und sind ein Test für Fahrer und Pferde. Die internationalen Prüfungen werden nur für Vierspänner abgenommen, aber jedes Land hat seine eigenen Klassen und die entsprechenden Regeln, beispielsweise für Einspänner, Zweispänner und Tandems. Diese Klassen sind nochmals unterteilt in Großpferde und Ponys.

Wettbewerb A beinhaltet zwei Prüfungen: die Präsentation von Pferden und Wagen sowie die Dressurprüfung. Bei der Präsentation wird das Erscheinungsbild des Gespanns beim Halten beurteilt und kann im Hinblick auf die Dressurprüfung Pluspunkte einbringen. Beurteilt werden Ausstattung und Verhalten von Fahrer und Pfleger(n), Pferden, sowie der Zustand des Geschirrs, des Wagens und der zusätzlichen Ausrüstung. Die Durchschnittswerte der drei Richter werden vom maximal zu erreichenden Wert (50 Punkte) abgezogen und zählen als Strafpunkte. Die Qualität ist nicht allein der entscheidende Faktor, und die Richter konzentrieren sich auf Kondition, Sauberkeit und gute Ausstattung. Eine brauchbare Regel für alle Teilnehmer ist die, so einfach wie möglich zu sein. Je mehr am Wagen oder an der Ausstattung zu sehen ist, desto mehr gibt es auch zu kritisieren.

Die Dressurprüfung im Fahren ist ähnlich der gerittenen Dressurprüfung, findet aber natürlich auf einem größeren Platz statt und wird von drei bis fünf Richtern bewertet. Die Tests bestehen aus elf Lektionen und vier Beurteilungen des allgemeinen Eindrucks. Wieder wird der Durchschnittswert der Richter von der höchstmöglichen Punktzahl – 150 – abgezogen. Sie gelten als Strafpunkte.

Wettbewerb B, der Marathon, hat sein reiterliches Pendant in der Military und ist eigentlich noch aufregender. Die Prüfung besteht aus drei Trab- und zwei Schrittsektionen, die wie beim Reiten an drei Tagen bestritten werden muß. Der letzte Teil beinhaltet fünf bis acht Hindernisse, die im Trab umfahren werden müssen. Bei nationalen Wettbewerben gibt es auch zwei- oder ein-Tages-Marathonfahrten. Die Gesamtlänge bei einem internationalen Ereignis beträgt zwischen 23 und 27 km, kann aber auf ein Minimum von 15 km gesenkt werden, je nach Anzahl der einzelnen Sektionen. Strafpunkte werden pro Sektion für überschrittene Zeit und Fehler erteilt.

Wettbewerb C, das Hindernisfahren, ist mit dem Springreiten zu vergleichen. Hierbei müssen senkrechte Stangen umfahren oder enge Durchfahrten gemeistert werden. Die Gangart ist beliebig, und jeder Fahrer kann sie nach eigenem Ermessen wählen; aber eine Mindestgeschwindigkeit von 200 m pro Minute muß eingehalten werden. Darüber hinausgehende Zeiten werden als Strafpunkte berechnet.

Der Teilnehmer mit den niedrigsten Strafpunkten in seiner Klasse bei allen drei Wettbewerben gewinnt das Gesamtereignis. Muß ein Fahrer in einem der drei Wettbewerbe ausscheiden oder gibt er freiwillig auf, so bekommt er die Punkte des am schlechtesten plazierten Teilnehmers plus 25 % und kann die anderen Wettbewerbe beenden. Infolgedessen kann er im Gesamtergebnis niemals besser klassifiziert werden als irgendein anderer Teilnehmer, aber er kann in einem der drei Wettbewerbe einzeln plaziert werden und sogar Einzelgewinner eines Spezialpreises werden, falls ein solcher ausgeschrieben ist.

Dressurprüfung für Wagenpferde

Dressurprüfungen werden auf einem Platz der Größe 100 × 40 m abgenommen; für Einspänner und Pony-Zweispänner braucht der Platz nur 60 × 40 m groß zu sein. Die Punkte sind die gleichen wie bei der gerittenen Dressur. Sind fünf Richter vorgesehen, so sitzen sie bei den Punkten C, F, H, K und M; drei Richter sitzen bei C, B und E.

Im internationalen Regelbuch gibt es drei verschiedene Prüfungen: zwei unterschiedlich fortgeschrittene und eine elementare; jede dauert zehn Minuten auf dem großen Platz und acht Minuten auf dem kleinen. Für Anfänger gibt es auf nationaler Ebene auch eine fünf-Minuten-Prüfung.

Die Lektionen sind im Vergleich zur gerittenen Dressur einfacher, da natürlicher von vornherein alle Seitengänge und Zirkel, die kleiner als 20 m sind, wegfallen. Es gibt auch weniger Gangarten mit weniger Variationsmöglichkeiten, da in der Hauptsache im Schritt, im Arbeitstrab, im versammelten und im starken Trab gefahren wird. Auch wird Rückwärtsrichten verlangt. Dies klingt vielleicht etwas einfach, man bedenke aber, daß zwei oder vier Pferde mit höchster Präzision zusammenarbeiten müssen. Und so ist es dem Fahrer auch im Gegensatz zum Reiter erlaubt, seine Stimme einzusetzen. Die Schenkelhilfen des Reiters werden vom Fahrer durch die lange Peitsche ersetzt.

Damit die Pferde vollständigen Gehorsam lernen und ihre Gänge gut entwickeln können, müssen sie gefahren *und* geritten werden. Kleine Ponys, die nicht geritten werden können, werden statt dessen longiert. Den Ablauf der Strecke im Kopf zu haben, ist für die meisten Anfänger die schwierigste Lektion überhaupt. Aber beim Fahren ist die Strecke einprägsamer als beim Reiten, da sie nur aus vier oder fünf verschiedenen Mustern besteht und gleich nach dem Start in logischer Abfolge stattfindet. Außerdem darf der mitfahrende Groom den Fahrer an die Streckenführung und an die geforderten Gangarten erinnern, sofern er dies diskret tut. Wie beim Dressurreiten ist es gefährlich, die Strecke in immer gleicher Weise einzuüben, da dann die Pferde von vornherein wissen, was von ihnen verlangt wird, und dies auch ohne Kommando des Fahrers tun. Außerdem ist eine immer gleichgeartete Übung für Fahrer und Pferde langweilig. Viel besser ist es, bei Ausfahrten auf dem Lande immer wieder neue Dinge einzuüben.

Marathon-Fahrt

Die Marathonprüfung beginnt mit Sektion A und besteht aus einer Trabstrecke über Straßen und Wege, die höchstens 10 km lang sein darf. Die durchschnittliche Fahrgeschwindigkeit ist dabei 15 km pro Stunde. Sektion B folgt sofort im Anschluß und besteht aus einer Schrittstrecke von 1200 m bei einer Geschwindigkeit von 7 km pro Stunde (6 km für Ponys). Danach folgt ein 10-minütiger Pflichtaufenthalt mit einer tierärztlichen Untersuchung, bevor Sektion C beginnt. Hier werden fünf Kilometer in starkem Trab gegangen (Geschwindigkeit etwa 20 km pro Stunde). Dann kommt Sektion D, die wie Sektion B eine Schrittphase beinhaltet, worauf wieder ein 10-minütiger Halt mit einer Untersuchung folgt. Die letzte Sektion, E, geht über eine Distanz von höchstens 20 km bei einer Durchschnittsgeschwindigkeit von 15 km pro Stunde. Auf dieser Strecke sind zwischen fünf und acht Hindernisse aufgebaut. Die Teilnehmer erhalten einen Strafpunkt für je fünf Sekunden Zeitüberziehung pro Sektion. Sie bekommen aber die gleichen Strafpunkte, wenn sie bei Sektion A oder E mehr als zwei Minuten zu *früh* am Ziel sind, sowie früher als eine Minute bei Sektion C. Bei der Hindernisstrecke gibt es die gleichen Zeitpunkte. Ein Schiedsrichter fährt immer mit und notiert alle Kursfehler, falsche Gangarten, die die Pferde länger als fünf Sekunden beibehalten, sowie andere Fehler oder Regelwidrigkeiten. Bei Einspännern und Pony-Zweispännern fährt der Schiedsrichter nicht mit. Wird ein Fahrer mit einem Hindernis nicht innerhalb von fünf Minuten fertig, muß er ausscheiden.

Die Marathonfahrt ist ein harter, sehr präziser Test und erinnert kaum an das frühere, elegante Fahren durch Parks. Die Pferde müssen eine gute Kondition haben und mindestens sechs Wochen auf das Ereignis hin trainiert werden. Denn müde, untrainierte Pferde können die Strecke zwar schaffen, sind aber weniger manövrierfähig als trainierte Pferde.

Für Marathonfahrten nimmt man keine edlen, antiken Wagen, sondern stabile mit einer Stahlkonstruktion und Scheibenbremsen, zumindest bei Vierspännern. Die internationalen Regeln schreiben ein Wagengewicht von nicht weniger als 600 kg vor, für Ponys nicht weniger als 300 kg. Für die Zukunft werden wohl auch für Zweispänner solche Regeln aufgestellt, wobei Lasten von 350 kg für Pferde und 225 kg für Ponys angestrebt werden. Für Einspänner gelten dann entsprechend 150 kg für ein Großpferd und 100 kg für ein Pony. Die letzten drei genannten Gewichte sind weniger, als die meisten traditionellen Kutschen wirklich wiegen, so daß Spezialkonstruktionen notwendig werden. Es ist ein sehr großes Handicap für ein Pferd, mehr als sein Eigengewicht über hügeligen, schweren Boden zu ziehen.

Hindernisfahren für Wagenpferde

Das Hindernisfahren – Wettbewerb C – soll zeigen, ob die Pferde nach den Anstrengungen des Marathons noch frisch und gehorsam sind und an den Hilfen stehen. Es ist natürlich auch ein Präzisionstest, der sehr viel fahrerisches Können erfordert. Diese Fahrkunst ist bedeutend größer, als es sich so mancher Zuschauer vorstellt. Der Kurs besteht aus 1 m hohen Kegeln mit aufgesetzten Bällen, die in Paaren von 30-60 cm Abstand stehen. Der Weg, der dort hindurchführt, ist nicht viel breiter als das Fahrzeug, das gerade auf dem Kurs ist. Dazu kommen ein Wassergraben, eine niedrige Holzbrücke und ähnliche Hindernisse, wie sie beim Springreiten aufgestellt sind. Es gibt zehn Strafpunkte für jeden heruntergefallenen Ball oder jedes »abgeräumte« Hindernis sowie für Kreisen, Anhalten oder Rückwärtsgehen vor einem Hindernis. Muß ein Groom absteigen, gilt das als Verweigerung und wird entsprechend dem Springreiten mit Strafpunkten belegt. Der Kurs ist kalkuliert für eine Geschwindigkeit, die zwischen 200 und 250 m pro Minute liegt; für jede überschrittene Sekunde gibt es einen halben Strafpunkt. Es gibt auch Wettbewerbe, bei denen es nur um die Zeit geht, und alle Zeitpunkte zu Strafpunkten werden. Da es für die Helfer mühselig ist, immer wieder die Bälle auf ihren Platz zurückzulegen, werden diese wohl bald durch andere Hindernisse ersetzt, die aber mit Sicherheit genauso viel Präzision verlangen werden. Für jeden Fahrer ist es und wird es wichtig bleiben, den Kurs zusammen mit seinen Grooms mehrere

Oben: Marathonfahren ist eine für Pferde und Fahrer kräftezehrende, anstrengende Prüfung. Über die Gefährlichkeit solch feststehender, stabiler Hindernisse, wie sie während der Weltmeisterschaft 1982 zu sehen waren, wird immer wieder viel diskutiert.

Links: Der Herzog von Edingburgh ist selbst ein aktiver und erfolgreicher Fahrer und hat viel für die Wiederbelebung und erneute Beliebtheit dieses Sports getan.

Male abzugehen, um jedes einzelne Hindernis genau auf seine Überwindbarkeit zu überprüfen. Nur so ist es dem Fahrer möglich, in voller Karriere mit vier Pferden ein enges Hindernis zu durchfahren.

Zusammenfassung

Leute, die mit Pferden bespannte Wagen nur als eine altmodische Transportmöglichkeit ansehen, werden wohl die Fahrer dieser überholten, exzentrischen Sportart als Menschen ansehen, die nur vor ihren Nachbarn prahlen wollen. Aus der Sicht der Pferdefreunde jedoch handelt es sich dabei um einen wieder auflebenden Pferdesport, in dem viele verschiedene Pferde- und Ponyrassen ihr großes Können zeigen dürfen. Auch können Pferdefreunde jeden Alters diesem Sport frönen im Gegensatz zum Reitsport. Dieser Gesichtspunkt ist beispielsweise auch von Interesse für Eltern, die in der Lage sind, die Ponys ihrer Kinder auch einmal zu fahren, um die Tiere fit zu halten, wenn die Kinder keine Zeit zum Reiten haben. Auch ist das Fahren eine gute Übung für Hunter, die mit Wonne einen Wagen ziehen werden und dafür kein Reitergewicht auf ihrem Rücken haben. Bei den meisten Reitsportdisziplinen – vor allem wenn es um die Teilnahme an Wettkämpfen geht – wird der Reiter bald zu alt und muß sich als aktives Mitglied zurückziehen. Das Fahren kostet nicht gar so viel körperliche Kraft und – vielleicht – auch nicht gar soviel Nerven, so daß dieser Sport auch in höherem Alter noch ausgeübt werden kann. Wagenpferde brauchen nicht zu springen und müssen nicht über extrem hohe Geschwindigkeiten verfügen; von ihnen werden nur die einfachen Gangarten und einige Dressurlektionen verlangt. Die Erfahrung und die körperliche Fitneß zählt also weniger als das Können und das präzise Einschätzen einer Situation durch den Fahrer. Das ist sehr wesentlich für viele Pferdesport-Interessenten, die auf höchster Ebene mitwirken wollen, aber wenig Zeit haben, sich ständig mit ihrer Liebhaberei zu beschäftigen.

Stichwortverzeichnis

Kursiv gesetzte Zahlen weisen auf Bildlegenden hin.

Bildnachweis
All Sport Photographic 7; Animal Photography Ltd./Sally Anne Thompson 26 oben, 40 oben; Ardea London Ltd./Jean Paul Ferrero 2-3, 67 oben, 92, 118-119, 122 oben; Mike Busselle 172-173; Bruce Coleman Ltd. 40 unten; KitHoughton 70-71, 168 links; Bob Langrish 99, 169, 170, 171; Peter Roche 46-48, 50-55; Vision International/Elizabeth Weiland 62-63, 85 oben, 101, 111 oben, 164-165, 166, 167, 168 rechts.

Spezialfotografien:
Kit Houghton 4, 5 Mitte und unten, 12, 18-19, 20-23, 28, 29 oben und unten, 32-33, 38-39, 56 links, 57-61, 67 unten links und rechts, 68, 69, 72-73, 75-79, 81, 82, 86-87, 92-93, 102-107, 109, 110-117, 120-122 unten, 123, 124, 126, 127, 132, 180-189, 190 oben, 190 unten rechts, 191, 192, 194-195, 197 oben, 198-199; Gerd Kapitzke, Hannover 128; Ross Laney 111 oben rechts, 158 oben und unten links, 159, 160 unten rechts, 162, 190 unten links, 193, 197 unten links und rechts; Bob Langrish Endpapers 5 oben, 9 oben links, 13 oben, 16, 30-31, 34-37, 49, 74, 80, 98, 101, 108, 125, 133, 136, 137 links, 138-139, 140-157, 158 oben und unten rechts, 160 oben links und rechts und unten links und ganz unten, 161, 163, 174-179, 200-205; Chris Linton 26 unten, 27; Sally Anne Thompson Titelseite, 8, 9 oben rechts, 10-11, 13 unten, 24-25, 38 links, 41, 42-43, 56-57, 83, 84, 85 oben, 88-91, 94-97, 129-131, 134, 135.

Außerdem dankt der Verlag folgenden Personen und Institutionen, die bei der Bildbeschaffung behilflich waren:

Pferderassen:
Kentucky Horse Park, Lexington, USA
Ed Bryce

Damensattel:
Headley Trace Stables
Anna Ahmad
Emma Burge
Tracey Gibbs
Judy Jolly
Carol McCulloch
Saddlecombe Stables
K.C. Colonna

Springreiten:
Easton Grey House
Ian Adsetts
Peter Saunders
Rosalind Ward

Show-Reiten:
Shepperlands Copse Stables
Victoria Brooks
Lucinda McAlpine
Helen Pledger

Futtermittel:
E.J.O. Stone at Dalgety Spillers Agriculture Ltd.